游泳运动教程

Swimming

《游泳运动教程》编写组　编

北京体育大学出版社

策划编辑：佟　晖
责任编辑：佟　晖
责任校对：未　茗
版式设计：佟　晖

图书在版编目（CIP）数据

游泳运动教程 / 《游泳运动教程》编写组编. -- 北京 : 北京体育大学出版社, 2013.8（2025.8重印）
高等教育体育学精品教材
ISBN 978-7-5644-1405-4

Ⅰ. ①游… Ⅱ. ①游… Ⅲ. ①游泳－高等学校－教材 Ⅳ. ①G861.1

中国版本图书馆CIP数据核字(2013)第189857号

游泳运动教程
YOUYONG YUNDONG JIAOCHENG
《游泳运动教程》编写组　编

出版发行：北京体育大学出版社
地　　址：北京市海淀区农大南路1号院2号楼2层办公B-212
邮　　编：100084
网　　址：http：//cbs.bsu.edu.cn
发 行 部：010-62989320
邮 购 部：北京体育大学出版社读者服务部 010-62989432
印　　刷：北京瑞禾彩色印刷有限公司
开　　本：787mm × 1092mm　　1/16
成品尺寸：185mm × 260mm
印　　张：22
字　　数：563千字
版　　次：2013年8月第1版
印　　次：2025年8月第9次印刷
定　　价：80.00元

序

人才培养是高等学校的根本任务，对处于学校工作中心地位的教学工作来说，其质量建设是高等学校的永恒主题。作为传授知识、掌握技能、提高素质的载体，教材在人才培养过程中起着非常重要的作用，是高等学校提高教学质量，促进内涵发展的有力抓手。

一本好的教材，不仅要充分体现教材应有的基础性、示范性和权威性，还要正确把握教学内容和课程体系的改革和创新方向，充分反映学科的教育思想观念、人才培养模式以及教学科研的最新成果，集中展现教材体系的创新，教材内容的更新和教学方法、手段的革新，善于处理好理论与实践、继承与创新、广度与深度、知识与技能、利学与利教的关系，成为开拓学生视野、引导学生探索、鼓励学生奋进的学业与人生兼备的“工具书”。

从中央体育学院到北京体育学院再到北京体育大学，这 60 年的办学历程，是继承发展的 60 年，是改革创新的 60 年，也是教材建设硕果累累的 60 年。学校不断探索教材建设的内在规律，引领高等体育教育教材建设的创新之路，发展了具有自身特色的教材体系，形成了特色鲜明的三个发展阶段。第一阶段是在 20 世纪 50 年代至 60 年代，我校教师在苏联专家的指导下，制定和编写了各专业的教育计划、大纲和主要教材。这批教师在主持和参与 1961 年国家体委组织的体育院校 18 门课程教材编著工作中发挥了重要作用；而这批教材也成为我国独立编写的、对苏联教材模式有所突破的第一批体育院校教材。第二阶段是 20 世纪 70 年代末至 90 年代，我校教师在大量承担第二次重编体育院校教材牵头组织工作的同时，针对学校“三结合”的办学目标和人才培养模式，开始了多学科、多专业的自编教材建设。第三阶段是进入 21 世纪以后，特别是国家体育总局于 2002 年下拨教材建设专款 480 万元之后，我校教材建设在数量和质量上都取得了重大突破。至 2010 年共立项建设了涵盖我校各专业课程的 187 项教材，其中有 4 项教材获得国家级优秀（精品）教材称号，14 项教材获得北京市精品教材称号。可以说上述三个阶段的发展，使我校教材建设水平达到了一个空前的高度，为高等体育人才的培养发挥了重要的作用。

为全面提高高等体育教育质量，深化高等体育教育教学改革，继续加强体育学精品教材建设，2012 年初，在北京体育大学教学指导与教材建设委员会的具体指导下，我们启动了高等教育体育学精品教材建设工程。学校遴选教育部新颁布的体育学类所属的体育教育、运动训练、社会体育指导与管理、武术与民族传统体育、休闲体育、运动康复、运动人体科学7个本科专业的部分基础课程和主干课程开展精品教材建设。我们整合了全校的优质资源，组织专家、教授全程参与教材的规划、编写、初审、终审等过程。按照精品教材的要求，以优秀的教学团队编写优质的教材，出精品、出人才为建设思路，编委会优选学术水平与教学水平兼备、具有创新精神的专家、教授担任教材主编，组织优秀教学团队成员参与教材编写；精确定位教材适用对象，准确把握专业知识结构、能力结构和综合素质要求，深刻领会课程内涵，简洁洗练地表达知识点、能力点和素质点；融入最新的教改成果和科研成果，吸收国外优秀教材的先进理念和成果，创新利于学生自学和教师讲授的教材体例；学校还投入专项资金，对教材进行一体规划、一体设计、一体编审，并采用多色印刷技术增加教材的可读性；为全力保证教材编写质量，北京体育大学出版社资深编辑深度介入教材编写的所有环节。当这批教材展现在读者面前时，我们充满了期待。

岁月如流，薪火相传。60年的教材建设成绩斐然，推动着体育学教材建设步入新的起点、站在新的高度。展望未来，一批批体育学精品教材将随世界一流体育大学的建设进程应运而生，不仅在学校内涵式发展的改革进程中发挥重要作用，而且在全国高等体育院校人才培养中做出积极贡献，在高等教育教材建设中留下浓墨重彩的一笔。

北京体育大学校长

校教学指导与教材建设委员会主任

2013年9月

北京体育大学高等教育体育学精品教材编委会

教材编写组

组　长：温宇红

副组长：傅延浩　李昌军

成　员（以姓氏笔画为序）：

尤玉青　李昌军　李瑞杰　沈思佳

吴小彬　严　蓓　张致同　高　捷

曹　冰　黄薇薇　董晓琪　傅延浩

彭　义　温宇红

前　言

自有史料记载以来，游泳在竞技体育、军事、生产、健身、休闲娱乐方面就显示出重要的作用。在2008年北京奥运会上，游泳项目已经设有34枚金牌，参赛国家和地区达到一百多个，运动员达千余人，是仅次于田径的金牌大项，在我国奥运争光计划纲要中有着举足轻重的地位。同时，全民健身计划纲要的实施以及国家对全面健身的重视，使得游泳在健身和休闲体育方面的作用逐年提升，常年参加游泳锻炼的人数众多。针对上述需求，北京体育大学组织相关方面的专家，编写了本教材。适合本专科体育类院校运动训练、体育教育、社会体育、休闲体育专业学生作为游泳专项理论的教学教材，同时适合其他专业选修游泳课程的学生学习基础的游泳理论。

教材精选游泳技术、教学、训练、救生、科研等方面最新、最前沿的理论知识，每章均提供导读、关键词、思考题、推荐阅读材料，并提供大量图片，通过图文结合的形式帮助学生理解教材内容。文中还插入一些拓展阅读或思考提示，用文本框的形式呈现，以较新颖活泼的形式展现知识内容。特别增加了一些广受群众欢迎的常见水中锻炼活动，如公开水域游泳、水中健身等基础知识，适应不断发展的健身和休闲娱乐游泳活动的需要。此外，随着国际体育赛事和国际体育交流的需要，本教材特别增加了双语游泳基础知识内容。针对游泳专项学生阅读文献、参加国际赛事、异地训练、涉外教学等方面，选择了有代表性的内容，并提供专业词汇、注释和参考译文，便于各高校相关专业学生学习。教材将对我国游泳教学、训练、科研、竞赛组织等从业人员提供重要的指导作用。

本教材由北京体育大学温宇红教授任编写组长，北京体育大学傅延浩和黄山学院李昌军任副组长，全书由温宇红统稿校对。参编人员均为国内长期从事游泳教学、训练、科研、竞赛组织和裁判等工作的高校教师。编写分工如下：

第一章，温宇红；第二章，尤玉青；第三章，彭义；第四章，吴小彬；第五章，黄薇薇；第六章，严蓓；第七至八章，李瑞杰；第九章，高捷；第十章，张致同；第十一章第一至三节，董晓琪；第十一章第四至六节，温宇红；第十二章第一至四节，傅延浩；第十二章第五节，温宇红；第十三章第一节，彭义；第十三章第二至三节，李昌军；第十四章，曹冰；第十五章，温宇红；第十六章，沈思佳。

教材中第一、三、四、五、六、七、八、十一、十二章图片拍摄于北京体育大学游泳馆及综合训练馆。示范运动员及拍摄人员为北京体育大学硕士研究生及本科生高阳、葛煜、杨琼琼、孟晓琛、杨听雨、付言庆、温伟、李玮中、周文强等。示范者泳装、泳帽、泳镜等装备由英发实业公司提供，在此一并表示感谢。

《游泳运动教程》编写组

2013年8月

目录 CONTENTS

第十章　游泳教学理论与方法

第十一章　不同泳姿教学步骤和方法

第十二章　高水平游泳训练基本理论

第十三章　游泳竞赛组织与裁判法

第十四章　水中其他项目介绍

第十五章　游泳专项本科学生科研特点与方法

第十六章　游泳常用术语英语表达法

第一章　游泳概述

O 概述

本章对游泳运动的作用和功能、游泳的分类和管理机构，以及游泳前需要做的各项准备做了描述。

游泳是一种凭借自身肢体动作和水的相互作用力，在水中活动或游进的技能活动。人类游泳是一种有意识的活动，随着社会的发展和人类对游泳的需求，游泳的意义体现在人类所赋予游泳的各种作用和功能。其中最重要的是，游泳作为一种非常必要的生存技能，对保障人类生命安全有着极其重要的意义。

科学合理地进行游泳锻炼，能够有效改善体质，促进身心健康，并且预防疾病，对一些慢性疾病或骨伤科疾病有一定的治疗和康复作用。儿童少年进行系统游泳训练，能够锻炼意志品质，提高克服困难的勇气和能力。随着人民生活水平的提高，游泳还成为休闲娱乐、情感交流的一种途径和手段。游泳还是生产实践和国防建设的一项重要技能。游泳也是奥运增光计划的重要内容，由于游泳在奥运会中金牌数量多，运动员创造优异成绩，能够为国争光，激发国人的爱国热情，并对青少年起积极的励志作用。

游泳通常分为竞技游泳、大众游泳和实用游泳三大类。

O 关键术语

生存技能、强身健体、预防康复、竞赛、竞技游泳、大众游泳、实用游泳、国际泳联、中国游泳协会、游泳健康常识、游泳装备

第一节　游泳的作用和功能

人类千百年的生存过程中，不可避免地要与水打交道。为了生存，人类不仅学会了游泳，而且随着社会的发展，游泳还成为一种重要的竞技、军事、生产和娱乐项目。

游泳与其他运动项目不同，由于在水这个特殊环境中进行，不仅对人类提出了挑战，而且解决了许多生产、生活中的问题。既能够强身健体，又对生产建设、生活、国防等活动具有重要的价值。游泳运动的作用和功能主要表现在以下几大方面。

O 名人与游泳

中华人民共和国第一任主席毛泽东从青少年时期起，便十分喜爱游泳。1956 年 6 月，他 3 次横渡长江，并写下了宏伟壮丽的诗篇《水调歌头·游泳》。尔后，他共曾 13 次畅游长江。他认为：游泳既能锻炼身体，又可锻炼脑子，同时还可磨炼意志，增强征服大自然的勇气，是一项极好的运动。

一、保障生命安全

人类生活的地球上大约有 3/4 的面积被水域覆盖，即使在内陆环境，当遭遇洪水泛滥时，难免要面对水灾的危险。只要会游泳，就有生存的希望，游泳是保证生存的重要条件之一。因此，世界上有许多国家的教育部门将游泳列为中小学生的必修课程，要求学生从小就掌握游泳技能。我国也有越来越多的教育机构、培训场所加大了游泳技能培训的力度，力争让更多人掌握游泳技能。

O 英年早逝的青年音乐家聂耳

中华人民共和国国歌《义勇军进行曲》的曲作者聂耳是位年轻有为的音乐家，15 岁的时候就与朋友组织“九九音乐社”并参加校内、外的演出，23 岁时创作了著名的《义勇军进行曲》，可惜也是在这一年，他在日本的藤泽市海滨游泳时溺水而亡。

二、促进身心健康

游泳是最受欢迎的健身运动项目之一。适当地进行游泳锻炼，能够提高身体各个系统的机能，改善体质水平，增进心理健康。而且，游泳不容易造成急性运动伤害和肌肉劳损，是一项可以终身锻炼的健身运动。

（一）改善呼吸和循环系统的功能

由于水的密度比空气大 800 余倍，人在水中受到的压力要远远大于在空气中，胸腔和腹腔在水中受到的压力增大，迫使人体的呼吸肌群用更大的力量进行呼吸。因此，经常游泳，可以增大呼吸肌的力量，提高呼吸系统的机能。游泳运动员的肺活量可以达到 4000~6000 毫升，甚至 7000 毫升以上，而一般人只有 3000~4000 毫升。

心血管系统包括心脏、肺和负责将吸入的氧运送到肌细胞的血管。由于游泳时要克服水的阻力，需要动用较多的能量，因此长期坚持游泳锻炼，心脏体积呈运动性增大，心肌收缩有力，安静心率减慢，每搏输出量增加，血管壁增厚，弹性加大，使心血管系统的效率得到提高。

此外，游泳时人体处于平卧姿势，下肢的血液向心脏的回流比较容易，使得游泳时不容易因运动过于激烈而发生意外。

（二）改善肌肉系统的能力，塑造健美体形

游泳是一项全身参与的运动，游泳时需要动员更多的肌肉群参与代谢供能，长期游泳能够使肌肉的力量、速度、耐力和关节的灵活性都得到提高。

游泳还可以改善柔韧性。游泳时身体活动的范围较大，定期进行游泳活动可以使关节和肌肉更加灵活和柔软。

游泳时通常不会表现出爆发式用力，因此不会使肌肉非常粗壮，但能够使肌肉充满弹性和柔韧性，塑造健美的身材。游泳运动员一般都有修长的身材，宽宽的肩膀，灵活的腰肢，匀称的体形。（图 1–1）

图 1–1　游泳运动员的身材

O 考考你

这是美国佛罗里达州国际游泳名人堂中的一幅照片和一座蜡像，你知道这是谁吗？

这是20世纪20年代美国著名游泳运动员，也是米高梅公司出品的电影《人猿泰山》中泰山的扮演者韦斯穆勒。他在1924年第8届巴黎奥运会上获得100米、400米自由泳和4×100米自由泳接力三枚金牌。接着又在1928年阿姆斯特丹奥运会上获得100米自由泳、4×100米自由泳接力2枚金牌。他曾36次夺得美国游泳冠军，4次创造世界游泳纪录。

他退役后加入了演艺圈，因主演了《人猿泰山》轰动一时，成为世界上首位体育电影双栖明星。他健美的身姿和穿梭于树藤之间的野性美，风靡了全球，并鼓舞了更多投身于游泳运动中的人们。

（三）预防疾病、康复治疗

由于水的温度一般低于气温，水的导热能力又比空气强数十倍，因此人在水中散热的速度远远快于在空气中。经常游泳能改善体温调节能力，增强机体抵御寒冷、适应环境的能力，可预防感冒等疾病。

由于游泳时身体平卧，加上浮力的作用，可以使脊椎充分伸展，对脊椎病人有一定的康复作用。

游泳还可以作为运动处方，治疗一些慢性疾病。对于不适合直立锻炼的人群，如过度肥胖症患者、腰部或下肢受伤的人群等，如果采取跑步等方式，由于重力作用，腿部脚踝负担过重，容易导致受伤或使伤病加重。而游泳是很好的替代锻炼方式。

近年来，一些竞技项目运动员受伤后，也采用水疗进行水中康复，并且起到了较好的作用，例如姚明、桑普拉斯等体育明星在受伤后都进行水中康复治疗。

O 考考你：你知道姚明受伤后怎么训练吗？

球星姚明受伤后，为了促进康复，也为了避免体能下降过多，采用在水中进行康复锻炼的方法。

如今，在水中进行康复训练已经被许多项目运动员采用。

（四）促进心理健康和智能发展

学习游泳需要克服一定的困难。例如，初学游泳的人，对水环境的陌生感容易使他们心生恐惧。学习游泳的过程，就是克服恐惧、寒冷、疲劳等困难的过程，对人的意志品质是很好的锻炼。现代人追求回归自然，越来越多的人喜欢到公开水域中游泳，到江河湖海中享受大自然的乐趣，还有许多人常年坚持冬泳，这些都磨炼了人的意志，鼓舞了人的精神。

游泳对智能的发育也有好处。孔子说："智者乐水"，老子说："上善若水"。水的流动特性对身体平衡和游泳技术提出了许多特殊而微妙的要求。掌握游泳技术的过程就是神经系统和肌肉之间充分协调的过程，需要体会特殊的"水感"。这些对神经系统是良性的刺激，坚持游泳锻炼的人一定能从中得到益处。

三、在生产建设和国防中的作用

水是我们生存环境的一部分。从古代大禹治水到现代的三峡工程，人类一直为怎样利用水为人类造福而努力着。生产建设的许多方面都离不开游泳技能。例如水利建设、防洪抢险、沉船捕捞、水下勘探、渔业等。

国防、战争、治安也离不开游泳。三军中包括海军，我国古代就十分重视水军的建设，留下了许多利用水军出奇制胜的传奇故事。如今，游泳也是军队、警察、民兵训练的主要内容之一。

四、竞技比赛，奥运争光

游泳是现代奥运会和国际体育比赛中非常重要的一个项目。从 2008 年起，奥运会上游泳比赛的金牌数达到 34 枚，游泳和田径被称为"门面"项目。把游泳作为奥运会的重点项目来抓，对取得优异成绩，为国争光起着重要的作用。2008 年北京奥运会上，美国游泳运动员菲尔普斯一人就夺得 8 枚金牌，2012 年伦敦奥运会上，中国运动员孙杨和叶诗文 2 人共获得 5 枚金牌，这在其他项目中是非常罕见的。

在世界大学生运动会、中国大学生运动会、中学生运动会中，游泳项目也都占据较多的金牌数量，目前越来越多的高等院校建立起高水平游泳队，中、小学传统体育学校中开展游泳项目的也比较多，开展游泳训练，对培养人才，参加竞赛有积极的意义。

我国实行计划生育国策以来，独生子女家庭占主导地位。独生子女的个人意识往往比较突出，集体意识却容易淡薄，互相协作的能力往往比较差。而体育锻炼和比赛是改善这项品质的很好途径。游泳比赛既有个人项目，又有接力项目，多数比赛设团体总分，这对培养运动员的团队精神有良好的作用。

五、休闲娱乐，陶冶性情

随着人民生活水平的提高和余暇时间的增多，越来越多的人认识到了健身锻炼的重要性，游泳健身、海边度假、潜水冲浪等活动也逐渐成为新时尚。在游泳馆、温泉泳池、海滩沙滩，都能见到一家老小或亲朋好友弄潮游水的温馨场面。水拉近了人与人之间的距离，向人们传递着亲情和友情。通过游泳，既锻炼了身体，又促进了情感交流，还能达到娱乐休闲的目的，可谓一举多得。

第二节　游泳的分类

国际游泳联合会（简称国际泳联）管理着5个游泳项目在全世界范围内的开展，它们是游泳、跳水、水球、花样游泳和公开水域游泳。但是实际上，这些项目都有各自的训练、比赛和理论体系。本教材主要介绍的是游泳项目的技术、教学、训练、竞赛组织等内容，在第十四章，将对一些与游泳有关的竞赛或健身项目，包括水球、跳水、花样游泳、公开水域游泳、水中健身及铁人三项等做简要介绍，作为拓展阅读的内容。

依游泳的目的和功能，可以把游泳分为竞技游泳、实用游泳、大众游泳三类（表1–1）。

表1－1　游泳分类

大类	项　目	说　　明
竞技游泳	游泳池比赛	有不同距离的蝶泳、仰泳、蛙泳、自由泳、个人混合泳、混合泳接力和自由泳接力等小项。奥运会中有32个小项，世界游泳锦标赛有40个小项。
	公开水域比赛项目	奥运会中有马拉松（10公里）比赛项目，世界游泳锦标赛中有5公里、10公里、25公里比赛项目。
大众游泳	健身游泳 康复游泳 水中健身 冬泳	通常指以健身、休闲娱乐和康复为主要目的的水中锻炼形式，锻炼者以民间团体或自发形式参加锻炼，或参加相应的比赛。
实用游泳	水上救生、着装泅渡、蛙人	救生员是人力资源和社会保障部规定的一种职业，有相应的职业资格鉴定标准。着装泅渡主要用于军队实战作业。蛙人主要用于水中探险、水中作业或搜救。

一、竞技游泳

竞技游泳是指按照一定的规则和要求，以竞速为目的进行的游泳活动。竞技游泳有四种基本姿势，即蝶泳、仰泳、蛙泳和自由泳。由这四种姿势通过距离、组合方式的改变形成了不同的比赛项目。

竞技游泳比赛有的在标准游泳池进行，有的在公开水域进行。从2008年起，北京奥运会增加了男女公开水域马拉松游泳比赛项目，使现代奥运会的游泳比赛增加到了34个正式比赛项目。（表1–2）

表 1-2 2008 年、2012 年奥运会游泳比赛项目表（单位：米）

项目	男子	女子
蝶泳	100、200	100、200
仰泳	100、200	100、200
蛙泳	100、200	100、200
自由泳	50、100、200、400、1500	50、100、200、400、800
个人混合泳	200、400	200、400
混合泳接力	4×100	4×100
自由泳接力	4×100、4×200	4×100、4×200
公开水域马拉松游泳	10000	10000

世界游泳锦标赛分长池和短池两种，分别每 2 年举行 1 届。长池世界游泳锦标赛游泳池共 40 个比赛项目，公开水域共 6 个项目。短池世界游泳锦标赛只有游泳池项目。

奥运会、世界锦标赛、全国运动会、全国游泳锦标赛等赛事的参加者，都是经过长期系统训练的优秀运动员，水平高，赛事规模大。但除此之外，还有很多游泳比赛，例如行业性赛事、学校运动会、业余年龄组运动员参加的比赛，可以在上面项目的基础上，根据比赛的目的和参加者的具体情况设置不同的比赛项目，以及一些趣味性比赛项目。关于比赛组织的相关内容，详见第十三章介绍。

图 1-2 2008 年北京奥运会游泳比赛场景

二、大众游泳

大众游泳与竞技游泳不同，是以健身和娱乐为主要目的进行的游泳活动。其形式简便、多样，不以速度为唯一目的，目前已经受到了广泛的欢迎。特别是在全民健身计划开展以来，国家体育总局游泳运动管理中心为了更好地调动大众参加游泳健身活动的积极性，促进游泳运动的普及和提高，制定了《全国业余游泳锻炼标准》，并于 2011 年 8 月 8 日颁布，全国多省、市游泳场馆开展了达标赛事，受到了广大民众的欢迎。游泳者可以根据自己的水平参加达标比赛，申请达到一定的等级。（图 1-3）

游泳是一种适合所有年龄人群参加的健身活动，近年来全国及省市体育部门开展了多种形式的游泳健身赛事，例如成人分龄游泳赛，比赛按年龄分组。适合 25 岁以上成年业余游泳爱好者参加，2012 年，千余名游泳爱好者参加了此类比赛。

此外，还有全国成人公开水域比赛、厦（门）金（门）海峡横渡活动、青海抢渡黄河挑战赛等多项公开水域游泳赛事可供成人游泳爱好者参加。

冬泳在我国也是一项受健身爱好者欢迎的运动项目。中国游泳协会冬泳委员会下辖几十个地方协会，每年组织多项丰富多彩的活动，如全国冬泳锦标赛、青海国际黄河冬泳极限精英挑战赛等。

全国游泳锻炼标准

项目	时间 \ 等级	一级 金海豚	二级 银海豚	三级 粉海豚	四级 绿海豚	五 级 兰海豚
小学生 (6-12岁)	50米自由泳	01:30.00	01:50.00	02:10.00	不限泳姿，连续游50米。	不限泳姿，连续游25米。
	50米蛙泳	01:40.00	02:00.00	02:20.00		
	50米仰泳	01:40.00	02:00.00	02:20.00		
	50米蝶泳	01:35.00				
中学生 (13-18岁)	50米自由泳	01:05.00	01:15.00	01:30.00	不限泳姿，连续游100米。	不限泳姿，连续游50米。
	50米蛙泳	01:20.00	01:30.00	01:40.00		
	50米仰泳	01:20.00	01:30.00	01:40.00		
	50米蝶泳	01:18.00				
	200米混合泳	04:40:00				
成人女子	50米自由泳	00:55.00	01:05.00	01:20.00	01:30.00	不限泳姿，在02:30.00内连续游完50米。
	100米自由泳	02:15.00	02:25.00	02:55.00	03.20.00	
	50米蛙泳	01:10.00	01:20.00	01:30.00	01:40.00	
	100米蛙泳	02:30.00	02:50.00	03:20.00	03:40:00	
	50米仰泳	01:10.00	01:20.00	01:30.00	01:40.00	
	100米仰泳	02:30.00	02:48.00	03:15.00	03:35:00	
	50米蝶泳	01:08.00				
	100米蝶泳	02:25.00				
	200米个人混合泳	04:35:00				
成人男子	50米自由泳	00:40.00	00:55.00	01:05.00	01:20.00	不限泳姿，在02:10.00内连续游完50米。
	100米自由泳	01:40.00	01:58.00	02:20.00	02:50.00	
	50米蛙泳	00:50.00	00:58.00	01:10.00	01:30.00	
	100米蛙泳	01:50.00	02:05.00	02:26.00	02.58.00	
	50米仰泳	00:50.00	00:58.00	01:10.00	01:30.00	
	100米仰泳	01:50.00	02:02.00	02:25.00	02:55.00	
	50米蝶泳	00:50.00				
	100米蝶泳	01:50.00				
	200米个人混合泳	04:20.00				

图 1-3　全国业余游泳锻炼标准

水中健身也是一种水中健身锻炼活动，包括水中健身操、水中游戏、水中康复、水中体能训练等多种形式。目前在北京体育大学、天津体育学院、成都体育学院等多所体育院校开设了水中健身课程，许多健身俱乐部也开设了这项活动。2007 年起，国家体育总局开始组织全国水中健身操比赛，到 2012 年已经举办了 4 届，比赛设院校组和成人组，分为规定动作、徒手自选、器械自选和展示等多个项目。

健身游泳、娱乐游泳、康复游泳、水中健身、冬泳等都属于大众游泳的范畴。

三、实用游泳

军事、生产、生活服务方面有实用价值的游泳活动，就是实用游泳。

实用游泳伴随着人类生存、生活和劳动等各种实际需求而产生，是人类生存的基本技能之一。依据不同需求而形成的实用游泳技术主要有爬泳（自由泳）、蛙泳、反蛙泳（仰泳）、侧泳、潜泳、踩水（立泳）等。以上述技术为基础，形成了水上救护、武装泅渡等实用技能。其中水中救生是一种非常重要的技能，救生员也是一种职业。关于救生技术、方法的详细内容见第九章。

第三节　游泳运动管理机构

根据上一节的分类，游泳赛事和游泳活动的开展，在世界范围内的管理机构是国际游泳联合会，简称国际泳联。中国游泳协会是国际泳联的会员单位，也是在中国管理游泳运动开展的组织。

一、国际游泳联合会

1908 年由比利时、丹麦、芬兰、法国、德国、英国、匈牙利和瑞典等国倡议成立。国际泳联是国际单项体育联合会总会成员，正式用语为英语和法语，工作用语为英语。从 1896 年第一届奥运会起，游泳就是奥运会的竞赛项目。国际泳联的任务是确定奥运会和其他国际比赛中游泳、跳水、水球和花样游泳的规则，审核和确认世界纪录，指导奥运会中的游泳比赛。国际泳联总部设在瑞士的洛桑。

国际泳联的组织体系由代表大会、执行局、技术委员会、常设委员会、专门委员会和仲裁法庭组成。代表大会听取执行局的报告、司库的报告、修订章程与规则、选举执行局及其官员。

游泳、跳水、水球、花样游泳、公开水域分别有各自的技术委员会，有权对一切有关游泳、跳水、水球、花样游泳、公开水域游泳竞赛的技术问题做出决定，有权决定国际泳联的技术规则，也是每 4 年召开一次。

执行局由国际泳联主席、副主席、秘书、司库和若干委员组成，每 4 年选举一次。

国际泳联负责主办的赛事除了奥运会游泳比赛外，还有世界游泳锦标赛（1973 年始）、世界杯赛（1979 年始）、世界短池锦标赛（1993 年始）等。

二、中国游泳协会

中国游泳协会是中国游泳运动的全国性群众组织，是中华全国体育总会领导下的单项运动协会之一。中国游泳协会管理游泳、跳水、水球、花样游泳等奥运会项目在中国的开展，并且是国际泳联的会员单位。下设教练、科研、裁判、少儿训练指导、长距离游泳、老年人游泳、冬泳和救生等专项委员会，分别负责竞赛、裁判、组织和技术、训练、科研等具体工作。

中国游泳协会是具有独立法人资格的，由各省、自治区、直辖市游泳协会、解放军相应的体育组织及有关体育组织为团体会员和个人会员组成的全国性、非营利性的群众体育组织；是中华全国体育总会的团体会员；是中国奥林匹克委员会承认的全国性运动协会；是代表中国参加国际游泳联合会、亚洲游泳联合会的唯一合法组织。

中国游泳协会的主要任务是：根据国家的法律法规、体育方针和政策，以及国际游联的有关规定，统一管理、组织、指导全国游泳运动项目的发展；积极有效地推动项目的普及和运动技术水平的提高；扩大国际交流与合作，促进运动项目的社会化、产业化发展。

中国游泳协会的主要职责包括根据国家体育行政主管部门要求和国际游泳运动的发展现状，全面负责本项目的业务管理，研究和制定全国游泳运动的发展规划、计划和方针政策；负责和指导游泳运动的普及工作；负责和指导本项目优秀运动队建设和人才的培养，管理本项目的国家队；研究和制定并组织实施本项目的全国性或国际性竞赛制度、计划、规则和裁判法，负责本项目全国竞赛的管理，制定竞赛规程，审定运动成绩；组织、指导本项目的科学技术研究、科技服务和业务培训工作，组织和开展宣传工作，出版刊物；开展国际交往和技术交流，提出本项目的国际活动计划，负责组织参加国际竞赛的队伍、集训和参赛事项，负责和指导在我国举办的国际比赛的审批和有关组织工作；负责与本项目有关的市场管理和开发工作，开展有关的经营和服务活动，积累事业发展资金，增强自我发展的活力和能力；参加国际游联、亚游联组织的有关活动；接受政府主管部门、国际游联和亚游联的委托开展有关工作。

第四节　游泳前的准备

游泳虽然是一项很好的健身运动，但为保障游泳安全，需要在游泳前做必要的准备，包括身心准备和物质准备。

一、游泳健康和卫生知识

（一）健康检查

每名参加游泳锻炼的人都应该进行健康检查，根据检查结果确定是否适合进行游泳活动，从而保证健康，并预防传染性疾病通过泳池传播。

凡患有心脏病、高血压、癫痫、活动性肺结核、传染性肝炎、皮肤病、红眼病、精神病、中耳炎、发烧、开放性创伤者，都不宜游泳。感冒发烧期间，也不宜游泳。女性月经期未采取措施不宜下水。

（二）游泳前适当热身

在下水之前最好先在陆上做一些徒手体操和肌肉、韧带的牵拉伸展运动，提高神经系统的兴奋性，使心血管系统、呼吸系统预先得到准备，体温升高，从而增强肌肉的活动能力。通常游泳池的水温低于气温，加上水中散热速度快，如果没有经过充分热身，游泳时容易发生肌肉抽筋或拉伤等情况。

游泳前的热身活动可以选择徒手操、压肩、压腿、关节绕环、陆上模仿动作等。（图

1-4）下水前用凉水撩身体。下水后，刚开始不要游得太快、太用力、用舒缓伸展的动作做好准备。

图 1-4 部分陆上热身操及牵拉手段

（三）避免在酒后游泳

酒精容易使人的反应能力和判断能力下降，影响神经系统的正常功能，酒后游泳容易发生溺亡事故，因此应尽量避免在酒后游泳。

（四）合理安排游泳的运动量

要达到健身的目的，应该给身体一定的负荷刺激，只到游泳池聊聊天、泡泡水起不到锻炼身体的作用。但是游泳运动量的安排也应该循序渐进，让身体逐渐适应增大的负荷。运动量的安排不一定总是越来越多，采取波浪式的安排比较好，使身体一张一弛，避免疲劳堆积。

（五）防治红眼病和中耳炎

水中一般会滋生一些细菌，可能导致眼结膜炎（红眼病）的传播。要预防红眼病，应在游泳时佩戴泳镜。泳镜使用后要晾干，避免在潮湿的情况下滋生病菌，感染疾病。游泳后可用少量的眼药水。如果已经感染红眼病，应暂停游泳，治疗痊愈后再游泳。

中耳炎多是由于水进入耳道后，或用手指或尖锐物质挖掏，抓破耳道引起的感染。如果耳朵里进了水，不要抓掏，可以站在岸上，把头偏向进水耳朵的那侧，用同侧腿单脚跳几次，使水流出来。或站在水中，用进水耳朵和脸颊轻轻拍击水面，使水流出来。如果已经感染，应积极治疗，待痊愈后再下水游泳。（图 1–5）

图 1–5　将耳道中的水排出的方法

（六）抽筋的预防及排除

抽筋即肌肉痉挛。游泳时容易抽筋的部位主要是小腿、大腿和脚趾。预防抽筋的最有效方法是认真做好热身，下水前充分牵拉。如果抽筋，不要惊慌，可以采取适当的方法排除。例如，小腿后部抽筋时，应先上岸，坐下，腿伸直、勾脚尖，一手向下压膝盖，一手向回拉脚趾，很快就能够缓解。之后可以再适当按摩抽筋部位。如果离岸边较远，难以上岸，可以吸一口气，仰浮在水面上，用抽筋腿同侧的手掌向下按压膝盖，另一只手握住抽筋腿的脚趾，用力向身体方向拉。待缓解后上岸休息，并进行按摩。（图 1–6）

图 1–6　缓解小腿和大腿肌肉抽筋的方法

（七）避免在游泳池边追跑打闹，不在浅水区跳水

游泳池边的地面比较湿滑，追跑打闹很容易摔倒，发生危险。有的游泳者喜欢比赛憋气潜泳，注意不要过度憋气，以免发生危险。在浅水区不要做出跳水动作，以免头、面、脊柱碰撞池底，造成终身残疾或严重外伤。

二、游泳环境、器材和装备选择

（一）游泳场所的选择

随着全民健身的逐渐深入，城区游泳场馆逐渐增多，参加游泳活动，首选场所是人工游泳场馆。游泳场馆分两种：一种是室内常温游泳馆，另一种是室外游泳池。在我国的大部分地区，室外游泳池的开放时间有限，主要集中在夏季，因此常年参加游泳锻炼，最好是在室内游泳馆。

人工游泳场馆运营和开放需要一定的门槛，包括水温、室温、水质、救生员、急救设施等，因此，在人工游泳场馆游泳，安全方面更有保障。

公开水域游泳也是目前比较受欢迎的锻炼方式，如果希望到公开水域游泳，最好到公共海滨或湖滨浴场，这些水域和岸边通常设有基础设施及救生员，水域也有人定期清理，相对安全一些。在无人管理的公开水域游泳，存在许多安全隐患，如水质可能被污染，水下可能有异物、淤泥，水中可能有看不到的漩涡、暗流等。因此，如果不了解水域情况，又独自游泳，既可能发生意外，又得不到及时救援。

（二）游泳必备装备

1. 泳　装

泳装是最基本的游泳装备。市面上的泳装种类、品牌和款式很多，建议游泳者根据需要选择不同的泳装。

根据使用人群和使用目的的不同，泳装可以分为竞技泳装、健身泳装和休闲泳装。竞技泳装的使用者主要是参加竞技游泳比赛的游泳运动员。为了减少阻力，竞技泳装的制造商不断选择和开发摩擦系数低、排水效果较好的面料，再精心设计，制造出造价昂贵的竞技泳装。竞技泳装由于需要紧密贴合身体，因此穿脱比较费力，使用寿命也较短。（图 1–7）

图 1–7　竞技泳装

长期进行游泳锻炼的健身游泳者，最好使用健身泳装，这类泳装款式简洁，弹性较好，与身体的贴合度也较高，穿着舒适，对肢体运动的幅度没有限制。（图 1–8）

图 1–8 健身泳装

休闲泳装款式新颖，颜色亮丽，通常适合在海滨度假或温泉洗浴等娱乐休闲场所。使用女款分体泳装，最好不要长时间游泳，以免肢体运动幅度较大时泳装移位。

O 泳装的演进过程

100 年前的泳装，通常是羊毛或棉布织物制作的，面料兜水，几乎遮盖全身。随着工业技术的发展，泳装的面料和裁剪加工方式也越来越先进。21 世纪初，快速泳装、鲨鱼皮泳装大行其道，游泳教练员和运动员不惜花重金购买。如今，国际泳联禁止使用快速泳装，对泳装面料、款式有了严格规定。这项举措使得人们将注意力重新转回技术和训练的变革。

2. 泳镜和泳帽

除泳装外，游泳帽和游泳镜也是必备的游泳装备。佩戴游泳帽可以保持池水的清洁卫生，避免脱落的头发对游泳池的清理造成困难。练习者戴上游泳帽既能够保护头发，避免游泳池中的氯对头发的腐蚀，还可以避免长发进入眼睛、鼻子和耳朵，影响活动。（图 1–9）

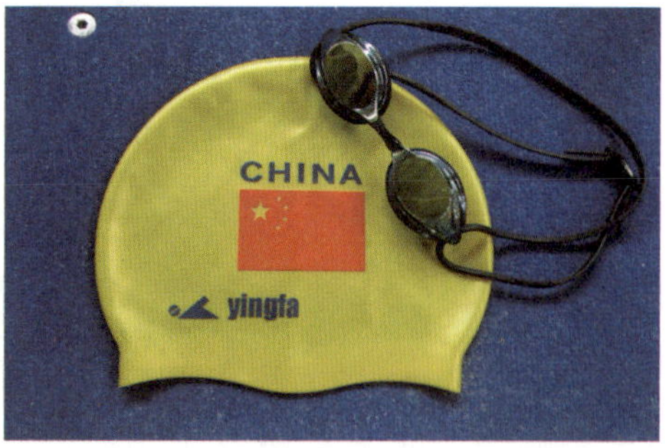

图 1–9 泳帽和泳镜

泳镜不仅可以保护眼睛不受水中菌落和药物的

污染，还能够使游泳者保持良好的视线，观察和纠正错误动作，避免与他人或池壁相撞。

（三）补充游泳装备

1. 辅助游泳装备

由于游泳环境的特殊性，除泳装、泳帽和泳镜外，游泳者最好准备一些辅助装备，以保障安全和健康。这些装备包括毛巾、拖鞋、洗护用品等。

如果经常进行游泳活动，可准备一块专门的吸水巾，擦拭身体后只需拧干水分即可，无须晾晒，且方便携带。游泳池地面湿滑，穿普通拖鞋在池边行走容易滑倒，最好穿专门的防滑拖鞋。（图 1-10）此外游泳池水通常是用药物或化学产品消毒的，游泳后头发、皮肤上会附着一些残留，应该在泳后及时清洗。

图 1-10　吸水巾、防滑拖鞋

2. 教学训练辅助器材

在游泳教学和训练中，为提高教学效果，循序渐进地进行教学，或增加训练难度，提高训练水平，常常用到一些辅助器材，其中比较常用的包括打水板、浮漂、划手掌、牵引橡胶带、脚蹼、陆上橡皮拉力等。（图 1-11、图 1-12）这些器材的使用方法将在第十一章和第十二章中进行介绍。

图 1-11　打水板、浮漂等器材

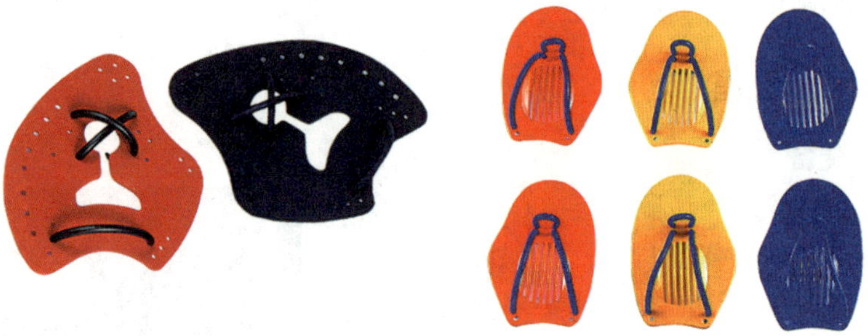

图 1-12　划手掌

思考题

1. 新中国成立以来，我国游泳运动员在奥运会上获得金牌的运动员有哪些？

2. 面对中小学生溺亡事故多发的情况，如果你是一名中小学体育教师，你会怎样尽力改善？

3. 举例说明游泳在生产建设和国防方面的应用。

4. 如何避免因游泳引发的伤病？举例说明肌肉抽筋的预防和缓解方法。

5. 世界上重要的游泳比赛有哪些？它们分别设立哪些小项？

6. 业余时间参加游泳锻炼的爱好者可以参加哪些比赛？如何查询比赛信息？

推荐读物

1. 日本游泳联盟编.沈立仙译.安全游泳 [M]. 台湾：新雨出版社，1999.

2. 张彩珍，等.中国游泳运动史 [M]. 武汉：武汉出版社，1996.

3. Penny Lee Dean.Open Water Swimming，A complete Guide for Distance Swimmers and Triathletes [M]. Human Kinetics，1999.

推荐网站

1. 国际泳联官方网站：www.fina.org

2. 中国游泳协会官方网站：http：//swimming.sports.org.cn

参考文献

[1] 全国体育院校教材委员会审定.游泳运动 [M]. 北京：人民体育出版社，2001.10.

[2] 瑞克·克罗斯. 明星游泳技术 [M]. 韩冰译. 北京：人民体育出版社，2001.6.

[3] Peter Daland. The History of Olympic Swimming，Vol1：1986—1936 [M]. USA Swimming，2009.

[4] Emmett Hines. Fitness Swimming [M]. Human Kinetics，1999.

第二章

流体力学与游泳技术

O 概述

游泳是一项非常独特的运动形式。首先，游泳者悬浮在液体环境中依靠肢体动作前进，与陆地上的运动相比，游泳者推动水比推动固体所得到的反作用力要小。另一方面，因为水的密度大，水对游泳者前进造成的阻力又远远大于空气。游泳时身体平卧在水中，与陆地上运动时身体姿势差别较大，也不能像在陆地上那样随意呼吸。因此，游泳时的推进力和阻力与陆上其他项目有较大的差别。游泳技术的掌握，必须在充分了解流体力学的基础上进行。本章将介绍与游泳有关的流体力学基础知识，根据这些知识，可以更深入地理解不同泳姿的技术特点，改善游泳技术。

本章重点内容为游泳的阻力和推进力，难点内容为推进力产生的原因和分类。通过学习可以了解游泳时水环境特点、人体在水中受到的外力，以及阻力和推进力的产生原因、分类和影响因素，掌握高效游泳技术的基本特征。

O 关键术语

水环境、浮力、重心、浮心、平衡、压力、阻力、形状阻力、波浪阻力、摩擦阻力、推进力、阻力推进力、升力推进力

第一节　水环境特点与阻力

我们平时生活的陆地被大气充斥，而游泳是在水中进行，而且游泳时不能“脚踏实地”，水的特殊性质往往使初学游泳的人感到很不适应。因此，要学会游泳，首先要熟悉水性。

一、人在水中游泳时受到的外力

（一）重力和浮力

重力即地心引力，只要在地球上，就会受到重力的影响。水中同样要受到重力的影响，重力的方向向下，是造成人在水中下沉的原因。

身体各个部分所受到重力的合力点，就是重心。随着身体姿势的变化，重心的位置也会改变。

在水中的任何物体都会受到一个向上的浮力。正是因为有向上的浮力，才使得我们能克服重力，浮在水面上游泳。因为浮力与重力方向相反，使人在水中的体重减轻，有一种“失重”的感觉。

物体在水中的沉浮，受到几个因素的影响：

1. 密　度

物体在水中是沉还是浮，取决于它的密度。如果物体密度大于水的密度，就会下沉，反之则会上浮。人体内不同组织的密度不同，骨骼的密度大于水，内脏和肌肉的密度略大于水，脂肪的密度则小于水，平均密度接近水。女性、儿童骨骼轻，肌肉含量少，脂肪含量多，因此一般容易漂浮。青壮年男子肌肉粗壮，脂肪少，相对来说在水中不容易漂浮。人在吸气后体积增大，浮力也随之增大，呼气后浮力减小。

○ 为什么黑人运动员在田径比赛中叱咤风云，却很少在游泳比赛中表现卓越？

奥运会田径、篮球等赛场中，黑人运动员比例较高，且成绩出色。但在游泳比赛中黑人运动员却不多见，为什么呢？因为黑人运动员通常肌肉发达，体内脂肪少，爆发力出色。这些特征对田径等项目非常有利。但他们在水中因为密度较大，得到的浮力较差，容易下沉，需要克服的阻力也较大。因此在短距离项目中曾经有少量黑人运动员夺冠，但在长距离比赛中黑人运动员就比较吃亏。

2. 重心和浮心之间的平衡

重力方向向下，浮力方向向上，同时作用于水中的游泳者。高水平游泳运动员在水中的身体位置比较高，也比较平。而初学者常常感到即使头能抬出水平面，双腿仍沉在下面。这是因为游泳者的重心（重力的合力点）和浮心（浮力的合力点）不在一点上，形成了一对力偶，导致腿部下沉。如图 2–1 所示，a 游泳者浮心靠上，重心靠下，形成了力偶，身体不平衡。b 游泳者通过低头、压胸的动作来对抗力偶，使身体保持平衡。

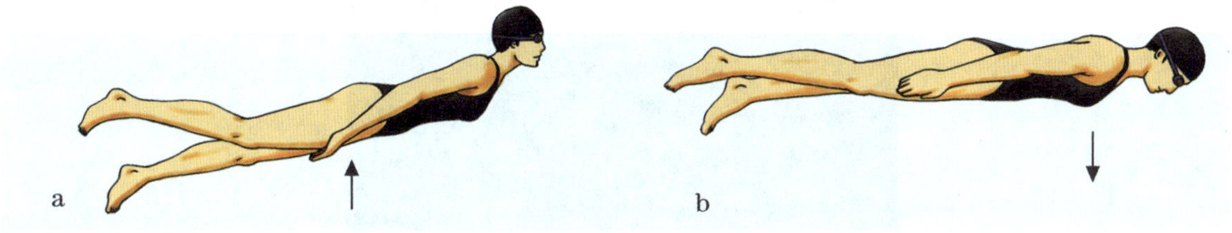

图 2–1 重心和浮心的相互位置对沉浮的作用

O 水的浮力与“蹒跚学步”

为什么不会游泳的人在水中感觉会站立不稳呢？因为水的浮力使得我们在水中的体重减轻了大约 90%，由于重心相对于浮心的位置不断变化，平衡难以把握，造成站立不稳。

O 思考与探索

宇航员为什么在水中练习出舱行走？

2008 年 9 月，中国成功发射了神州七号载人飞船，航天员翟志刚等首次实现太空行走，创造了中国航天史的奇迹。事后的报道让我们看到了航天员穿着舱外航天服在水槽进行模拟失重训练和出舱活动任务训练。这是因为航天员的重量在水中被浮力部分抵消，可在水中模拟太空失重状态，练习出舱程序、太空行走和太空舱外维修。

（二）压 力

水对在水中的物体产生压力，压力朝向各个方向，并且随着水的深度增加。因此，不经常参加游泳锻炼的人在开始下水时可能会感到呼吸困难、甚至胸闷，需要用力才能呼吸。当潜水到较深的水下位置时，随着水深的增加，压力也越来越大，压迫耳道，可能会造成耳痛、头痛。（图 2–2）

图 2-2　为避免水压造成的危险和隐患，潜水应在专业人员的指导下进行

O 游泳与肺活量

成年男子的肺活量一般在 3500 毫升左右，而游泳运动员的肺活量可以达到 7000 毫升以上。这是因为水的压力会压迫呼吸道和肺脏，游泳者为克服压力，必须要用更大的力气呼吸，久而久之，呼吸肌的力量就会加强，肺活量增大。

（三）阻　力

水的密度比空气大 800 余倍，当身体在水中移动的时候，水阻碍身体运动的力将会比空气阻碍身体运动的力大得多。这个阻碍身体前进的力，就是阻力。当游泳者通过划水或打腿产生的推进力超过了阻碍他们前进的阻力时，就会向前加速游进。相反，当阻力超过推进力时，前进速度就会减慢。在游泳每个周期的不同时间段，阻力和推进力的相对变化是造成游泳者前进速度加快或减慢的原因。

游泳者游进时所遇到的阻力与其激起的湍流有关。人类的体型不像鱼和水生动物那样呈较完美的流线型，因此，即使在尽可能保持流线型时，游泳者还是需要克服较大的阻力。此外，由于游进时需要频繁而剧烈地改变身体在水中的方向，因而会带来更多的阻力。所以，游泳者在水中游进时不可能完全避免湍流的产生，但是可以通过改善游泳技术来减少湍流，从而减少阻力。

二、阻力的分类与影响因素

（一）阻力的分类

人在水中受到的阻力主要有形状阻力、波浪阻力和摩擦阻力。其中形状阻力和波浪阻力在总阻值中所占的比例较大，而摩擦阻力比例较小。

1. 形状阻力

形状阻力是由运动员身体所占据的空间和他们的对水外形所产生的。运动员占据的空间与他们的形态以及身体在水平面和侧面所处直线性有关。在水中阻力较小的形状是像鱼和海洋生物那样流畅、没有突然凸起、前后两端逐渐变细的流线型。人类在游进中必须不断地向前伸臂，腿和脚也常常在打腿时超出身体轮廓，这些都会造成较大的阻力。（图 2–3）

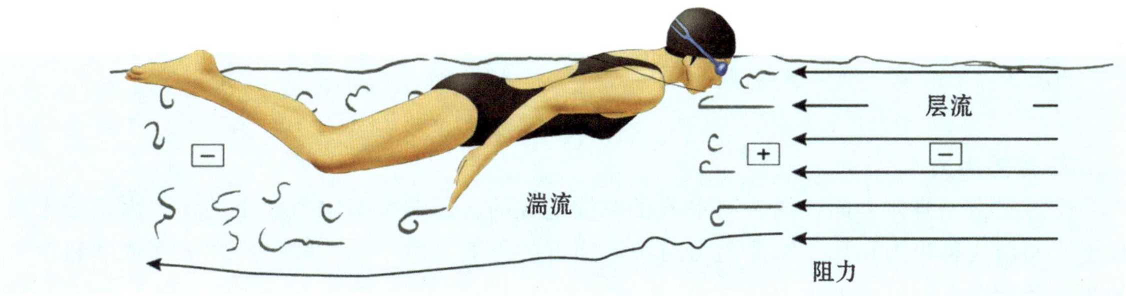

图 2–3　游泳者身体前后的压差造成了形状阻力

2. 波浪阻力

波浪阻力是水面的湍流引起的。人在游进时头和躯干会产生弓形波，这些弓形波的方向可以向侧面、上面和下面，使游泳者的身体被向后推，前进速度下降。手臂和腿的还原动作也能够产生弓形波。如在蛙泳伸臂和收腿时，四肢由于向前推水，使水流紊乱，增大了前面的压力，压力反过来形成向后的阻力，使前进速度显著减慢。

波浪阻力的表现形式是飞溅的水花和水中的气泡。（图 2–4）

图 2–4　船只经过水面后，船尾形成的波浪

图 2–5　一名蝶泳运动员的入水动作造成的波浪阻力

图 2–5 中的蝶泳游泳运动员在移臂时将手拍向水中，造成很大的浪花，形成波浪阻力。如果以这种方式将手臂在水中向前推动，身体前进速度可以在瞬时迅速降低。如果在游程中反复出现速度下降，对游泳成绩将造成严重的影响。

有些仰泳运动员也会在入水时用手背拍水，这样容易引起较大的波浪阻力。最好在入水时以小拇指领先，掌心向外，切入水中。

O 好的游泳技术是“胜似闲庭信步”的感觉

毛泽东在他的词作《水调歌头·游泳》中有一句词“不管风吹浪打，胜似闲庭信步”，这正是好的游泳技术的体现。好的游泳技术不是与水搏斗，而是利用水的特性，与水和平共处。如果你游泳时声音很大，溅起的水花像喷泉，就说明波浪阻力太大了，前进速度一定受影响。

3. 摩擦阻力

摩擦阻力是身体表面或泳装与水分子摩擦造成的，影响摩擦阻力大小的主要因素是光滑程度。与前两种阻力相比，摩擦阻力对游泳速度的影响是最小的。提高身体表面或泳装面料的光滑程度可以减少摩擦阻力。

O 刮毛或穿快速泳装是不是能让我游得像菲尔普斯那么快？

20 世纪 70—80 年代，高水平游泳运动员在重大比赛前一般会将头发和体毛刮除，以此来减小摩擦阻力。到了 90 年代，泳坛掀起了一股快速泳装旋风。2000 年奥运会上，澳大利亚运动员索普穿鲨鱼皮泳装打破了多项世界纪录，随后的几年，快速泳装风靡全球。你或许会问，如果我也穿上快速泳装，是不是能够像飞鱼那样游得快？快速泳装尽管造价昂贵，也只能为顶级选手赢得百分之几秒的速度，而且寿命很短，不适合大众人群。与其一掷千金去购买快速泳装，远不如认真提高游泳技术的效果显著。

（二）阻力的影响因素

阻力主要受形状、占用空间和移动速度的影响。

1. 形状的影响

人类的体型不像鱼类那样是流线型的，人的肩部较宽，腰部比较细，但臀部较宽，腿脚不像鱼尾那样逐渐变细。而且，人在游进中需要不断地划水、打腿，手臂和腿脚常常超出身体轮廓，这些都会造成阻力增大。（图 2–6）

图 2–6　鱼类的流线型形状与人类形状的对比

流线型物体在水中遇到的阻力是最小的，即前后两端逐渐变细、没有突然的凸起、流畅的形状。方形物体的阻力最大，因为物体前后的挡水面较大，造成水流被重度扰乱，前后压差增大，阻力增大。（图 2–7）

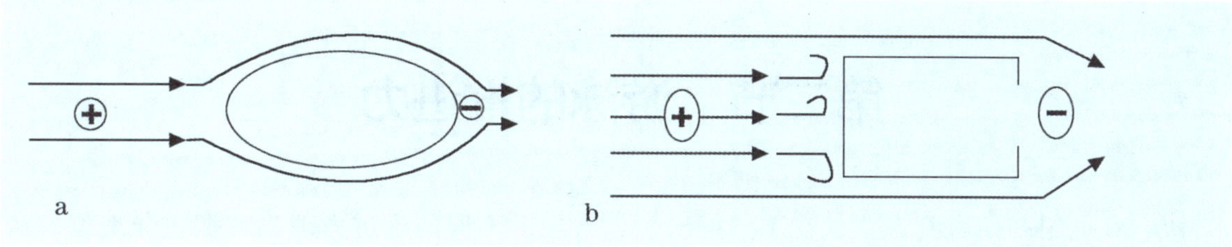

图 2–7 流线型 a 阻力较小，方形物体 b 阻力较大

2. 空间的影响

人的体型越大，在水中所占据的空间就越大，阻力也就越大。除体型外，运动员在水中的姿势也会引起空间的变化。例如，如果从头到脚尽量保持水平，就可以减少在水中占据的空间。人身体最宽的部位是肩部，如果运动员能把身体所有的部分藏在肩部的投影截面内，也可以减少占据的空间。换言之，在游进的过程中避免髋部和腿从一侧向另一侧摆动，可以减少占据的空间。（图 2–8）

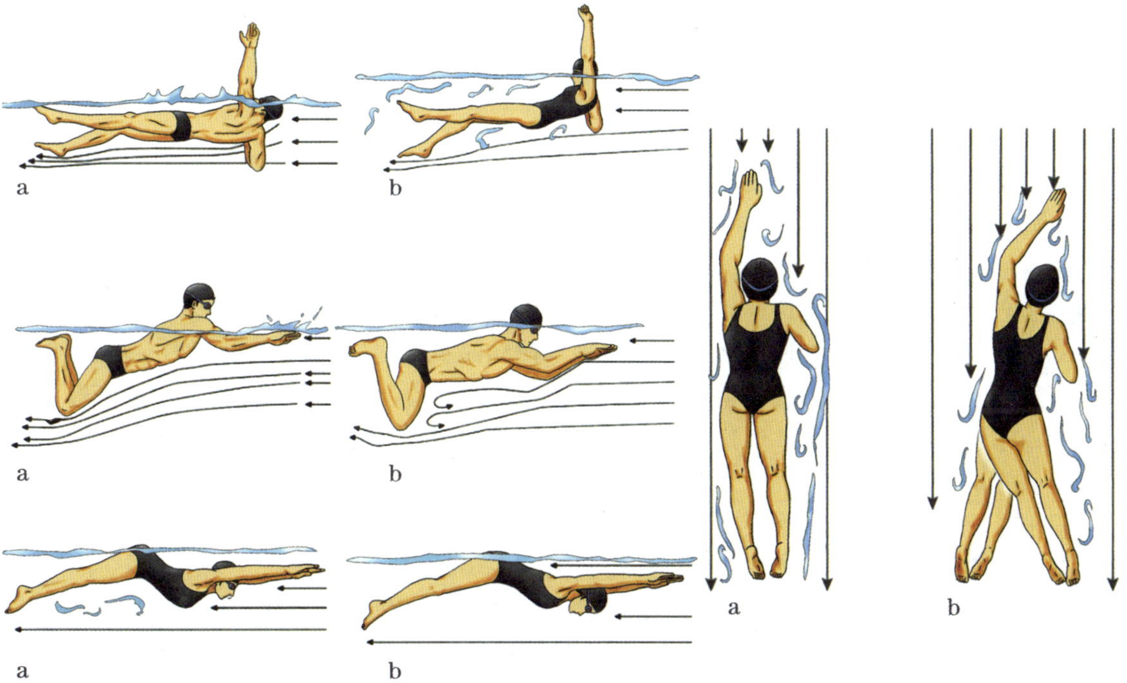

图 2–8 图中 a 运动员占用空间较小，b 占用空间较大

3. 速度的影响

游速越快，水施加给身体的阻力也就越大。粗略计算，游速增加 1 倍时，阻力将增加 4 倍左右。竞技游泳运动员在比赛中不可能为了减少阻力而慢游，导致比赛失败。但是可以通过对比赛不同阶段速度的控制来节省体力，从而赢得比赛。

第二节　游泳的推进力

从 20 世纪初期直到现在，在不同的阶段，曾经有不同的推进力理论占据主导地位。从牛顿第三定律到伯努利定理，从阻力推进力到升力推进力。但是到目前为止，由于游泳技术的复杂性，关于游泳时推进力产生的方式，一直还没有被完全证实。

一、阻力推进力观点

20 世纪 60 年代后期，美国著名教练员康西尔曼博士和西尔维亚通过在水下观察游泳运动员的技术，发现运动员在水下不同阶段会交替做屈臂或伸臂划水，并认为运动员是利用了牛顿第三定律作为推进力原理。根据牛顿第三定律，施加在物体上的每一个作用力都会产生一个方向相反、大小相等的反作用力。当运动员运用肌肉力量向后推水时，水就会给人体一个大小相等方向相反的反作用力，推动身体前进。划水产生的推进力大小与运动员向后划水的水量及划水的距离直接相关。

二、升力推进力观点

随着科技进步，水下摄影技术进入游泳训练中。人们发现许多高水平游泳运动员在水下划水阶段手臂并不是径直向后推水，其动作轨迹都是三维的 S 形曲线。（图 2–9）康西尔曼等认为这样能产生更大的推进力。在划水时运动员肢体运动的速度必须快于水流动的速度，才能持续产生推进力，但是这样做需要很大的力量，容易使运动员过早疲劳。如果不断改变手的动作方向，手臂就可以避开之前已经被划水搅动的水流，从而划到相对静止或流动较慢的水，这样不需要使用很大的力量，也能产生较大的推进力。而且划水时在手臂侧面和垂直面上的动作也会产生推进力，但这些推进力难以用牛顿的作用力和反作用力原理来解释，却可以用伯努利定理来解释。

瑞士科学家伯努利第一个发现了压力和流体速度之间呈反比关系。他发现对于理想的流体，流速较快时压力较小，流速较慢时压力较大。

图 2–10 所示为蝶泳向内划水的动作。划水过程中，阻力与划水方向相反，也就是阻力向外和向前（图中阻力矢量）。根据伯努利定理，运动员手部上方（手背）的水流（图中左手上方的三个箭头）流过时距离较长，速度会加快，以便与手部下面（手掌）的水流（图中左手下面的粗黑箭头）同时到达小指一侧。因此，运动员手部上面的压力较小，流速较快。运动员左手上下表面的压差用“+”和“–”表示。这种压差产生了升力，也就是与阻力垂直

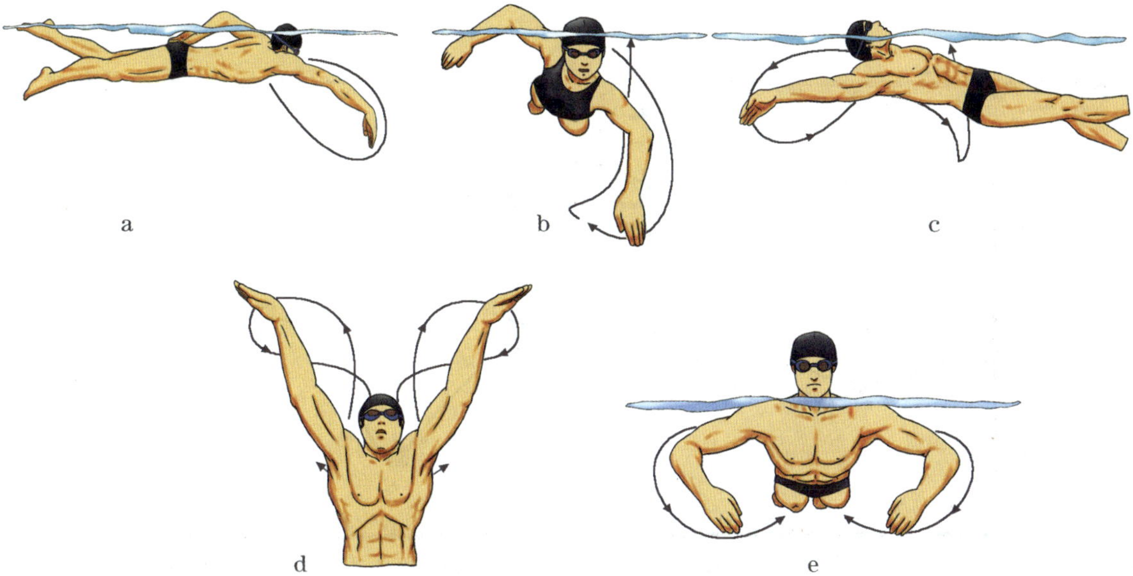

图 2-9 相对固定点绘制的四种竞技游泳划水轨迹图

a 自由泳侧视，b 自由泳前视，c 仰泳侧视，d 蝶泳仰视，e 蛙泳前视

的力。升力在图中以运动员左手上方的矢量表示。

在过去的几十年中，关于游泳的推进力究竟来自于阻力，还是升力，或者推进力中升力和阻力的比值，一直没有定论。目前比较一致的观点是，自由泳和仰泳划水中，阻力起主导作用。蝶泳和蛙泳划水时，升力的贡献增大。

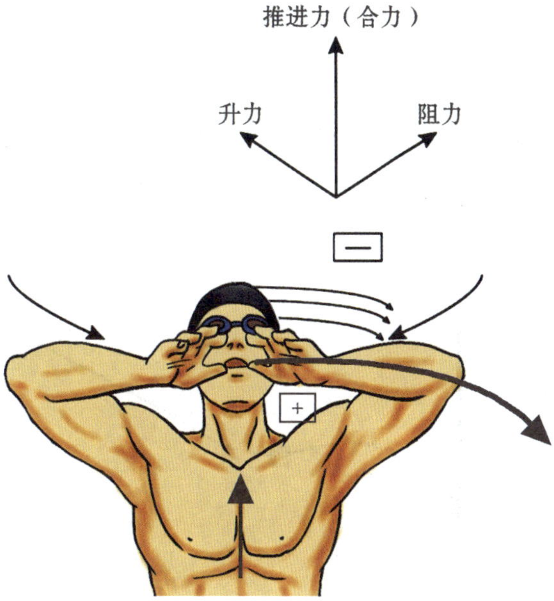

图 2-10 应用伯努利定理解释推进力

三、波浪推进力观点

最近一些专家认为，游蝶泳和蛙泳时身体波浪动作也能产生推进力。对运动员前进速度进行分析发现，在蛙泳中存在一个推进力阶段，发生在移臂和收腿阶段。运动员在移臂、收腿时，速度减慢，此时水会填满运动员身体周围的空隙，由此产生的波浪会形成推进力（图 2-11）。

蝶泳中也发现类似的阶段，如图 2-12 所示。

这一观点虽然被提出，但目前还没有得到广泛认同，其真实性和可行性还有待验证。

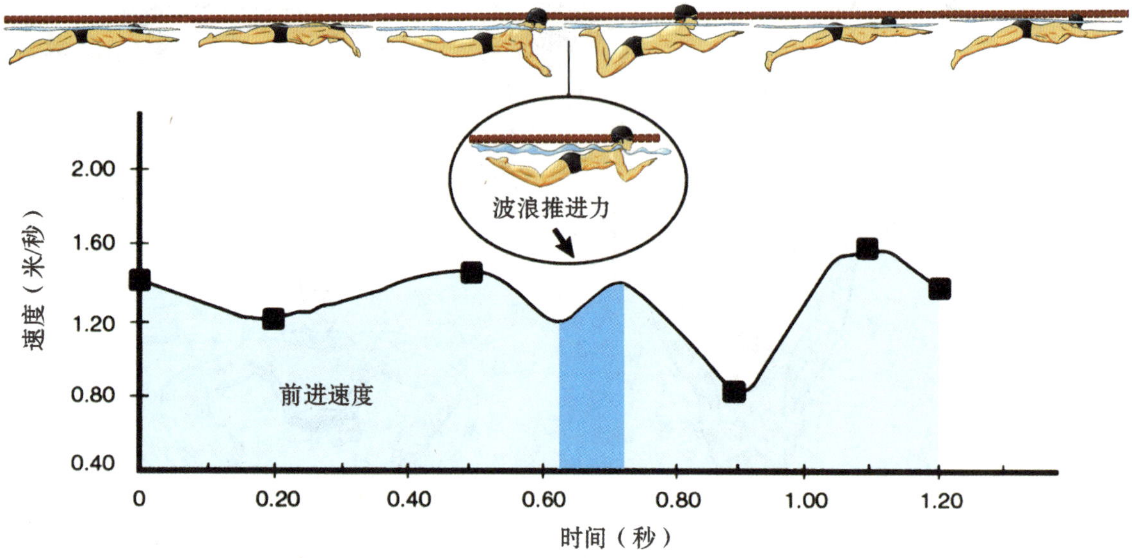

图 2-11　蛙泳前进速度轨迹及波浪推进力产生的阶段

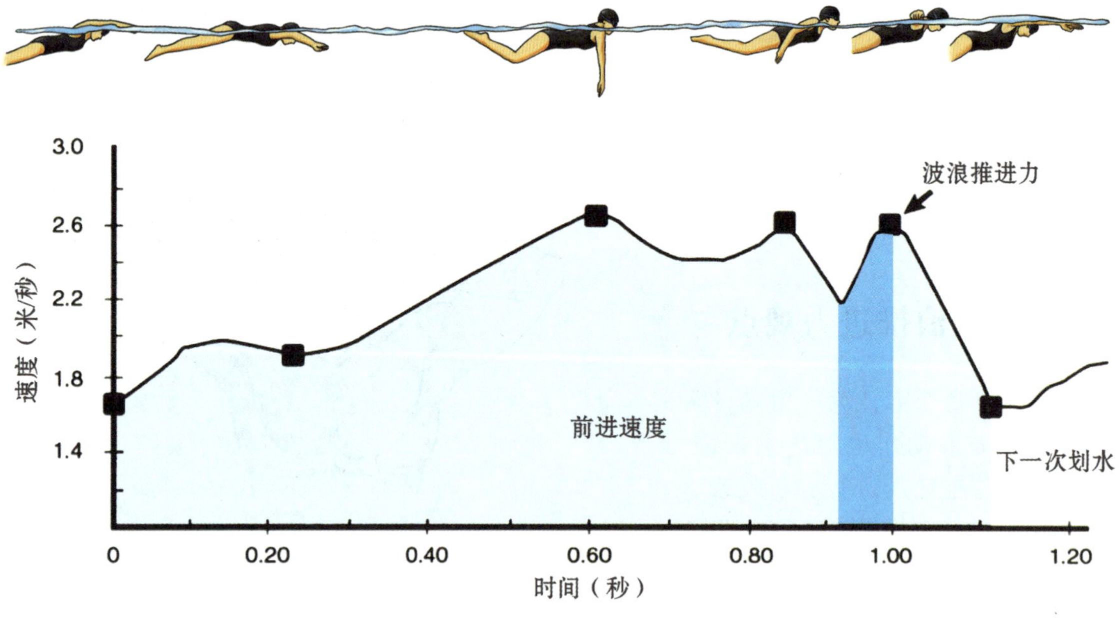

图 2-12　蝶泳移臂和腿上打时波浪推进力作用下的前进速度曲线

第三节　高效游泳技术的总体特征

尽管流体力学在游泳中的解释还存在很大争议，但科研人员在多年实践中通过对教练员和运动员的技术进行总结，提出了一些相对一致且便于操作的观点，作为四式高效技术的总体特征。

一、减小阻力

1. 自由泳和仰泳中，整个身体围绕纵轴转动，使身体保持侧向直线。
2. 头部和躯干尽量成一条直线，减小形状阻力。
3. 蝶泳和蛙泳借助身体波浪动作前进，但身体波动不可过大。
4. 手臂和腿部所有的入水和移臂（收腿）动作都尽量轻柔平稳，减少波浪阻力。
5. 所有水下划水的第一部分，即下划及外划，均不产生推进力。因此这一部分动作应该尽量轻柔平滑，减小阻力。
6. 打腿不要过深、过高，蹬腿不要过宽，减少阻力。

二、增大推进力

1. 务必在形成高肘抓水位置后再向后对水发力。
2. 抓水时，手臂的弯曲应约为 90°。
3. 在各种划水动作的推进阶段，手掌及前臂下端成一条直线，如同一个整体。
4. 在水下划水的推进阶段，应沿对角线方向向后划水。
5. 从开始抓水至水下划水结束，在手每一次明显转换方向时，应加速划水。
6. 当手靠近大腿划向水面的时候，准备出水，不要再试图获取更大推进力。

思考题

1. 人在水中受到哪些外力？这些外力对游泳有什么利弊？
2. 水中阻力分为哪几种？
3. 影响阻力大小的因素有哪些？
4. 游泳中的推进力是怎么产生的？
5. 怎样在游泳时减小阻力？
6. 怎样在游泳时增大推进力？

O 推荐读物

1. Ernest W.Maglischo.Swimming Fastest [M]. Human Kinetics，2003.

2. 科斯蒂尔，等.运动医学与科学手册——游泳 [M]. 温宇红译.北京：人民体育出版社，2002.

O 参考文献

[1] 全国体育院校教材委员会审定.游泳运动 [M]. 北京：人民体育出版社，2001.

[2] 瑞克·克罗斯.明星游泳技术 [M]. 韩冰译.北京：人民体育出版社，2001.

[3] Peter Daland. The History of Olympic Swimming，Vol1：1986—1936 [M]. USA Swimming，2009.

[4] Emmett Hines. Fitness Swimming [M]. Human Kinetics，1999.

[5] James E.Counsilman.Competitive Swimming Manual for Coaches and Swimmers [M]. Counsilman CO.，inc.，Bloomington，Indiana，1977.

[6] Bill Sweetenham.Championship swim Training [M]. Human Kinetics，2003.

[7] Rainer Martens.Successful Coaching [M]. Human Kinetics，2003.

[8] Dave Salo.The Swim Coaching Bible [M]. Human Kinetics Publishers，2001.

第三章　蛙泳技术

O 概述

蛙泳由于模仿青蛙的游泳动作而得名，是比较古老的一种泳式，在民间广为流传。蛙泳的内部技术结构是四种姿势中最为复杂的，臂、腿变化方向多，与其他泳式的差别很大，所以比较难掌握好。蛙泳是四种姿势中速度最慢的一种，因为从水下移臂到收腿都会带来很大的阻力，使前进速度快速下降，导致前进速度极不均匀。但蛙泳也有一些特点，如呼吸比较容易掌握，每个动作周期结束后都有一定的滑行放松时间，所以较容易学会，而且掌握动作节奏后很快就能游较长的距离。此外，还便于观察前方，在实用游泳如救生、水球等领域有重要的地位。

本章将对蛙泳起源与发展、蛙泳的身体姿势和腿部动作、手臂动作和完整配合进行详细介绍。

通过本章的学习和训练实践，学生应掌握蛙泳技术的难点和重点，掌握蛙泳技术和提高游速的关键要点，根据自身实际特点，形成符合个人特点的蛙泳技术风格。

O 关键术语

核心力量、流线型、波浪式蛙泳、平式蛙泳、前冲、滑行、收腿、外翻、蹬夹、外划、高肘抓水、内划、伸臂、晚吸气

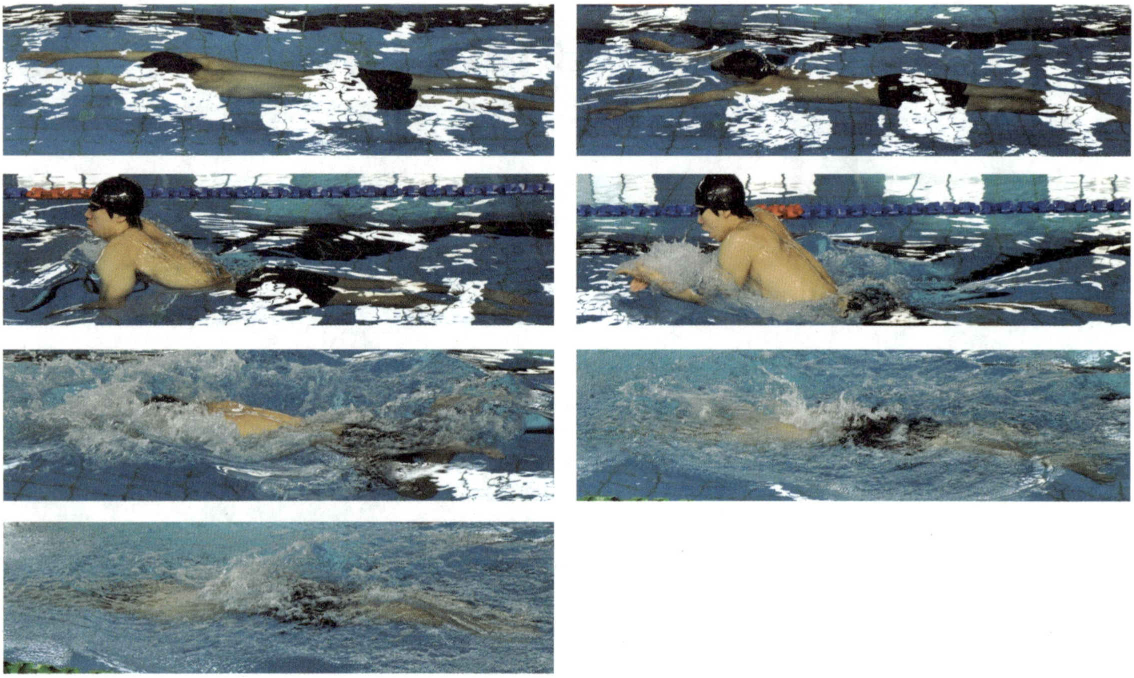

蛙泳水上侧面观

蛙泳水上后面观

蛙泳水上正面观

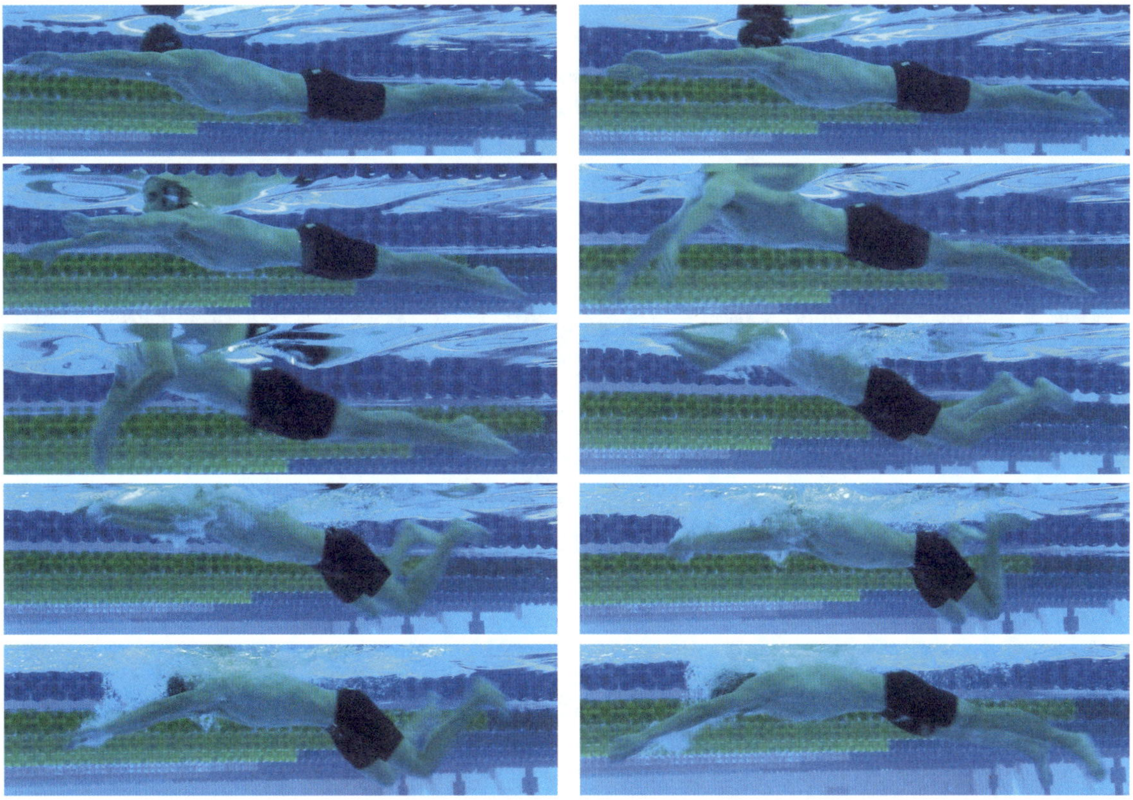

蛙泳水下侧面观

蛙泳水下后面观

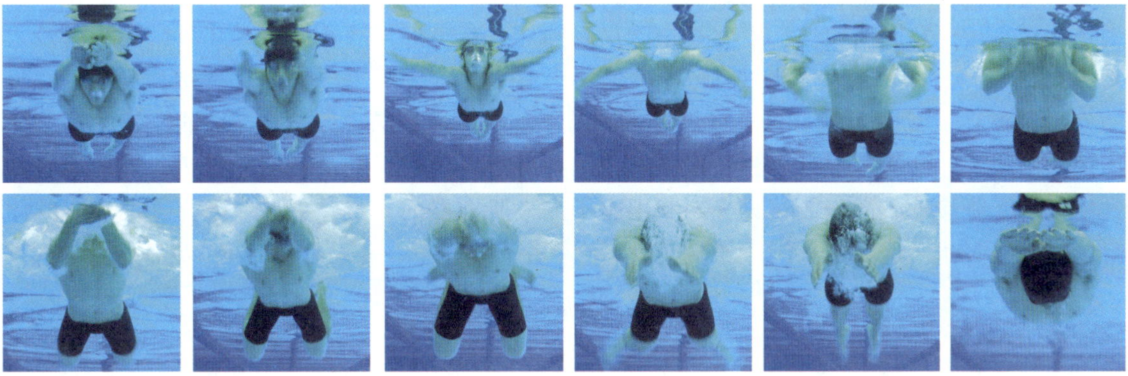

蛙泳水下正面观

第一节　蛙泳起源与技术发展趋势

一、简　介

据史料记载，早在2000—4000年前，在中国、罗马、埃及就有类似蛙泳的姿势。相传在古埃及和罗马帝国时，它是猎人潜入水中捕捉水鸟的游动方法之一。18世纪末，在欧洲军事学校中已设有专门教授蛙泳的课程。由于俯卧在水面，划水与蹬腿动作像青蛙在水中游进，所以被称为蛙泳。

从第3届奥运会蛙泳作为比赛项目以来，蛙泳技术经历了多次大的变革，曾几经波折数次险遭淘汰，又几经发展最终走向成熟。现代奥运会游泳比赛中设男女100米和200米蛙泳，男女200米、400米混合泳中的第三段均为蛙泳；在世界锦标赛中还设有50米蛙泳；混合泳接力中蛙泳是在第二棒次。

O 蛙泳险些遭到淘汰

1924—1936年期间，蛙泳最大的革新是划水动作结束后两臂不再从水中前移，改为由空中移臂但仍采用蛙泳蹬夹腿的动作，出现了蛙泳的变形——蝶式蛙泳。蝶泳的速度快，有代替蛙泳的趋势。1936年国际业余游泳联合会对蛙泳规则作了补充，允许在蛙泳比赛中采用蝶泳技术，于是蝶泳取代了蛙泳。在1948年第14届奥运会上，200米蛙泳决赛只有一人采用蛙泳。而1952年第15届奥运会的蛙泳比赛中，全部运动员都采用蝶泳技术。于是国际业余游泳联合会决定将蝶泳从蛙泳项目中分离出来成立单独竞赛项目。

1952年起，规则将蝶泳列为新的项目，蝶泳和蛙泳分开，并允许蛙泳在水下游进。由于水下潜泳能减少波浪阻力，并能充分发挥手臂的力量，于是人们纷纷改用潜泳。到1956年奥运会上，只有一人采用传统的蛙泳技术，传统的蛙泳技术又面临第二次淘汰。1956年，规则禁止在蛙泳比赛时使用潜泳，并规定除出发和转身后可以做一次水下动作外，头不得没入水中。1987年，规则取消了游进中头不能没入水中的规定，使蛙泳技术和成绩得到了进一步的发展和提高。我国运动员黄晓敏在1988年汉城奥运会上获得女子200米蛙泳银牌时，使用的“潜冲式”蛙泳震惊了世界泳坛，其技术与后来以美国运动员巴罗曼等为代表的波浪式蛙泳技术十分接近。由于能够充分地利用躯干部大肌肉群的力量，并减少阻力，波浪式蛙泳目前已被许多优秀运动员采用。

O 5 次打破蛙泳世界纪录的蛙泳三杰

1956—1960 年，我国著名游泳运动员戚烈云、穆祥雄、莫国雄先后 5 次打破 100 米蛙泳世界纪录。中国游泳运动员戚烈云采用半高航蛙泳技术，1956 年在广州以 1 分 11 秒 6 的成绩打破 100 米蛙泳世界纪录，成为中国第一个游泳世界纪录创造者。中国游泳运动员穆祥雄，1958 年和 1959 年 3 次打破男子 100 米蛙泳世界纪录。1960 年 9 月 1 日，在成都举行的全国游泳锦标赛上，莫国雄以 1 分 11 秒的成绩打破了由穆祥雄保持的 1 分 11 秒 1 的男子 100 米蛙泳世界纪录。

进入 20 世纪 80 年代后，我国蛙泳技术得到了较大的发展，有一批运动员在国际比赛中取得了优异的成绩。2004 年雅典奥运会上我国优秀蛙泳选手罗雪娟在女子 100 米蛙泳决赛中夺得该项目冠军，显示出我国在蛙泳项目上的实力。

2007 年，国际泳联规定运动员在出发或者转身全身没入水中时，允许做一次向下的海豚式打腿动作再接一次蛙泳蹬腿动作。随后两腿的所有动作应同时并在同一水平面上进行不得有交替动作。这一改动进一步大幅度提升了蛙泳成绩，随着训练理念改变，技术细节越来越受到各国教练员的重视，涌现出很多优秀的蛙泳运动员，其中北岛康介、罗雪娟、齐晖代表亚洲的技术风格，而布伦顿·汉森、索尼、海恩斯、久尔陶、鲁塔·梅卢提特、范德伯格等则是欧美身材高大型选手的代表人物。

二、蛙泳技术发展趋势

随着技术的不断改进，蛙泳进入了一个群雄逐鹿的时代。经过不断地演进和发展，蛙泳技术的革新都是更加注重减小阻力和身体的协同发力，当前蛙泳技术具有以下几点特征。

（一）身体起伏曲线合理

蛙泳技术最重要的一个特征就是注重肩的前伸和手臂的积极抓水。而如何使肩及上体加速前伸，需要身体起伏高度适中，过高会影响前进方向、发力方向，过低会减少冲量变化，整个身体贴近水面则会增加摩擦阻力减缓速度，也为下肢动作造成不必要的负担（图 3-1）。

图 3-1　波浪式蛙泳的身体特点是伸臂时肩部完全出水面

从目前竞技蛙泳的走势来看，波浪式蛙泳被众多选手所采用，平式蛙泳基本淡出我们的视线，起伏的高度也根据每个人的身体条件各有差异。

（二）晚吸气

竞技蛙泳技术的另一特点是晚吸气技术，优秀蛙泳运动员在向内划水阶段头随身体向上起伏自然吸气，如图 3-2 所示，呼吸、前冲一气呵成，减少水面停留时间，快速入水进入高速滑行阶段。

图 3-2　晚吸气技术

（三）波浪式起伏，躯干核心能力突出

蛙泳游进时，腰首先发力，身体起伏、借助蹬夹腿产生的冲力前冲，通过躯干传导至上体，臂部伸直高速滑行。从动力学的观点来看，躯干作为上下肢的连接，是蛙泳游进时发力的中心及力量传递的核心，将运动员上下肢动作产生的效果协调统一。

O 波浪式起伏的好处

——加大俯冲冲量。

——利用身体起伏高度发挥核心力量。

——有效利用滑行技术。

——使上肢、下肢能够协同发力。

——尽量减少展髋、收腿动作的阻力。

（四）螺旋状蹬腿技术

蛙泳腿作为推进力的主要来源，越来越受到教练员及运动员的重视，从大量资料来看，优秀运动员的蛙泳腿部技术呈螺旋状方式进行，在四个方位变化，即向外、向下、向后、向上，同时在夹水阶段脚踝也发力参与动作当中，产生二次加速。

第二节　平式蛙泳与波浪式蛙泳技术特点分析

“平式”蛙泳是20世纪80年代之前流行的技术。“平式”蛙泳的技术特点是身体位置接近水平位，髋部始终接近水面，通过抬头做吸气动作，肩部不露出水面。主张采用“平式”蛙泳的人认为，由于“平式”蛙泳身体无须做多余的上下起伏动作，所以可减少迎面阻力，游起来省力。平式蛙泳在教学中被广泛采用，作为初级教学所选用泳式。

“波浪式”蛙泳的技术特点是内划的时候，肩部会露出水面，髋部位置低于水面，身体姿势倾斜。蹬腿时，低头伸肩，前冲和伸臂，以波浪式节奏前进，伸臂与上体俯冲同步进行，形成高体位的姿式。

一、平式蛙泳的技术特点

平式蛙泳身体位置相对水平，在身体起伏时髋部是在接近水面的位置。运动员靠抬头和低头的动作进行呼吸，游进时的身体位置较平。（图 3–3）

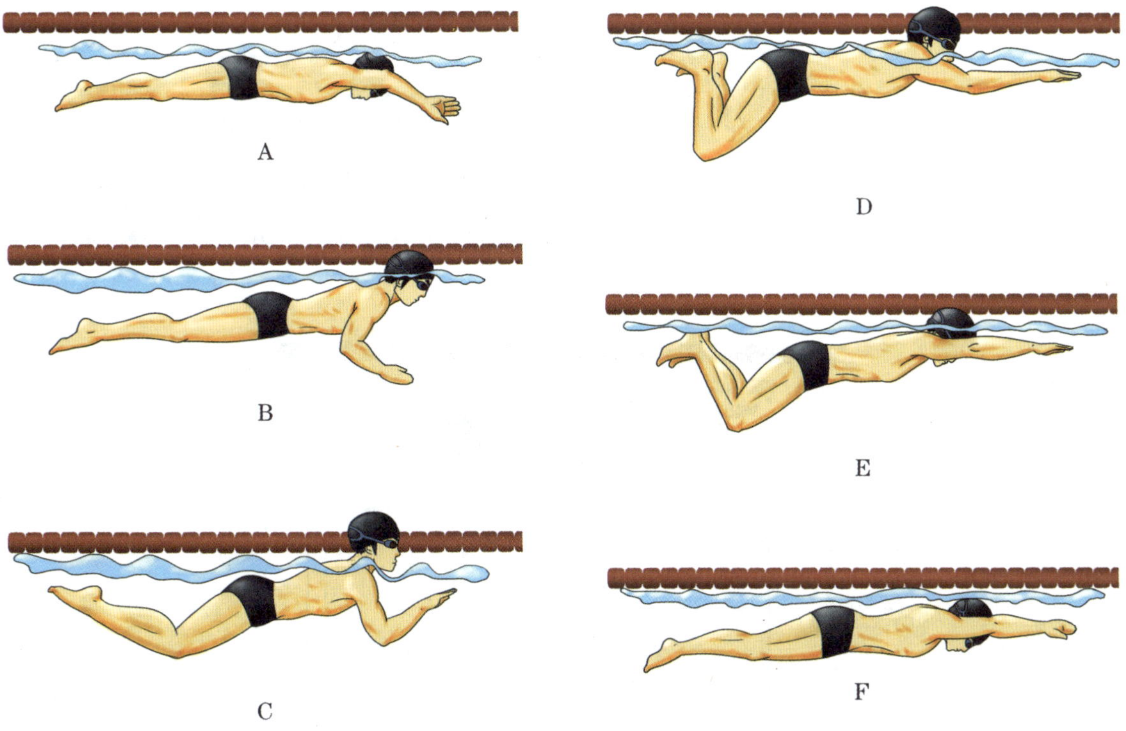

图 3–3　平式蛙泳示意图

平式蛙泳收腿时大腿向前收得较多，形成墙一样的平面，会造成大量的湍流，阻力迅速增加，使身体前进速度大幅度下降，接近停顿。（图 3–4）

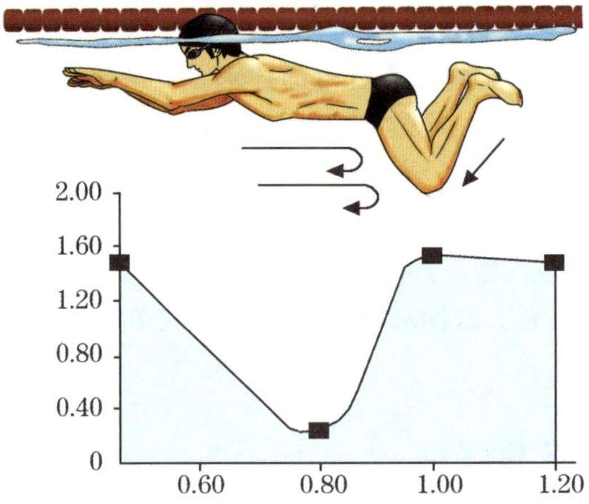

图 3–4　平式蛙泳收腿时阻力很大，造成前进速度迅速下降

二、波浪式蛙泳的技术特点

波浪式蛙泳（图 3–5）吸气时肩露出水面，髋部低于水面，吸气和收腿时身体位置具有一定的倾斜角度，运动员髋部下沉，大腿收得较少，仅收小腿，造成湍流较少，从而减少阻力产生。波浪式蛙泳较平式蛙泳收腿的时间更短，减速的幅度降低。（图 3–6）

图 3–5　波浪式蛙泳

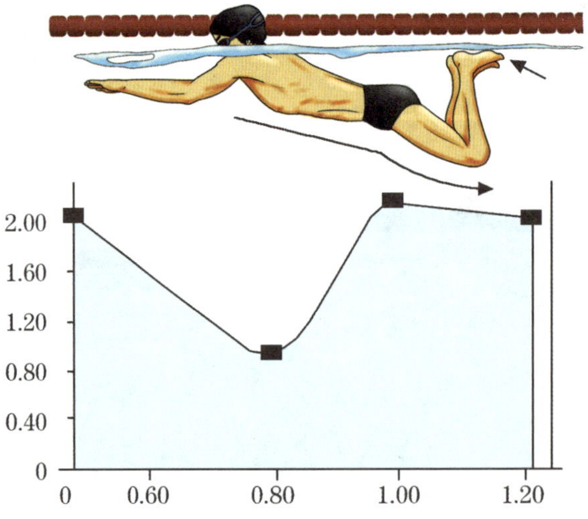

图 3–6　波浪式蛙泳收腿时阻力较小，前进速度下降幅度不大

O 迈克·巴罗曼，波浪式蛙泳的先驱

迈克·巴罗曼,著名美国男子蛙泳运动员，4次打破男子200米蛙泳世界纪录，1992年奥运会男子200米蛙泳冠军，波浪式蛙泳的先驱。波浪式蛙泳与传统蛙泳的显著区别在于，当身体持续向前滑行时，头和躯干上部离开了水面。身体最宽的部分——肩部提出了水面，耸肩拱起几乎碰到耳朵，有助于更好地保持身体的流线型。

第三节 蛙泳身体姿势和腿部技术

一、身体姿势

蛙泳在游进之中，身体不是固定在一个位置上，而是随着手、腿的动作在不断变化。

（一）头的位置

在保持身体流线型的滑行中，头部动作是随身体的波浪动作而起伏的，保持颈部肌肉放松可以提高肩部的灵活性和活动幅度。在呼吸动作中，抬头的幅度呈斜前方30°，尽可能贴近水面。（图3–7）

（二）躯干的位置

游进中，背部和躯干大部分时间保持水平，背部的起伏不要太大，随着身体波浪起伏始终保持在水面上或紧贴水面，过多的垂直运动不但耗费体力而且还增加阻力。（图3–8）

图3–7 蛙泳吸气时头的动作

图3–8 躯干位置

（三）髋的位置

髋部应该在水中向前上方移动，手臂前伸同时髋部低于水面。移动的轨迹应呈小波浪，过高和过低都会影响身体的平衡及蹬腿的方向和推进力。波浪式蛙泳身体重心的动作幅度与速度呈负相关（图 3-9）。也就是说，要提高速度，就要减小重心的动作幅度。

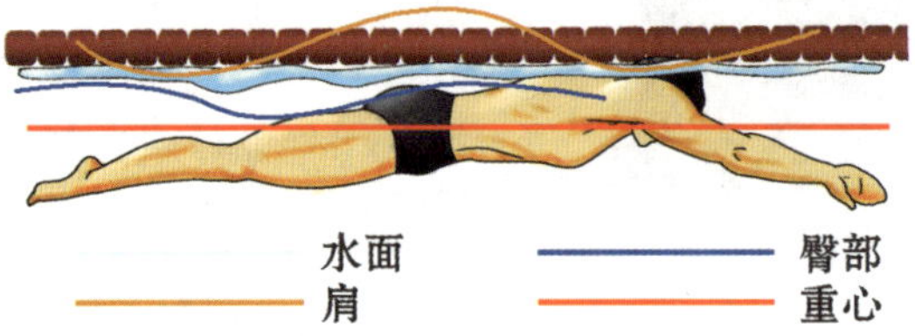

图 3-9　波浪式蛙泳头、躯干、髋部和重心的相对轨迹

二、腿部技术

蛙泳腿部的蹬腿路线分别从前视、侧视和水下三个方面进行说明，如图 3-10 所示。蛙泳腿可以分为收腿、翻脚抓水、蹬夹水和滑行等四个阶段。

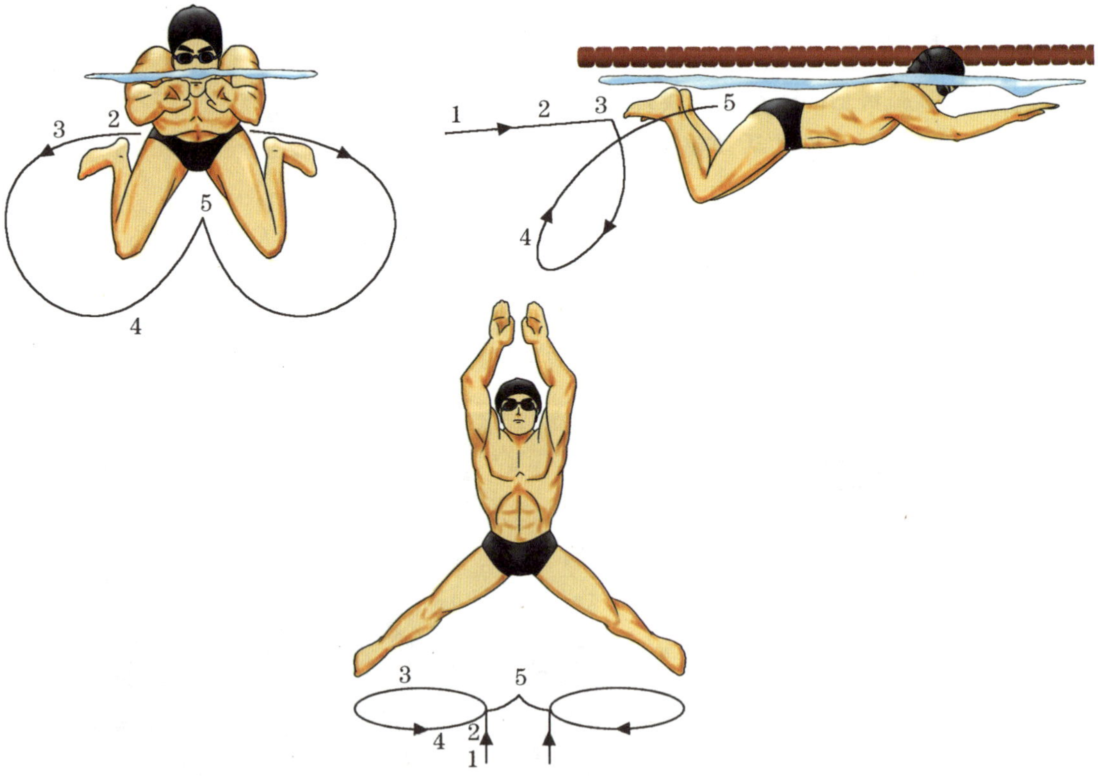

图 3-10　蛙泳蹬腿路线的前视、侧视和水下视图

O 思考与探索

为什么有人蛙泳两腿的动作不对称？

1. 收　腿

收腿是为翻脚抓水、蹬水创造有利的位置，这时既要尽量减少阻力，又要考虑到髋、腿协调配合的需要。小腿躲避在大腿后侧收腿，脚跟尽量沿着水面向臀部靠拢。（图 3-11）

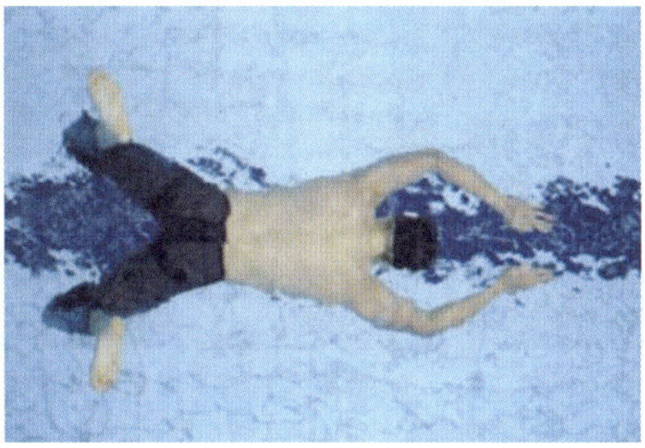

图 3-11　收腿结束后脚的位置

2. 翻脚抓水

在蛙泳腿的技术中，翻脚动作十分重要，它直接影响到蹬水的效果。收腿、翻脚、蹬水是一个连续的完整动作过程。正确的翻脚动作，是在收腿未结束前就已开始，以便于运动员脚踝提前外翻抓水，在蹬水开始前完成。如果翻脚后腿稍有停滞，则会破坏动作的连贯性并增大阻力。当脚接近臀部时准备外蹬，踝关节放松，双脚外翻，比肩略宽，双脚的方向由外转至向后蹬水，这就是抓水的过程。（图 3-12）

图 3-12　蛙泳腿部翻脚抓水

3. 蹬夹水

蛙泳腿部动作效果的好坏，完全取决于蹬夹水技术的正确与否。蹬夹水动作时，不要把注意力都用在向两侧蹬腿上，而忽视夹腿、并腿动作。伸膝关节和踝关节时也同样要注意动作的准确性。

蹬夹水的动作是一个连续的完整动作，蹬水在先，夹水在后。实际上在翻脚的动作中，两膝向内、两脚向外已经为蹬夹水固定了方向。整个蹬腿的轨迹先向外、向下、向后、再向上，在夹水动作的最后阶段，脚踝有一个内旋加速的动作（图 3-13），这在一些优秀运动员的水下动作中可以明显看到（如：北岛康介、罗雪娟等）。

蹬夹水效果的好坏不但取决于腿部关节移动的路线和方向以及蹬夹水时腿部与水受力面积的大小，最主要的是取决于两腿蹬夹水的速度和力量的变化。蹬夹水的速度从慢到快，力量从小到大。蹬夹水时用力过猛会适得其反，反而会影响整个技术动作效果，更有甚者还会出现下肢相关部位的拉伤。所以掌握和控制蹬夹水动作节奏极其重要。

图 3-13　脚踝内旋加速示意图

4. 滑　行

蹬夹水结束后，脚处于水平面的最低点，这时身体随着蹬水的动力向前滑行，腰部下压，双脚接近水面，准备做下一个循环动作。滑行既是动作的开始也是动作的结束，从滑行也能看出腿部动作的效果。

O 评定蛙泳腿技术的标准

1. 良好的身体流线型

如果不能在水下保持良好的流线型体态，就会形成较大的形状阻力和波浪阻力，影响前进的速度。

2. 踝关节的灵活性

大多数优秀蛙泳运动员在夹水过程中脚踝都有一个内旋加速的动作，产生二次加速度，产生推进力帮助提高速度。

3. 躯干和腿部力量

运动员身体的整体素质和股四头肌、股后肌群的力量。这些都是构成强有力的蛙泳腿的基本要素。

O 思考与探索

波浪式蛙泳蹬腿产生推进力最大的是哪个环节？为什么？

O 蛙王北岛康介的秘密武器

2004 年雅典奥运会后，北岛康介开始加大上肢和下肢力量训练，为提高划水效果必须增强手腕、手臂、背阔肌群的力量训练。同时保证自身蛙泳腿部技术的优势，进一步提高腿部力量。出色的腿部技术造就了杰出的蹬水效果，北岛康介的一次蹬水距离是 2 米，他是世界上唯一能做到的选手，一般最好选手是 1.80 米。

第四节　蛙泳手臂划水技术

蛙泳划水路线是由前向外再向下，蛙泳手臂的划水路线可以分为四个方向：向外、向下、向后、向内。（图 3–14）

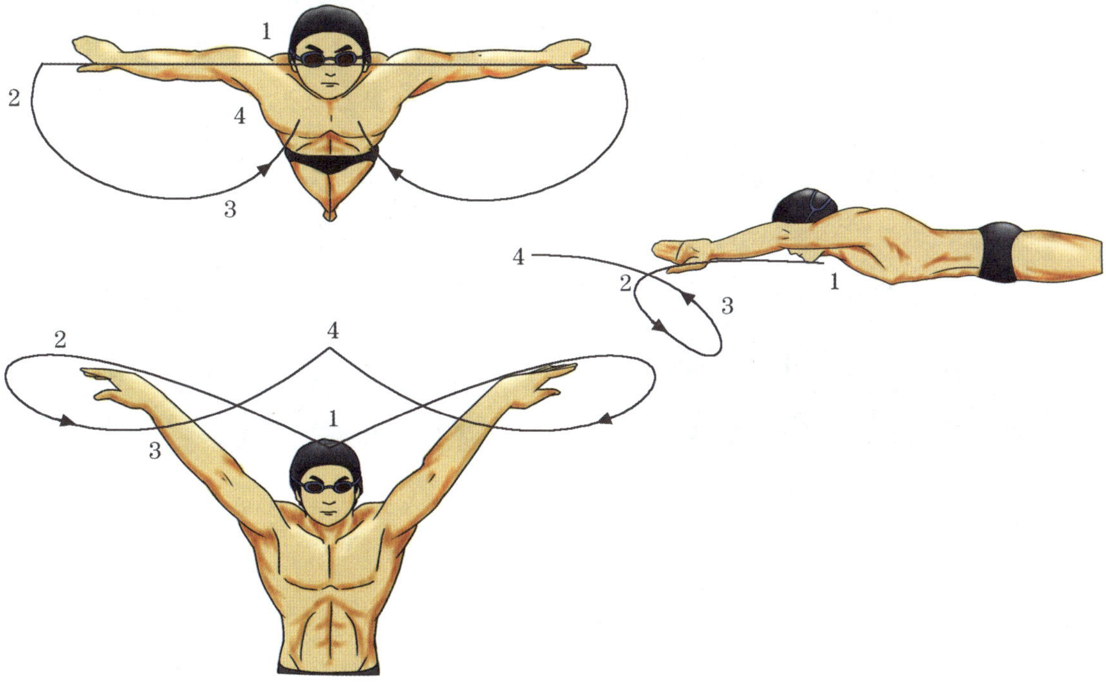

图 3–14　蛙泳正面、侧面和水下划水路线

蛙泳手臂划水动作可以产生很大的推动力。掌握合理的手臂划水技术，使之与腿和呼吸动作协调配合，能有效地提高游进速度。它的主要动作可分为外划、抓水、内划、前伸四个阶段。

一、外划和抓水

外划开始时，掌心应向下，直到划至肩外。外划以小拇指领先，手掌以很小的阻力面对水。一旦划至肩外，应屈肘，手掌转为向外、向后，做好抓水准备。外划开始时可以屈腕，但在抓水时手掌和前臂应成直线。(图 3–15)

在由前伸到外划的转换阶段手臂动作速度会快于身体前进速度，但是在外划阶段应逐渐减速，在抓水时手的速度应与身体速度接近。

抓水动作是为了给后面内划创造有利条件。抓水的速度，根据运动员的力量水平、发力习惯而各有不同，优秀运动员的水感、力量等较突出，能够很快形成高肘抓水姿势。(图 3–16)

图 3–15 外划

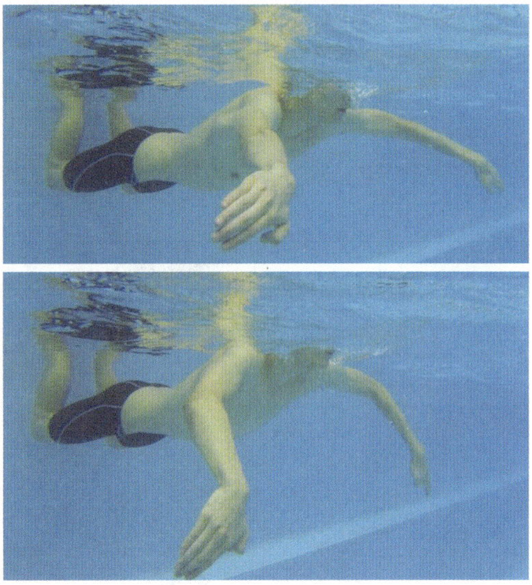

图 3–16 抓 水

二、内 划

内划是蛙泳划臂中产生推进力最大的阶段，这个动作始于手臂划到肩外、抓水动作完成时。随后手臂沿一个大的半圆形的轨迹依次加速向后、向下、向内和向上划水，直到手臂划至肩后，双手在肩下靠拢。(图 3–17)

图 3-17　内划动作

内划要想获得较大的推进力，就一定要在最后夹肘时收手。手的动作应积极、快速、圆滑，收手结束时，肘关节应低于手，大、小臂的角度小于 90°。夹肘动作尽量贴近身体，一是为了减少身体过分上抬造成不必要的阻力；另一方面是为了减少手臂与身体之间的空隙，减少形状阻力、压差阻力。

在划水过程中，前臂和大臂弯曲的角度是在不断变化的，根据每个人的身体条件、发力习惯等不尽相同，其标准是以能发挥出最好的力量为准则。在整个划水过程中肘关节的位置都比手高，从抓水至划水过程中都保持高肘技术。手运动的路线，不应到肩的下后方，而应在肩的前下方。划水速度是从慢到快，至夹肘收手时应达到最快。

三、伸　臂

蛙泳整个臂部的动作路线无论是俯视或仰视都是椭圆形的，并且是一个连贯的、力量从小到大、速度从慢到快的完整过程。伸臂过程不是一个单环节的动作，在伸臂的同时，头部、躯干、髋关节都要借助前期臂部动作以及腿部产生的推进力向前冲顶，前扑入水，波浪轨迹还要控制到最好，不需要大起伏破坏整个节奏。（图 3-18）

图 3-18　伸　臂

O 思考与探索

蛙泳臂部技术当中哪个环节产生推进力最大？哪个环节产生阻力最大？

第五节　蛙泳配合技术

一、配合节奏

蛙泳臂腿完整配合技术最为复杂。为了保持游进速度的均匀性，臂腿的配合应尽量使游进过程中每一动作周期内的每个阶段都有推进力产生和保持。

波浪式蛙泳的配合节奏是“划水–前冲–蹬水”。前冲是波浪式蛙泳的独特之处。它发生在内划结束和蹬水开始之间，此时手和前臂正好在水平面上并与水面平行快速前伸。划水和伸臂开始时胸背部反弓。（图 3–19）

图 3–19　波浪式蛙泳完整配合方式

波浪式蛙泳手和腿的配合时机是，当手臂前伸到3/4时，腿开始蹬夹水。此时头和躯干正在前冲，快速蹬夹水能够协助完成前冲并使身体保持在水面上。因此，蹬夹水的时机一定要精确地把握，否则会破坏配合的节奏。

手臂内划结束并前伸时，双肩应尽量靠近，这样前冲过程才能够快而远。在划水已经结束而蹬夹水尚未开始时，前冲动作是维持身体前进的动力。如果前冲效果不好，配合中就会出现“死点”，从而造成动作停顿。

臂腿配合中，手臂的动作速度决定了腿的速度。因为身体前进的起始速度是划水获得的，之后，前冲和蹬水动作协同划水使身体前进。划水、前冲和蹬水互相支持，互相配合，形成稳定和加速的波浪动作。如果某一个环节的速度稍慢，就会破坏整个波浪动作。

O 日本蛙王北岛康介

著名蛙泳选手，蝉联雅典、北京两届奥运会的100米、200米蛙泳冠军。2003年11月至2008年6月的5年间4次打破世界纪录。

北岛康介蛙泳技术特点：

1. 划水力量大。
2. 蹬水效果好。
3. 动作连贯性好。
4. 出发动作快。
5. 动作阻力小。

二、全身协调配合

在蛙泳动作的每一个瞬间，都需要全身的各个环节协调准确地配合。以著名蛙泳运动员北岛康介为例。当他的手臂前伸时，背部圆润地耸起，高高地露出水面；肩耸前伸；身体位置很高，使阻力减小；在刚刚完成的内划动作，肘关节内收于两肩之间，手腕外旋；头露出水面，下颌收，与胸部共同前移；两肘并拢，贴近水面前伸；前臂在前伸的同时保持较高的身体位置；两手手指并拢，领先完成移臂动作。

波浪式蛙泳的优势并不在于它的推进力较大，而是前进阻力的减小和前进速度的均匀性。从收腿幅度的减小，到肩和躯干露出水面前冲，到从水面上方移臂，以及手腿配合时机的紧凑等等，无不针对着蛙泳前进中阻力大和前进速度不均匀的致命弱点。这也是其他姿势技术所共同追求的目标。尽管依靠增大推进力可以提高游速，但通过提高力量素质获得的成绩往往很不稳定，在力量素质消退时速度也会显著下降。减小游进中阻力是靠改进技术实现的，通过技术表现出来的成绩往往具有较强的生命力。

三、配合方式

蛙泳臂、腿、呼吸的配合多采用1:1:1配合。即每划水一次，蹬腿一次，吸气一次。蛙泳有三种不同的手腿配合形式，即连接式、滑行式和重叠式。连接式配合是指蹬腿结束后没有滑行阶段，手臂立即开始划水。滑行式配合是在蹬腿结束与划水开始之前有一个短暂的滑行阶段。重叠式配合是指在蹬夹还没有结束之前就已经开始划水动作。

在这三种配合形式中，滑行式是最不可取的，因为动作不连贯，致使身体前进速度不断改变，从蹬腿结束到划水产生推进力之间有一定时间间隔，这样就使身体动量的平衡遭到破坏。连接式配合因为抓水阶段产生的推进力很小，在约 0.3 秒的时间内游速仍然会持续减慢。重叠式配合是较为合理的，游速持续下降的时间较短，在腿蹬夹动作即将结束时，两臂进行外划。而且对于蹬腿技术较差的运动员来说，这种配合方式可以帮助他们更充分地发挥手臂力量。这类运动员双腿开始内夹时已不再产生推力，需略早些开始外划，以便在游速减慢之前完成抓水动作。虽说这种快频率的游法将加大能耗，然而与动作次数较少，平均游速较慢，耗能较少的游法相比，多数世界高水平蛙泳运动员选择重叠式配合。

O 思考与探索

蛙泳手、腿配合技术的关键是什么？为什么说重叠式配合是最合理的配合技术？

O 思考题

1. 蛙泳身体起伏会产生哪些阻力？如何规避？
2. 请从技术角度分析为什么平式蛙泳适合游泳初学者？
3. 蛙泳腿部动作产生推进力在哪个环节？
4. 怎样选择蛙泳划臂路线更合理？
5. 蛙泳技术的发展趋势是什么？请阐述原因。

O 推荐读物

1. Ernest W.Maglischo. Swimming Fastest [M]. Human Kinetics，2003.

2. 科斯蒂尔，等.运动医学与科学手册——游泳 [M]. 温宇红译.北京：人民体育出版社，2002.

3. 温宇红，等.跟专家练游泳 [M]. 北京：北京体育大学出版社，2008.

4. 温宇红，李文静.蛙泳技术图解 [M]. 北京：北京体育大学出版社，2004.

5. [日] 吉村丰.游泳技巧图解 [M]. 边静译. 北京：北京体育大学出版社，2004.

O 推荐网站

1. 游泳技术视频：http：//www.goswim.tv/
2. 澳大利亚游泳教练教师联合会：http：//www.ascta.com
3. 国际游泳联合会官网：http：//www.fina.org/

O 参考文献

[1] James E.Counsilman.Competitive Swimming Manual for Coaches and Swimmers [M]. 1977，Counsilman CO.，inc.，Bloomington，Indiana.

[2] Bill Sweetenham.Championship swim Training [M]. 2003，Human Kinetics.

[3] Rainer Martens.Successful Coaching [M]. 2003，Human Kinetics.

[4] Dave Salo. The Swim Coaching Bible [M]. Human Kinetics Publishers，2001：179–180.

[5] Jane Katz.Swimming For Total Fitness [M]. Random House.1993–04.

[6] 温宇红，李文静.蛙泳技术图解 [M]. 北京：北京体育大学出版社，2004.

[7] 全国体育院校教材委员会审定.游泳运动 [M]. 北京：人民体育出版社，2001.10.

第四章 自由泳技术

○概述

自由泳项目是允许任何泳姿参赛的，但由于爬泳速度最快，所以人们都以爬泳参加自由泳项目的比赛，久而久之，人们渐渐习惯将爬泳称为自由泳。为此，本书所介绍的自由泳即为爬泳。游自由泳时，身体俯卧在水面上，两腿上下交替打水，两臂轮流划水，其动作很像爬行，故又被称为“爬泳”。自由泳技术动作最符合人体生物力学、生理、解剖特征，即使进行大运动量的训练也不易造成运动员受伤，因此，自由泳泳姿在游泳训练中所占的比重通常是最多的。除此之外，自由泳泳姿在水上救生、水球、铁人三项、现代五项、横渡、纵渡等活动中被运动员广泛采用，同时自由泳也是群众游泳健身活动主要采用的泳姿之一。

通过本章的学习和实践，学生能够提高对自由泳的认识水平，促进学生提高自身自由泳技术水平，了解游自由泳时如何保持身体的流线型、如何发挥身体的核心力量、学会对运动员自由泳技术进行分析，明晰不同距离运动员、不同风格运动员技术差异与原因。

○关键术语

流线型、鞭状打水、划水、入水、下划和抓水、内划、上划、出水和移臂、直臂移臂、高肘移臂、早抓水、高肘加速划水

自由泳水上侧面观

自由泳水上后面观

自由泳水上正面观

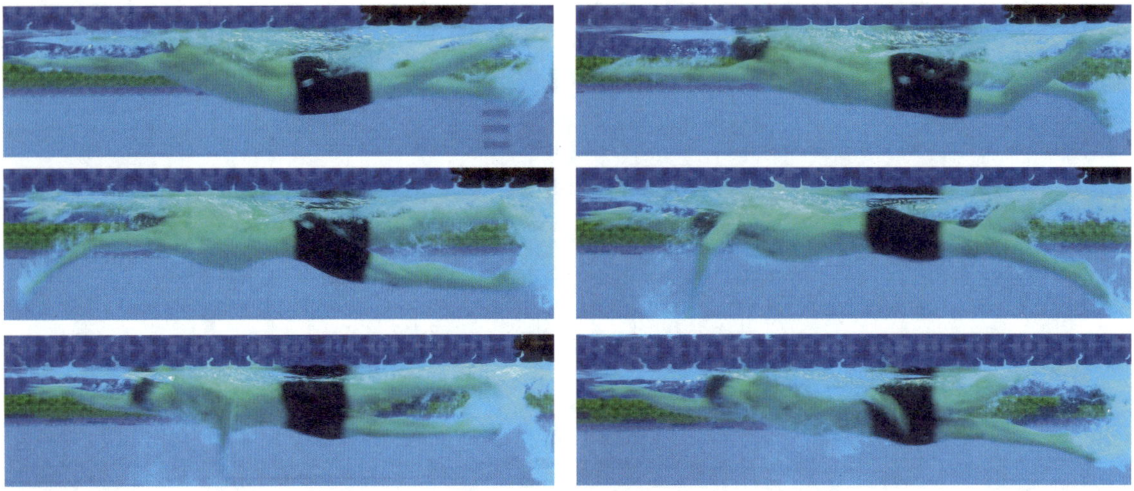

自由泳水下侧面观

自由泳水下后面观

自由泳水下正面观

第一节　自由泳起源与技术发展趋势

一、简　介

根据游泳竞赛规则规定，自由泳比赛中运动员可以采用任何泳式游进，而个人混合泳和混合泳接力项目中的自由泳是指仰泳、蛙泳、蝶泳以外的任何泳式。游自由泳时，身体俯卧在水面上，两腿上下交替打水，两臂轮流划水，使身体向前游进。自由泳的动作很像爬行，故又被称为“爬泳”。

自由泳是速度最快的一种泳势，在现代奥运会游泳比赛中自由泳项目最多，达到了16项。此外，混合泳接力以及个人混合泳比赛中还包括自由泳泳姿。

表4－1　奥运会游泳比赛中的自由泳单项比赛项目

性别	游泳池比赛项目	公开水域比赛项目
男子	50米、100米、200米、400米、1500米、4×100米、4×200米	10公里
女子	50米、100米、200米、400米、800米、4×100米、4×200米	10公里

在1896年第1届奥运会上只设有自由泳比赛项目。比赛中运动员有些采用了单手出水的侧泳技术，有些采用了两臂轮流划水空中移臂配合两腿蹬夹的技术。在1900年第2届奥运会上，匈牙利人左丹·哈尔梅采用了两臂轮流划水、拖着两腿的爬泳姿势获得了200米自由泳第二名，又在1904年奥运会获得100米自由泳的第一名。1902年后，澳大利亚、英国、美国相继出现采用爬泳臂和两腿有节奏地向后下打水的技术，这是现代爬泳技术的雏形。美国人丹尼尔斯最先使用规则的两次划水、六次打水技术，在1904年奥运会获得了200米和400米自由泳金牌，并在1908年第4届奥运会上获100米自由泳金牌并创世界纪录。美国运动员韦斯穆勒在1922年成为第一个男子100米自由泳突破1分钟大关的人，开创了爬泳技术的新纪元。1924年他把100米自由泳的世界纪录提高到了57.40秒，这一纪录保持了10年之久。这之后经过不断实践和改进，在技术配合和风格上出现了多种不同的形式，例如先后出现的“6:2:1”配合、“4:2:1”配合、“2:2:1”配合、“不规则打水”配合等技术，自由泳技术不断得到发展、完善。

随着自由泳技术的发展，在不同的年代也出现了一批又一批优秀的自由泳运动员，如贾格尔、比昂迪、汤普森、杨文意、庄泳、乐靖宜、波波夫、索普、霍根班德、埃文斯、帕金斯、哈克特、张琳、孙杨、朴泰桓等。虽然这些运动员的技术各有特色，但其各自的技术都是根据自身的形态、机能和素质特点，采用最适合自己特点的技术，将自己的能力发挥到极致。

二、自由泳技术发展趋势

（一）早抓水、早发力

当前自由泳技术最重要的一个特征就是注重肩的前伸和手臂的积极抓水。手臂入水后随着身体的转动，在水下沿身体中线尽量向前伸展，当手指伸到最远处时掌心向下，手在身体前方开始屈腕屈肘做抓水动作。

传统的观点认为自由泳游进中向后划水时手推得越直越好，从世界优秀运动员划水动作来看，他们并没有将手推到底，而是更加注重肩的前伸和积极的抓水动作，积极的抓水动作能够让手臂更早地进入高效划水阶段。

（二）身体转动幅度加大

在游进时整个身体随着手臂和腿部的动作围绕纵轴有节奏地转动。通过腰首先发力，借助身体的滚动，逐步向肩、臂、手传递；打腿也是髋关节发力依次向大腿、小腿、脚传递。游自由泳时，身体处于不断的转动中，从动力学的观点来看，躯干作为上下肢的连接是自由泳游进时发力的中心以及力量传递的核心，将运动员上下肢动作产生的效果协调统一。

O 游自由泳时，身体转动有什么好处？

保持流线型。
利用身体转动发挥核心力量。
延长有效的划水距离。
使上肢处于最佳发力位置。
有助于移臂和呼吸。

（三）更加注重腿的效果

自由泳腿的作用一直以来都很有争议，有人认为打水只能起到平衡身体姿势的作用，另外一些人坚信腿打水同样起推动作用。自由泳游进过程中手的划水起着主要推进的作用，腿打水所产生的推进力相对较小，且打水时的耗氧量要比划手大得多，因此，部分教练员认为自由泳游进过程中打水只能起到平衡身体姿势的作用，在训练中对打腿练习重视程度不够，在运动员游进过程中对腿的要求不严。

游泳运动员越来越重视减小水中阻力，一方面保持好的流线型，另一方面提高身体在水中的位置。如果腿部下沉，阻力会增大，导致消耗更多的能量。因此，打水技术好的运动员身体位置较高，能够减小身体游进时的阻力，且快速的打水动作能够将兴奋冲动反馈到中枢神经系统，使其发放更多的神经冲动，加快手臂的划水动作，起到调节动作频率的作用。

髋关节在自由泳打水过程中的作用越来越明显，打腿技术好的运动员髋部发力提供的动力百分比更大。

○ 菲尔普斯的打腿故事

菲尔普斯（Michael phelps）在他10岁那年差点因为打腿训练离开游泳池。菲尔普斯在10岁时就表现出极高的天赋和潜力，他的教练将他的技术与索普、哈克特、霍根班德等人进行比较，认为如果不对菲尔普斯的技术进行系统性的改变，那么将来他无法与之竞争。其中最大的一个变化就是要求菲尔普斯无论是在游400米、800米还是1500米的时候都要保持6次腿，如果无法做到就让菲尔普斯回家。菲尔普斯在原来的训练中习惯了在中长距离中打2、4次腿的配合节奏，刚开始采用6次打腿配合时训练强度陡增，无法完成时他的教练员真的让菲尔普斯回家了，并告诉他什么时候可以完成6次打腿时什么时候再来训练。三天后菲尔普斯回到了游泳池，并坚持了在中长距离训练中采用6次腿的配合。

第二节　自由泳身体姿势与腿部技术

一、身体姿势

优秀自由泳运动员的身体姿势具有以下几个特征。

（一）良好流线型

流线型保持越好的运动员在水中游进时所受到的阻力最小，运动员在游进的全过程中要始终保持身体流线型，自由泳的流线型身体位置具有“高、平、直、长、尖、紧的特征”。（图4–1）

1. 高、平的身体位置

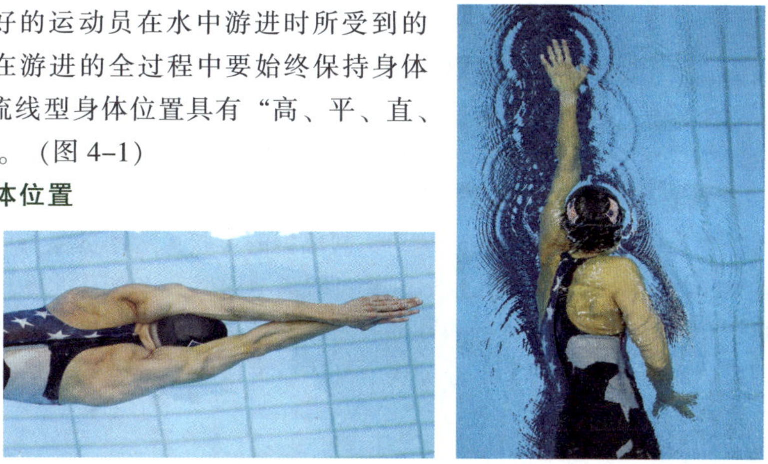

图4–1　流线型身体姿势

自由泳运动员在游进过程中身体应保持高、平的身体位置，有助于减小游进过程中受到的阻力，“平”是指身体的位置要与水面平行(图 4–2)，“高”是指身体位置应该在水平面较高的位置。

头和脚的位置对于游进过程中保持高、平的身体位置非常重要，自由泳游进过程中运动员应该保持头部位置与水面平行，眼睛望向池底而不是前下方，通过打腿来尽量保持头、肩、髋、腿、脚在同一水平面上。较高的头部位置会造成髋关节和腿部的位置下沉，从而造成迎面阻力的增大，或者为保持较高的髋关节与腿部位置会付出更大的打腿力量，造成能量的过多消耗。良好的打腿能力是保持高、平身体位置的基础，另外，在游进的过程中运动员的手应尽量往前伸。

图 4–2　呼吸时头的位置

2. 伸直、拉长身体

为了保持良好的身体流线型还应始终将身体伸直、拉长。自由泳游进过程中手应该尽量往前伸，腿尽量向后伸直向后下方打水，身体充分伸展呈一条直线，肩、髋和腿应该作为一个整体随着游进过程有节奏地转动，而不能有侧向摆动。（图 4–3）很多运动员在训练过程中，身体的转动没有呈直线，而出现扭动。在自由泳学习过程中，由于手入水点超过身体的中线，很容易造成身体侧向摆动。

肩的姿势对流线型也起着很大的作用。双肩略向上耸可以使胸部和腹部较平，形成平滑

图 4–3　伸展平直的身体姿势

的流线型表面，使水流顺利通过。略耸的肩部还可加大肩关节周围肌肉的活动幅度，使臂部的收缩肌群处于更有利的力学位置，使划水更有力。但是不能过分强调耸肩动作，否则会造成划水力量减小以及腰背和髋部降低，从而破坏流线型。

3. 尖、紧的身体姿势

尖，就是要求手脚并拢。流线型是指头圆尾尖的形状，运动员保持手脚并拢就有利于保持流线型。自由泳运动员在出发入水后、转身蹬离池壁后会将双手重叠、双脚重叠。

紧，是指身体要夹紧，包括肩和臀部收紧。身体紧不仅能保持良好的滑行，而且有利于提高身体的控制能力，是运动员游进过程中身体发力以及力量传递的基础。

（二）身体有节奏地转动

自由泳游进时身体是围绕着纵轴有节奏地转动，只有当身体保持平衡，两臂的配合才能连贯流畅，才能保持游进过程中身体重心移动平稳，游进速度均匀。相反，在游进的过程中身体转动不流畅、游进时速度就不均匀，运动员会始终处于加速、减速的过程中，在水中会受到更大的阻力，影响效率。

自由泳在游进时躯干的转动要远远大于肩的转动。身体的转动主要依靠运动员的核心力量（Core strength），它是人体核心部位，主要包括腹部（腹外斜肌、腹直肌、腹横肌）和背部（腰方肌、背阔肌下部）肌肉产生的力量，它支撑着我们的脊柱和髋关节，联系着上下肢体，直接或间接参与身体的绝大多数动作。

游自由泳时，划手是腰首先发力，通过身体的滚动，逐步向肩、臂、手传递的过程；打腿也是腰首先发力，通过髋向大腿、小腿、脚传递的过程，游自由泳时要实现力的依次传递，离不开良好的核心力量，核心力量的提高有助于提高划水效果。

二、自由泳腿部技术

成功教练员的经验告诉我们，决定初级训练效果最重要的因素是安排适当运动量，打好腿的基础。我国著名游泳教练陈运鹏曾多次指出，少年儿童时期的基础训练是极为重要的，青少年训练中抓好腿的训练，才能为后期的发展打好技术基础。

自由泳腿打水动作要领是：两腿自然伸直，脚稍内旋，以髋关节为轴，大腿发力，带动小腿和脚上下交替做鞭状打水，向上打时直腿上抬，向下打时脚背向后下方用力，两脚打水幅度在30~40厘米。自由泳腿打水由向下打水和向上打水两部分交替构成，其中下打动作较为有力，上打动作相对放松一些。由于腿部各关节和环节构成了一个类似链状的结构，自由泳的向上打水和向下打水之间的界限并不十分明显，即大腿、小腿和脚并没有同时向上或向下打水。

（一）向上打水

向上打水几乎不产生推进力。由大腿带动小腿直腿向上移动，当整个腿部移到水面并与水平面基本平行时，大腿停止继续上移，转入向下打水，但小腿和脚由于惯性的作用仍然继续上移，使膝关节弯曲。（图4–4）

当小腿和脚也完成向上打水时，大腿已经进入下打过程。小腿上打不能露出水面，脚掌接近水面或略露出水面。脚不能出水面太多，否则会使身体有下沉的趋势，并且在向下打水

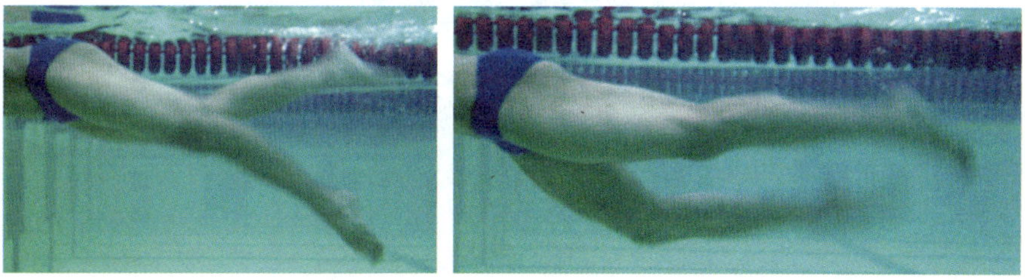

图4–4　上打动作

初期脚只能打到空气，得不到水的反作用力，而且会搅起大量的气泡，增大阻力。

（二）向下打水

小腿和脚在上打结束后，在大腿的带动下开始向下打水。由于膝关节的弯曲，小腿和脚的打水方向是后下方。当大腿向下打水到最低处并开始向上打水时，小腿和脚仍未完成向下打水，直到膝关节完全伸直，小腿和脚才随大腿转入向上打水，然后开始下一次动作循环。(图 4–5)

爬泳腿打水动作应该向下屈腿打水，直腿上抬，打水幅度根据身高腿长而定。向下打水时踝关节要跖屈（绷脚面）而不要背屈（勾脚尖），脚背朝后下方用力，使脚获得的反作用力有向前和向上的分力。如果足背屈打水，不但不能推动身体前进，反而给了身体向后的反作用力，使身体倒退。

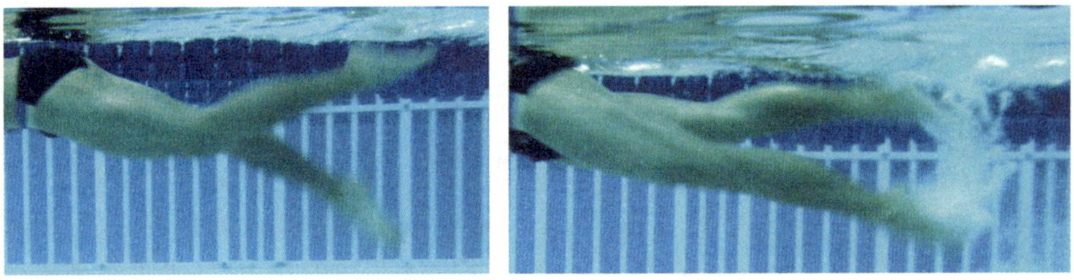

图 4–5　下打动作

髋关节的作用越来越重要，由于自由泳游进过程中身体围绕纵轴有节奏地转动，因此，自由泳打腿的方向并不在绝对的垂直面内上下往复，也是围绕着身体纵轴转动侧向打腿。(图 4–6)

图 4–6　侧向打腿动作

第三节　自由泳手臂划水技术

自由泳手臂的划水动作是推动身体前进的主要推进力。划水动作可以分为入水和前伸、下划和抓水、内划、上划、出水和空中移臂几个环节。

一、入水与前伸

入水与手臂前伸的动作不会带来推进力，反而会给运动员前进造成阻力，因此，入水动作要轻柔、连贯，尽量减小阻力。

入水时手自然并拢伸直，随着身体纵轴的转动，手掌稍朝外以肘高、手低、大拇指领先斜插入水的方式在肩的延长线上，或在身体中线和肩的延长线之间入水，尽量减小入水时的阻力。入水后随着身体的转动，手在水下沿身体中线尽量向前和向内伸展，手臂也向前伸直，当手前伸至最远处时，掌心转向下完成入水与前伸动作。（图 4–7）

图 4–7　入水和伸臂

二、下划和抓水

下划阶段主要目的是为抓水动作做好准备。下划时略屈臂，当肘关节高于手的位置，手和前臂、上臂排成一线，即完成下划动作。下划动作要尽可能轻快地使手臂到达抓水位置，形成典型的高肘抓水动作。

下划阶段，上臂不要过分地下压，较理想的方式是在屈肘的过程中上臂保持与水面平行，在下划过程中手臂会略向外划，但运动员不要过于关注这个动作，一味强调“S”形划水路线中的外划动作易于造成运动员划水靠外。

手臂入水后随着身体的转动向前伸，伸到最远处时立即开始做向下、向后的抓水动作，抓水时屈腕使手掌朝下方对准水，继而屈肘，手掌与小臂对准水，完成抓水动作。抓水虽然是整个划水周期中速度相对较慢的部分，但对后面划水的效果起着至关重要的作用。（图 4–8）

图 4–8　下划和抓水动作

三、内　划

当手掌和小臂向后对准水，手臂形成高肘姿势后，运动员要运用身体转动的力量以及背部和肩部的大肌肉群进行划水。当手掌向后划水至身体中线、胸部下方时，内划阶段结束。在内划阶段随着肩关节内收，手划水的攻角逐渐转为向内，肘关节弯曲程度逐渐加大，为加速上划做准备。（图 4–9）

图 4–9　内　划

四、上　划

上划是划水推进力产生的主要阶段，大部分运动员身体前进的最大速度就发生在每次上划阶段。

手臂在内划完成后即开始向后、向外及向上的上划动作，手臂从身体下方划至接近水面。上划动作一直保持到手接近大腿，然后进入下一个阶段，空中移臂阶段。

在上划阶段手掌应该向后推水，而不是向上划水。在上划过程中，肘关节不能完全伸展推水，这样小臂在上划过程中才能保证向后划水的方向。（图 4–10）

图 4–10　上　划

当手划至大腿处，上划过程就结束了。此时肘关节应离开水面，手臂开始空中移臂动作。运动员不能继续推水直到将手推出水面，这样会使手掌向上划水，导致髋部下沉。

五、出水与移臂

（一）出　水

划水结束时，由大臂带动肘部向外上方提拉，将小臂和手提出水面，掌心转向内，以小拇指领先出水。出水动作必须迅速而不停顿，同时应该柔和、放松。空中移臂与出水并没有明显的界限，而是出水的继续，不能停顿。（图 4–11）

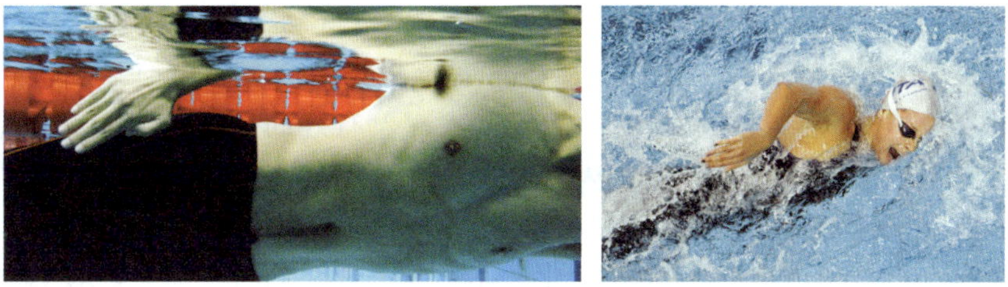

图 4–11　出　水

（二）移　臂

移臂宜放松自然，多数运动员采用高肘移臂，便于入水后快速抓水。从出水开始，肘关节就已经屈曲，随肩和上臂向前上方移动。移臂动作应借助于肩关节的自然内旋。移臂开始时手臂在空中向前、向外和向上移动。当手越过肩关节时开始前伸，手臂的动作转为向前、向内和向下。手的速度快于前臂和上臂的速度，手在肩前领先入水。

1. 高肘移臂

高肘移臂是被广泛采用的移臂方式，是指在移臂阶段保持较高的肘部位置，向前移臂时先将肘关节向上提拉，带领整个手臂出水，在整个移臂过程中保持肘高、手低的姿势。（图 4–12）

图 4–12　高肘移臂

高肘移臂有利于放松小臂与手部的肌肉，入水后有明显的积极前伸动作，有利于运动员在前伸过程中形成良好的对水角度与感觉，前伸后迅速进入抓水阶段。在整个移臂过程中，手臂随着身体的转动而进行，有利于运动员身体姿势的保持。

2. 直臂移臂技术

直臂移臂技术曾经在 20 世纪 80、90 年代引起了人们的高度关注，尤其是以珍妮特·埃文斯、德布鲁因、克里姆为代表的优秀运动员在奥运会、世锦赛上获得成功后引起了各国教练员、运动员、科研人员对于移臂技术的重视。

“直臂移臂”技术使手臂空中移动速度快，手掌线速度大，拥有良好抓水技术的运动员

图 4-13　德布鲁因的直臂移臂技术

能很好地将手臂移动速度的动能转化到抓水环节上，并顺利过渡到推水阶段。有利于发挥身体转动作用，转髋时腰部与肩部力量能充分转移到手臂的推水上，加快划水速度，增大划水幅度，并将这一速度延续到手臂的出水与空中移臂阶段，从而形成一个快速的动作周期。

“直臂移臂”对手臂抓水会产生一定的影响。“直臂移臂”入水速度快，入水点远，入水后即可进入抓水阶段，如运动员水感稍差，将会影响运动员的抓水效果，且采用“直臂移臂”技术容易导致上身紧张，大多数运动员很难保持空中“直臂移臂”和水下屈臂划水动作的自然完成。

“直臂移臂”技术对运动员柔韧性与协调性要求极高。直臂移臂时速度快、转幅大，抓水力量强，做直臂移臂时肩部肌肉扭曲拉伸幅度大，没有好的肩关节柔韧性和完成动作的协调性就很容易出现肩部伤害。男子自由泳运动员较少采用“直臂移臂”技术的原因就是男子运动员的力量较女子运动员大，而柔韧性相对比女子运动员差，采用“直臂移臂”技术更容易受伤，对发挥自身最大力量有所限制。虽然有部分优秀运动员采用直臂移臂技术取得了优异成绩，但对大部分运动员来说，不建议采用直臂移臂技术，尤其是青少年运动员更应掌握高肘移臂技术。

第四节　自由泳配合技术

一、呼吸与臂的配合

比赛中运动员憋气游时，速度更快。其主要的两点原因是：（1）运动员在憋气时能最大限度发挥力量，而呼吸时划水力量相对较小；（2）运动员的呼吸动作会在一定程度上破坏游进过程中的流线型，增加阻力。但运动员要面对的矛盾是，在比赛中如果严格控制呼吸次数，会减少供氧量，易造成运动员过早出现疲劳。相反，如果呼吸次数过多，又会影响运动员的游进速度。

O 思考与探索

不同距离的运动员适合采用什么呼吸节奏?

呼吸是自由泳的一个难点，是四种泳式中唯一采用了人们所不习惯的侧向转头吸气动作，因此呼吸一定要搭上游进过程中身体转动的“顺风车”。在自由泳游进过程中，划手与呼吸动作随着身体转动而进行，如果是刚开始学习自由泳或水平较低的运动员，建议采用早呼吸技术，即在开始划水阶段就开始转头，当手进入推水阶段时转头出水猛吐快吸，完成吸气动作，随着手臂前移转头呈水平姿势，眼睛正视池底；优秀自由泳运动员建议采用晚呼吸技术，即当划手进入推水阶段时，随着身体的转动快速转头猛吐快吸完成呼吸动作，随着手臂前移将头转成水平姿势，眼睛正视池底。（图 4–14）

图 4–14　呼吸随身体转动完成

由于多数运动员向呼吸一侧的身体转动幅度较大，因此轮流向两侧吸气可以使身体的转动较为对称。但在长距离项目中，不宜为盲目追求对称的身体转动而限制呼吸次数，影响氧的摄入。

二、两臂配合

自由泳两臂的配合有三种基本形式：前交叉配合、中交叉配合和后交叉配合。运动员应该根据自己的特点选择适合自己的配合方式。（图 4–15）

前交叉配合指一臂入水时另一臂在肩前方，与水平面呈锐角。这个动作比较适合于初学者掌握划水和呼吸技术，保持流线型，但是动作不连贯，在一手移臂时，另一手处于前伸或抓水阶段，几乎没有划水的推进力产生，因而速度均匀性差。

中交叉配合指一臂入水时另一臂划至肩下。优点是推进力均匀，但缺点是身体流线型略差。

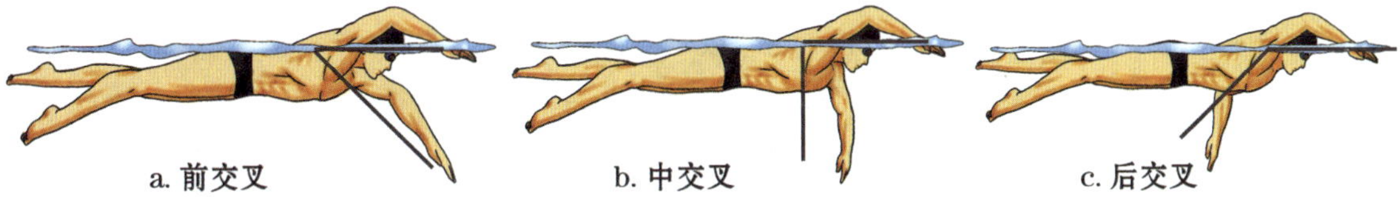

图 4–15　自由泳手臂配合形式

后交叉配合指一臂入水时另一臂划至腹下。后交叉不利于保持身体流线型，也不利于产生连贯的推进力，因此采用的人较少。

自由泳是两臂轮流划水产生推进力的，两臂配合的关键之处在于尽量使身体前进的速度均匀。根据这一原则，中交叉是较有利的方式。但也有人主张中前交叉是最为合适的配合方式。前交叉配合可以使游进时始终有一臂处于前伸的位置，使整个身体在水中的长度较长，而较长形状的物体流线型较好，因而阻力较小，且前交叉配合有利于最大限度的提高单次划水的效果，有利于提高划水的经济性，因此，很多中长距离自由泳运动员采用前交叉配合。

三、完整配合

自由泳完整配合包括两个方面：一是指全身各个部分的协调配合。以右手划水为例，当右手划水结束出水时，髋关节向右转动，使身体成较好的流线型，同时能够借助躯干大肌肉群的力量与划水产生合力；吸气时头部随着身体的转动而转动，而不是抬下颌，这样可使髋关节处于较高的位置，后背肌肉相对放松；移臂时提肩、提肘，保持较高的身体位置。左臂

和双腿与右臂协调配合，才能产生最佳的完整动作效果。（图 4–16）

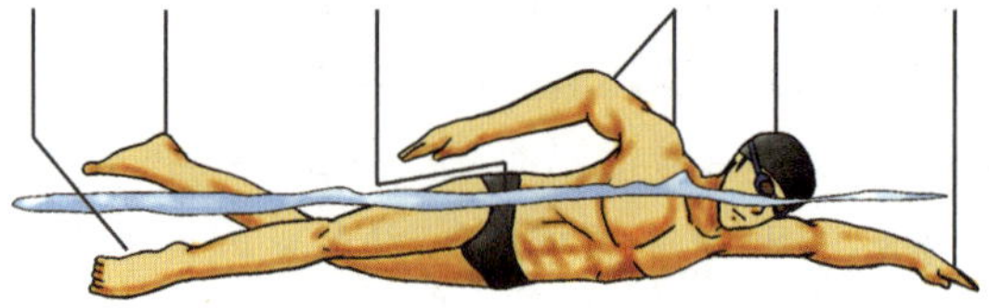

图 4–16　自由泳完整配合技术

完整配合还指在一个划水动作周期中腿打水、臂划水和呼吸比例。自由泳配合技术常见有多种形式，其中 6:2:1 配合是较常见的，即腿打 6 次水、手臂划两次水、配合 1 次呼吸。此外，还有 4:2:1、2:2:1 以及不规则比例的多种配合形式。一般来说，短距离运动员在比赛中，常采用 6 次打水的配合技术，它便于保持较高的身体位置，而比赛中短距离运动员会控制吸气次数，通常 50 米比赛中运动员一般呼吸 2 次，甚至有运动员仅呼吸一次。长距离自由泳运动员在不同的阶段打腿次数不同，出发、冲刺时大部分运动员采用 6 次打水的配合技术，途中游采用 4 次或 2 次打水的配合技术。呼吸时有的运动员习惯采用一侧吸气，也有部分运动员采用两侧轮流吸气，以利于在比赛中更好地了解对手情况。

思考题

1. 运动员在比赛和训练中该采用一侧呼吸的方式还是采用两侧呼吸的方式，为什么？
2. 自由泳两臂划水的配合方式有几种，每种配合方式有什么特点？
3. 自由泳游进过程中身体转动的作用有哪些？
4. 比较孙杨和朴泰桓的自由泳技术特征。
5. 当前自由泳技术发展的趋势有哪些？

推荐读物

1. 梅雪雄.游泳 [M]. 北京：高等教育出版社，2007.
2. 全国体育院校教材委员会审定.游泳运动 [M]. 北京：人民体育出版社，2001.
3. 温宇红，许琦.图解游泳技巧 [M]. 福建：福建科技出版社，2005.
4. 温宇红.跟专家练游泳 [M]. 北京：北京体育大学出版社，2008.
5. 温宇红，李文静.爬泳技术图解 [M]. 北京：北京体育大学出版社，2004.

参考文献

[1] 梅雪雄.游泳 [M]. 北京：高等教育出版社，2007.
[2] 陈武山.游泳运动教程 [M]. 北京：人民体育出版社，2007.
[3] 全国体育院校教材委员会审定.游泳运动 [M]. 北京：人民体育出版社，2001.
[4] 陈映红.张琳 400 米自由泳的比赛技术分析与比较研究 [J]. 北京：游泳，2005.
[5] 林洪.对当今世界游泳运动技术发展趋势的探讨 [J]. 北京：游泳，2004.

第五章　仰泳技术

O 概述

仰泳是人体仰卧在水中游进的一种泳式。游仰泳时，身体仰卧在水中，两腿上下交替打腿，两臂轮流向后划水。仰泳与其他三种泳式的主要区别是采用的仰卧姿势，仰泳也是四种泳式中唯一采用水中出发的泳式。

在奥运会游泳比赛中，仰泳设有男女 100 米、200 米个人比赛，还是 4×100 米混合泳接力的第一棒。在世界游泳锦标赛和世界短池游泳锦标赛中，还分别增设男子和女子 50 米仰泳的比赛。仰泳不仅在游泳池中进行的竞技游泳比赛中占有一席之地，还在公开水域比赛、实用游泳，甚至水球、花样游泳比赛中，都具有相当重要的作用，是运动员必须掌握的技术之一。由于仰泳技术具有相对容易掌握、头部始终保持在水面上、比较省力、初学者容易掌握、初步掌握后容易延长练习距离等特点，因此仰泳也是一些游泳初学者首先学习的泳式，并成为大众游泳健身常采用的泳式之一。

通过本章的学习和训练实践，学生应掌握仰泳技术的难点和重点，掌握仰泳技术和提高仰泳游速的关键要点，根据自身实际特点，形成符合个人特点的仰泳技术风格。

O 关键术语

流线型身体姿势、身体转动、鞭状打腿、入水、下划、高肘抓水、第二次下划、转动手掌、第二次上划、出水、水下反海豚腿

仰泳水上侧面观

仰泳水上后面观

仰泳水上正面观

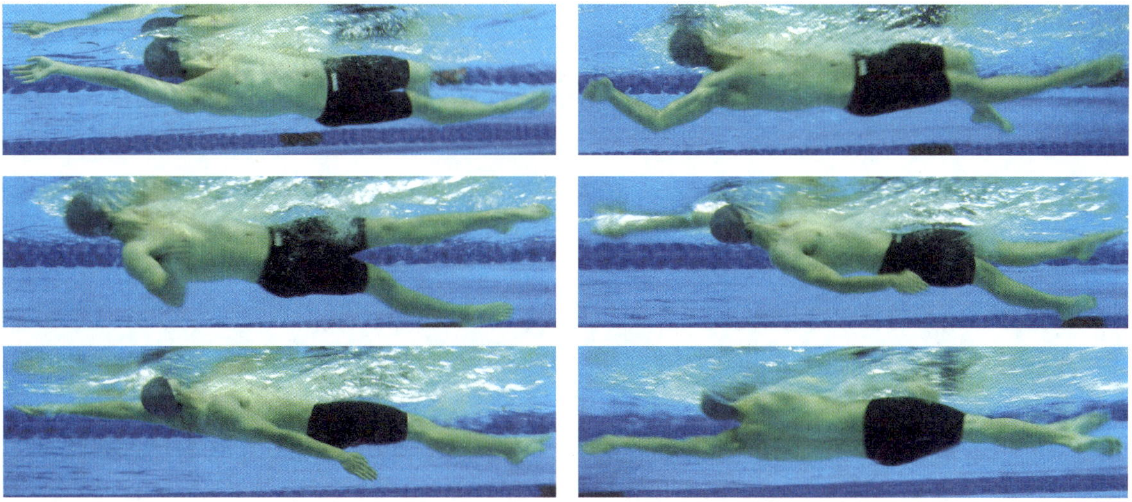

仰泳水下侧面观

仰泳水下后面观

仰泳水下正面观

第一节　仰泳起源与技术发展趋势

一、简　介

最初的仰泳是将仰卧漂浮作为游泳中的休息方式，后来发展为仰卧水中、双臂同时在体侧划水，两腿做蛙泳的蹬夹水动作，被称为“蛙式仰泳”或者“反蛙泳”。仰泳最早出现在奥运会上是1900年的第2届奥运会。1902年，有人将爬泳的划水技术移植到仰泳技术中，出现了与爬泳相似的双臂轮流向后划水的仰泳技术，然后又出现了双腿轮流上下踢水的技术。在1912年的第5届奥运会上，美国运动员赫布纳采用这种爬式仰泳获得了100米冠军，证实了爬式仰泳技术的优越性。1968年前民主德国运动员马特斯，采用大屈臂、深划水、动作舒展、强有力打腿、身体平而高的流线型技术，获得男子100米仰泳冠军，成为仰泳技术的转折点。在以后的岁月中，仰泳技术没有颠覆性的改变，但世界纪录不断提升，这与仰泳技术的改进密切相关。

O 100米仰泳世界纪录的演变

男子100米仰泳的世界纪录1910年为比利时人保持的1分20秒8，1964年突破1分大关，达到59秒6。1992年8月24日，美国选手克雷泽伯格在悉尼举行的泛太平洋游泳锦标赛上以53秒60的成绩刷新了世界纪录。2009年，佩尔索尔以51秒94将该纪录写在了自己名下并保持至今。女子100米仰泳的世界纪录1925年为美国人保持的1分22秒4。1994年9月11日，我国选手贺慈红以1分00秒16的成绩刷新了这一纪录。时隔8年，2002年8月13日，纳塔丽·考芙琳在全美游泳锦标赛中终于以59秒58的成绩将这一纪录改写，成为了在该项目比赛中第一个用时少于1分钟的女选手。目前最新的世界纪录为英国选手盖玛·斯博福斯保持的58秒12。

新中国成立后，我国陆续涌现出来一批优秀的仰泳运动员。1953年吴传玉在世界青年联欢节的游泳比赛中，获得100米仰泳的金牌。这是中国选手第一次获得世界比赛仰泳项目的冠军。1994年第7届世界游泳锦标赛上贺慈红以1分0秒16的成绩打破女子100米仰泳的世界纪录，并保持了8年之久。2011年赵菁在上海进行的第14届世界游泳锦标赛上获得100米仰泳的冠军。2012年伦敦奥运会上，男选手程飞逸成功晋级决赛，以53.78秒的成绩获得男子100米仰泳第8名，成为第一个进入奥运会仰泳决赛的中国男运动员。此外，在仰泳项目上，近年我国涌现出高畅、战殊、付园慧、张丰林等优秀运动员。

○ 200米仰泳世界纪录的演变

男子200米仰泳的世界纪录1910年为比利时人保持的2分56秒4。1976年美国人又突破2分大关，达到1分59秒19。目前最新的世界纪录为阿龙·佩尔索尔保持的1分51秒92。女子200米仰泳的世界纪录1925年为美国人保持的3分03秒08。而2012年伦敦奥运会，女子200米仰泳冠军由美国选手蜜茜·富兰克林以2分04秒06的成绩夺得，同时创造了新的世界纪录。

二、仰泳技术发展趋势

（一）身体位置高、平、直、稳

良好的身体位置是仰泳技术中最重要的一点。仰泳的身体位置是要把身体尽可能多地浮出水面上，尤其是胸部应该露出水面，以减少游进时的阻力。同时身体尽量伸展，保持良好的流线型姿势。头部和躯干保持平稳。

○ 思考与探索

身体位置的“高平直稳”究竟指的身体某个部分还是身体全部？如何保持身体位置的高平直稳？

（二）核心部位发力

仰泳的划水动作、腿部动作，以及躯干转动动作，均由身体核心部位开始发力，核心部位引发四肢以及躯干的所有动作。核心部位的参与，可以增强动作效果，加大推进力，并减少阻力。

图5-1　菲尔普斯游仰泳时身体的转动

○ 思考与探索

仰泳的身体转动是围绕身体什么轴进行的转动？

（三）强有力的水下反蝶泳腿

游泳竞赛规则允许运动员在出发和每次转身后在水下进行不超过15米的水下打腿，运动员如果拥有良好的水下反蝶泳腿技术，可以有效减少阻力，提高游速。因此，运动员都非常重视水下反蝶泳腿技术。

图 5-2　比赛中运动员出发转身后采用水下反蝶泳腿技术

（四）灵活的手掌和前臂

水是流体，想获得最大的支撑效果，不仅要增大划水面积和速度，还需要做螺旋曲线划水，以不断划到静水。作为人体最灵活最敏感的手掌和前臂，在这种划水过程中，更是需要不断调整方向，以形成最佳的攻角，获得最理想的推进力。

（五）协调的配合

在分析仰泳技术动作时，我们按照身体部位将仰泳动作分成若干个部分进行详细分析。但并不代表这些技术是孤立的，也不代表每一个部分都要发挥出各自的最佳速度。优秀的仰泳技术是各部分之间的动作相互协调，相互促进，以发挥出最佳的整体速度。

O 思考与探索

仰泳的主要速度是来自哪部分的动作？

三、影响仰泳成绩的关键因素

（一）良好的核心力量

核心力量是仰泳一切动作的源泉，是一切力量的来源。强壮、协调、灵活的核心部位对仰泳成绩的提高起着非常重要的作用。

（二）良好的控制远端肢体的能力

这里的远端肢体指的是前臂、手掌、踝关节和脚掌。控制好前臂和手掌的动作意味着可以抓住更多的水，并尽量延长作用力时间。而控制好踝关节和脚掌则意味着可以为良好的身体位置提供有力的支撑。

（三）动作连贯协调

优秀运动员的仰泳动作都是双臂和双腿以及臂和腿之间的动作相互协调、相互辅助、发挥整体最佳的合力，获得最大的速度的结果。

（四）加速划（踢）水

划臂（踢水）动作的加速度对游泳速度起着非常重要的作用。加速度越大，推进力越大，身体的位移速度也就越快。

（五）高肘（反高肘）抓水

高肘抱水可以使运动员更好地发挥上肢力量，并且延长划水路线。

（六）早发力

早发力意味着在完成下划和抓水动作后，尽可能早的发力。可以有效增加作用力时间，提高划水效果。

第二节 仰泳身体姿势和腿部技术

一、身体姿势

身体姿势是仰泳技术中最重要的部分，良好身体位置是把身体尽可能浮出水面上。身体应保持水平状态和积极流线型，通过收腹将身体尽量伸展，保持脊柱挺直，形成在水中阻力最小的流线型姿势。与此同时，身体位置要尽量高，形成“高、平、直，稳”的身体姿势。

头部和肩部略高于腰部和腿部，身体与水面形成一个很小的夹角。以世界优秀仰泳运动员入江陵介为例，途中游过程中胸部以上都是露出水面的，从前额到下颌都保持在水平线上。（图 5–3）

图 5–3 入江陵介的身体姿势和头的位置

O 身材不占优势但成绩优异的日本仰泳选手

日本在仰泳项目上曾涌现出铃木大地、寺川绫、入江陵介等优秀运动员，这些运动员在身材上并不具备欧美运动员所特有的高大、强壮的的特点，但他们凭借优秀的技术，科学的训练，以及顽强的作风，屡次在国际大赛中夺取金牌，并打破世界纪录。

头部对控制身体起着“舵”的作用。头部一点点的晃动，也会导致肩膀和身体随之扭动，从而增大阻力。

头应该始终保持平稳和放松，目视天花板，双耳接近水面，略微抬高下颌，下颌和头与水面平行。

头部和髋部之间的相对位置也非常重要，两者应该为一条直线，如果刻意收下颌，抬高头的位置，髋部和腿就会下沉，导致坐在水里游。这样必然加大了水中游进时的阻力。如果头部过于后仰，髋部的位置会过分抬高，腿和脚会露出水面，影响打腿效果，并容易使躯干过于紧张，同样会增加身体在水中的阻力。

O 考考你：下面这两名运动员的身体姿势是否正确？

随着人们对身体转动所产生作用的认识不断深入，现代仰泳越来越强调身体转动。仰泳游进时，身体要围绕纵轴转动。这种身体转动由髋部开始发力，身体的所有转动均应该由髋部带动。（图 5–4）

图 5–4　身体转动

二、腿部技术

根据仰泳腿部动作出现的不同时期，可以将仰泳的腿部动作分为水下反蝶泳腿以及仰泳腿两个部分。

（一）水下反蝶泳腿

水下反蝶泳腿是指出发或者每次转身后，在水下进行仰卧蝶泳腿的腿部动作。游泳规则规定，仰泳出发以及每次转身后，可在水中进行打腿，但在15米前，头部必须出水。由于其所占比赛距离的比例比较大，水下反蝶泳技术得到教练员和运动员越来越多的重视。目前，世界优秀仰泳运动员均采用水下反蝶泳腿技术完成出发或者转身后水下动作。其中有部分运动员采用的是幅度较大的打腿，比如菲尔普斯。而另一些优秀运动员则采用的是幅度比较小的水下仰泳腿技术，比如罗切特。水下仰泳腿幅度大或小，主要取决于个人的实际情况以及习惯，两种方式均可以达到很快的速度。需要注意的是，无论幅度大小，在完成水下仰泳腿时，上身均应保持稳定，所有的力量均来自身体的核心部位。(图5–5)

图5–5 水下反蝶泳腿

（二）仰泳腿

仰泳的腿部动作是指在仰泳游进过程中，与仰泳手臂动作、仰泳呼吸动作共同组成仰泳完整配合的腿部动作。其主要作用是保持身体平衡，给身体一个相对稳定的支撑力，保持良好的身体位置。同时通过高频率的仰泳腿，来加快手臂的划水频率。此外，仰泳腿也可产生一定的推进力。

仰泳腿部动作分为“上踢”和“下压”两部分。与爬泳腿相似，仰泳的腿部动作也是鞭状动作，不同之处在于仰泳是仰卧水中游进的。“上踢”动作是仰泳腿产生推进力的主要动作。现代仰泳技术中，更强调鞭状打腿动作。仰泳腿部鞭状打腿动作的完成，按发力顺序依次为髋关节、大腿、小腿和脚四个部位。当力量传递到相对质量最小的脚时，其速度最大，也就是我们所谓的加速踢水动作。（图5–6）

如前所述，由于仰泳的身体转动幅度非常大，因此，仰泳腿的动作方向不是垂直向上和向下的，而是从一侧打腿转向另一侧打腿。（图5–7）有研究显示，侧向仰泳腿的速度反而要比仰卧仰泳腿的速度快，这是由于身体侧转时，部分肩、身体露出水面，减少了身体在水中的阻力。需要注意的是，无论身体转动到任何一个方向或者角度，两腿不能分开过大，应始终处于身体截面内。

图 5-6　仰泳腿动作

图 5-7　侧向仰泳腿

O 思考与探索

游泳训练中，单纯的仰卧姿势仰泳腿练习，是否符合仰泳实际的需要？

1. 上　踢

上踢动作可以产生推进力，因此需要用较大的力量和较快的速度完成。上踢开始时，脚内旋，伸踝，躯干带动大腿、小腿、脚依次向上踢水，做鞭状打腿动作。在上踢过程中，应逐渐伸直膝关节。当大腿移动到接近水面的时候，在腰腹部肌肉的带动下开始下压动作，而此时，小腿和脚在上踢惯性的带动下继续向上加速踢水，膝关节此时完全伸直，形成鞭状打水动作。完成上踢动作时，脚尖应该接近或者略微出水，踢出的水花应似开锅的水，沸腾而不四溅。应该做到只见水花，不见其他（包括膝关节，小腿和脚）部位。（图 5–8）

图 5–8 仰泳腿上踢（右腿）和下压（左腿）动作

O 思考与探索

仰泳腿的水花是否越大越好？为什么？

2. 下　压

下压动作可以提高上体在水中的位置，以及髋部和腿部在水中的位置，以达到理想的流线型身体姿势。

下压过程中，水对下压的腿产生向上的压力，因此下压动作的前半段是直腿完成。下压时首先伸髋，然后大腿带动小腿下压。在到达一定深度后，大腿在腰腹部肌肉的带动下转为向上踢水，此时，小腿和脚继续下压，使膝关节产生弯曲。因此，下压动作的后半段是屈膝完成的，但屈膝的角度不宜过大。

下压动作要适度，两腿间的打水幅度为 40~50 厘米。过度下压会破坏身体的流线型姿势，产生过多的阻力。

第三节　仰泳手臂划水技术

仰泳手臂划水动作是产生推进力的主要来源，划水技术的优劣直接影响了仰泳游进的速度。仰泳的手臂动作分为入水、划水、出水和空中移臂四个部分。仰泳的臂部动作应与身体的转动协调配合而成。

一、入　水

入水动作本身并不产生向前的推进力，但入水动作的好坏却直接影响接下来的划水动作效果。一臂入水时，手掌掌心向外，略屈腕，手掌与前臂的角度为 150°~160°，手臂伸直，小指领先在头前，在同侧肩的延长线上快速切入水中，以减少入水时产生的阻力。此时，身体应向同侧转动，以加大手臂入水深度。（图 5–9）

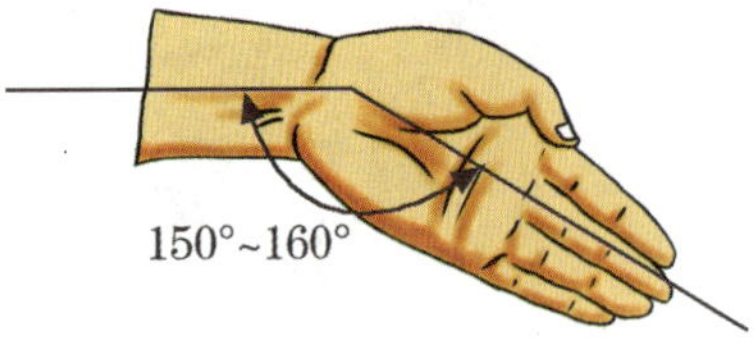

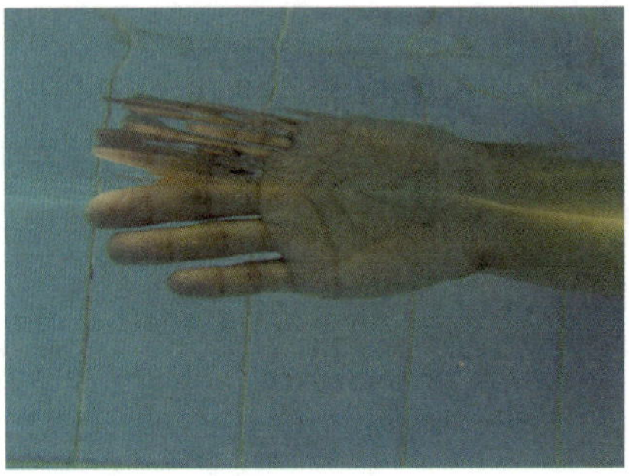

图 5-9　入水时手的姿势

手掌入水后，继续下划，不要停留在水面太长时间。当手臂完全没入水中后，尽量利用身体向同侧的转动以及肩关节的转动继续向下划，并尽可能延长入水距离。入水结束后，手位于水面下 10~15 厘米。（图 5-10）

入水阶段最常见的错误是入水过宽，入水过窄，手背入水。过宽的入水点，会缩短划水路线；过窄的入水点会使身体侧向摆动，手背入水则会产生较大的阻力。

图 5-10　入水结束

○ 考考你

根据前面所讲的仰泳入水技术要点，分析下面图中的入水动作是否正确？如果不正确，错在哪里？

二、划　水

划水动作是仰泳手臂动作中产生推进力的阶段。仰泳划水的运动轨迹是一个三维立体的螺旋曲线，手臂和手掌通过不断变化对水的攻角，从而持续不断获得升力或阻力推进力。仰

泳划水动作按照手臂主要运动方向分为下划和抓水、上划、第二次下划和第二次上划四个动作阶段。（图 5–11）

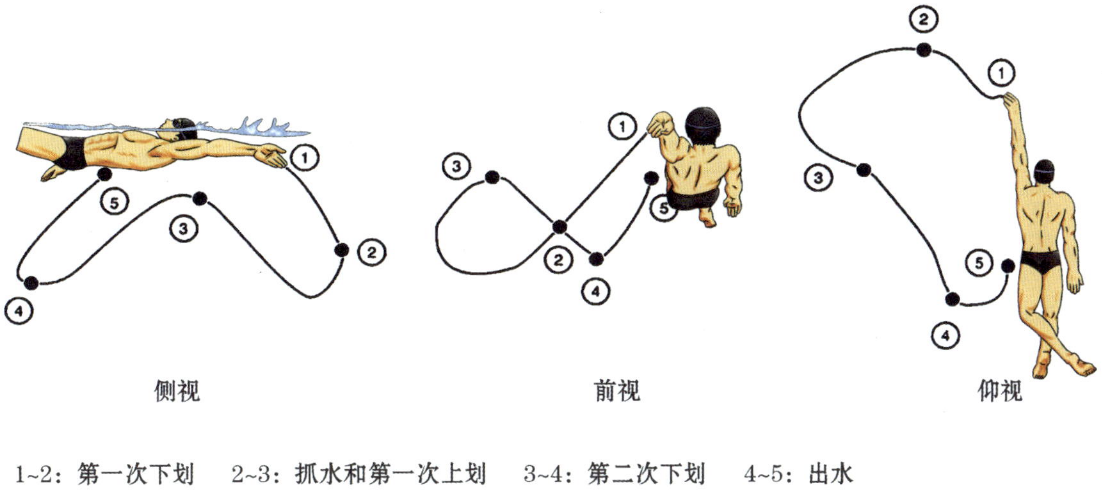

图 5–11 仰泳手相对于水的动作轨迹图

（一）下划和抓水

入水后，身体前伸，积极伸肩，引导手掌和前臂抓水，增加参与划水动作主要肌群的初长度，以便充分发挥肌肉力量。划水一侧身体肌肉伸展得越长，在其随后进行的划水动作中，收缩的力量就越大。在尽量伸展身体的同时，也要注意保持身体的直线姿势，手臂划水不要超过中线。

手臂外旋，屈腕屈肘，使手掌和前臂对准水，并有压水感。只有手掌和前臂保持最大对水面，并能抓住大量的水，才能保证在接下来的划水动作中，取得最佳划水效果。完成抓水动作后，身体应继续向同侧转动。（图 5–12）

图 5–12 下划和抓水

抓水后，手臂应继续向下，向外划，直至手到最低点。下划和抓水阶段结束时，手掌距水面 30~40 厘米，肘关节弯曲 150°~160°角。

由于每名运动员的性别、力量、柔韧性、比赛距离、技术特点的不同，抓水的深度有所区别。但世界优秀运动员普遍在与头部平行的位置就完成了抓水动作，这样可以早发力，也就延长了有效的作用力时间。

O 抓水的重要性

在仰泳下划以及抓水过程中，手掌对水角度的变化非常重要。抓水主要是由手掌和前臂来完成。此时，手掌的作用相当于起重机的抓斗，只有抓斗牢牢地抓住物体（水），起重臂（手臂等）才能发力，把重物吊起。良好的抓水动作完成时，手掌和前臂应该有明显的“沉重”感。

（二）上　划

完成下划和抓水后，身体继续围绕纵轴向同侧转动，手在以向后为主要方向的划水动作时，应同时向上、向后和向内划水，逐渐加大屈肘角度直至最大。上划过程中，要形成良好的对水面，从而完成仰泳的“反高肘”动作。手掌应垂直于水面方向，肘部应面向池底。当手臂划至肩下与水平面垂直时，身体转动幅度达到最大，约为 45°，相应肘关节的角度也达到最大，约 90°~100°，手掌距水面 10~15 厘米，指尖向外上。（图 5-13）上划结束时，手掌距离水面 5~15 厘米。在臂上划结束时，虽然肘关节是弯曲的，但手与肘的位置是齐平的。

图 5-13　上　划

此时，对侧的手臂正处于空中移臂阶段，对侧手臂、肩以及甚至髋关节都露出了水面。身体转动达到最大深度。

O 高肘划水的重要性

高肘（反高肘）动作是游泳技术中最常提到的词汇之一。究竟高肘（反高肘）动作有什么作用呢？高肘（反高肘）动作首先可以延长有效的划水路线；其次可以动员更多的肌肉参与划水动作；减小阻力；缩短了划水半径，利于提高动作频率。

（三）第二次下划

这是划水动作中最关键的一个阶段，因为该阶段所获得的推进力直接影响身体所能获得的最大速度，一定要加速完成。开始第二次下划时，躯干发力，身体开始沿身体纵轴向身体对侧转动，依次按照躯干、上臂、前臂和手掌的顺序向脚的方向做鞭状加速划水，直至在大腿下完全伸直手臂。（图 5-14）第二次下划结束时，掌心向下，指尖向外，手掌位于水下约 30 厘米处的位置。

图 5-14 第二次下划

（四）第二次上划

第二次上划的概念是由马格利索在《Swimming Even Faster》中提出并加以详尽分析，是指第二次鞭状下划后和出水前的这段划水。第二次下划后手掌朝下，指尖向外，通过直臂外旋和伸腕动作向上划水，手掌由朝下转为朝上，向后，向内划水至腿旁，完成上划动作。第二次上划动作非常短暂，最初主要出现在一些运动员第二次下划比较靠外，在手掌因准备出水而从向下到向内的转动过程中，由于手掌此时对水形成一个向后的倾斜角度及由外向内的横向运动，因此产生了升力推进力。第二次上划结束后，手掌贴进大腿，这样可以依靠躯干的转动加快移臂动作。

思考与探索

如果第二次下划结束时，手掌离身体较近，已经几乎贴近身体，是否还存在第二次下划？

考考你

这幅图中运动员划水的动作是否正确？

三、出　水

出水是指手臂划水结束后迅速提出水面的动作过程。完成划水动作后，掌心指向大腿，借助手臂向下压水的反作用力和身体向对侧的转动，收缩肩部肌肉，手臂迅速出水面。出水时，手臂伸直，压水提肩，转肩使肩部先出水，再按照上臂、前臂、手的顺序依次出水。通常是大拇指领先出水，这样阻力小，手臂比较自然放松。（图 5-15）

图 5-15　仰泳手出水动作

出水动作与身体的转动有密切的关系。在完成出水动作时，身体继续向异侧转动，带动了同侧躯干以及手臂露出水面。

考考你

根据出水时应该减阻的要求，请分析途中运动员出水技术是否正确？

四、空中移臂

手臂出水后，应迅速以直臂方式向前移动。手臂沿同侧肩上方向前移动，上臂贴耳朵。移臂的前半段，手掌向内，尽量放松手臂，当移臂动作过半，也就是手臂与水面垂直的时候，手臂内旋转为手掌向外的姿势，为入水做好准备。（图 5-16）在空中移臂动作过程中，由出水时的大拇指领先，逐渐转为小指领先，为入水动作做好准备。空中移臂动作的轨迹应该是一个垂直的半圆，类似轮胎的滚动路线，任何过宽或者过窄的移动轨迹，都会增大转动半径，减慢移臂速度。入水过宽或者过窄，是空中移臂动作最常见的错误。

空中移臂动作与躯干转动动作也是一体的。如左臂在移动的前半部分，左手臂、左肩以及左侧身体露出水面，此时身体是向右侧转动。这样可以减少移臂的阻力。当左手移臂动作超过垂直时，身体开始向左侧转动，这样可以延长左手入水点。

图 5-16　空中移臂

第四节 仰泳配合技术

一、两臂的配合

仰泳是采用两臂轮流划臂的技术进行游进。为了提高游速，并节约体能，应该保证身体得到连贯而均匀的推进力，使身体匀速前进。目前优秀仰泳运动员通常采用中交叉配合技术，即一臂入水时，另一臂划水结束；一臂露出水面时，另一臂立即开始推水。一臂处于划水的中部时，另外一臂在移臂的中部。两臂基本处于相反位置，保证两臂持续不断地产生推进力，使前进的速度更加均匀。还可以加大肩关节的活动范围，延长划水路线，充分发挥躯干以及上肢的力量。（图 5–17）

图 5–17 仰泳两臂配合

二、呼吸与臂的配合动作

游仰泳时，口和鼻始终露出水面，不受水的限制，但为了避免吸气不充分造成的动作紊乱，以及呼吸次数过多造成的身体重心改变，运动员都会保持一定的呼吸节奏。目前大部分运动员采取一臂移臂时吸气，另一臂移臂时呼气的配合方式。

三、完整配合

在仰泳的完整配合中，每一个动作环节都要协调配合。随着人们对躯干核心力量的重视，仰泳技术也更加强调躯干的转动动作，并通过这种转动带动手臂和腿部的动作，更好地发挥二者的力量。因此，越来越多的优秀运动员在仰泳游进过程中，身体绝大部分时间都处于侧卧的姿势。

当代仰泳绝大多数运动员采用的都是 6 次打腿、2 次划臂、1 次呼吸的配合节奏，也就是6:2:1 配合。其配合是这样的：左手入水和抓水时，左腿上踢，身体沿纵轴向左侧转动；左手上划时，右腿上踢，身体继续向左侧转动；左手下划时，左腿第二次上踢，同时身体开始向对侧转动。右手划水的时候，重复相应的动作。（图 5-18、图 5-19）

图 5-18　仰泳完整配合（水上侧面）动作

图 5-19 仰泳配合（水下正面）

思考题

1. 仰泳动作中，身体转动有哪些积极的作用？
2. 简述仰泳手臂划水以及打腿的鞭状动作特征。
3. 对仰泳的手臂动作进行分析。
4. 仰泳的腿部动作有什么作用？
5. 仰泳游进过程中，如何保持良好的身体位置？
6. 仰泳手臂动作中，手掌以及前臂的作用是什么？
7. 仰泳完整配合节奏通常是怎样的？

推荐读物

1. 尼·日·布尔加科娃主编.俄罗斯高等学校游泳教科书 [M]. 迟爱光译.广州：广州体育学院游泳季刊编辑部，2006.

2. 全国体育院校教材委员会审定.游泳运动 [M]. 北京：人民体育出版社，2001.

O 推荐网站

1. 国际泳联网站：http：//www.fina.org
2. 美国游泳信息网站：http：//www.swimmingwordmagazine.com

O 参考文献

[1] 全国体育院校教材委员会审定.游泳运动 [M]. 北京：人民体育出版社，2001.

[2] 陈武山.游泳运动教程 [M]. 北京：人民体育出版社，2007.

[3] 中国游泳协会.游泳竞赛规则 2010—2014 [M]. 北京：人民体育出版社，2010.

[4] 魏颖.仰泳技术的训练手段 [J]. 游泳，2008.7.

[5] 马格利索.仰泳技术（一） [J]. 游泳季刊，1998.2.

[6] 马格利索.仰泳技术（四） [J]. 游泳季刊，1998.11.

[7] 纪逊.仰泳常用技术训练手段 [J]. 游泳，2007.7.

[8] 李勇基.初级仰泳技术及教学 [J]. 游泳季刊，2012.5.

[9] 谷晓丹.浅析仰泳手臂水下划手与技术 [J]. 游泳季刊，2009.6.

[10] 陶然，石晓铭，刘林芳，等.湖北省优秀仰泳运动员赵菁的比赛成绩与技术的多维分析 [J]. 武汉体育学院学报，2009.3.

[11] 皮克·汉纳拉.仰泳技术 [J]. 游泳季刊，2010.2.

[12] 叶晶龙.国家游泳队重点男子仰泳运动技术分析研究 [R]. 第十五届全国运动生物力学学术交流大会.

[13] 江婷婷，马昌华.广州亚运会后中日优秀男子短距离仰泳运动员的技战术分析 [J]. 运动，2011.9.

[14] 汪斌，谢丽萍.青少年仰泳手臂技术及常见错误纠正方法 [J]. 少年体育科技，2008.10.

第六章 蝶泳技术

O 概述

蝶泳是四种竞技泳式中最年轻的项目，也是四种泳姿中第二快的泳式。从外形看，蝶泳的两臂同时移臂和划水，动作好像蝴蝶展翅，所以人们称它为“蝶泳”。由于蝶泳的腿部动作酷似海豚，所以蝶泳打腿又称为“海豚腿”。蝶泳动作节奏鲜明，躯干在水中连续地起伏对身体的肌肉力量、协调性和柔韧性都有较高的要求。

蝶泳的技术特点是两臂和两腿对称运动，身体在水中波浪起伏。因为没有固定的身体位置，阻力时大时小，伴随着划水和空中移臂，腿部动作的上打和下打，游进速度也随之大幅度变化，这种时快时慢、速度不均匀的现象不仅影响了蝶泳的游进速度，也是蝶泳需要消耗更大能量的主要原因。因此，现代蝶泳技术主要是通过减少和克服游进中阻力与速度的不均匀来提高游速。

蝶泳最早是蛙泳的变形，从 20 世纪 50 年代开始，蝶泳被列为正式的比赛项目。长期以来，美国、澳大利亚、日本等国家的蝶泳成绩比较突出。目前世界泳坛最著名的蝶泳运动员是美国的菲尔普斯。近年来，中国的女子蝶泳项目有所进步，先后涌现出钱红、刘子歌、焦刘洋 3 位奥运冠军。目前，我国运动员陆滢、吴鹏也在世界锦标赛中获得过奖牌，但总体上仅在女子 200 米蝶泳项目具有一定的优势，在女子短距离蝶泳和男子蝶泳项目还有待突破。

本章将对蝶泳起源与发展、蝶泳的身体姿势和腿部动作、手臂动作、完整配合、常见错误进行详细介绍。通过学习和实践，学生应掌握蝶泳技术的概念，有针对性地提高自身的蝶泳技术，改善技术水平。

O 关键术语

核心力量、波浪起伏、海豚腿、上打、下打、动作节奏、空中移臂、“S”形划水、外划、内划、上划、呼吸次数、水下海豚腿

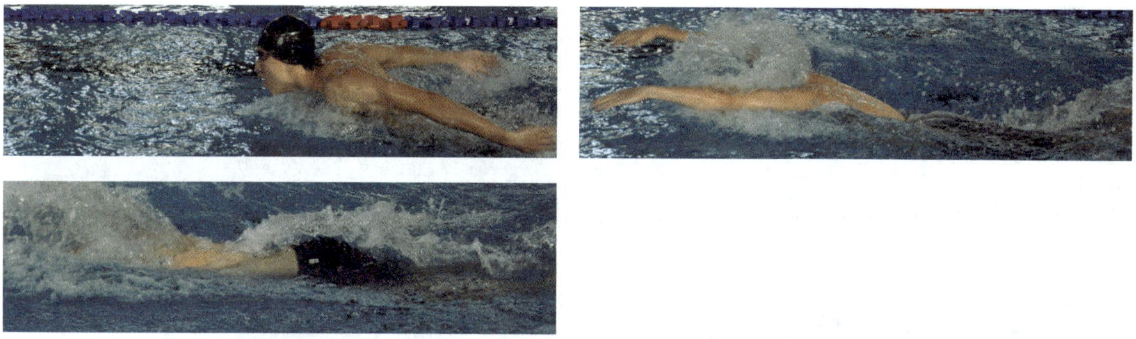

蝶泳水上侧面观

蝶泳水上后面观

蝶泳水上正面观

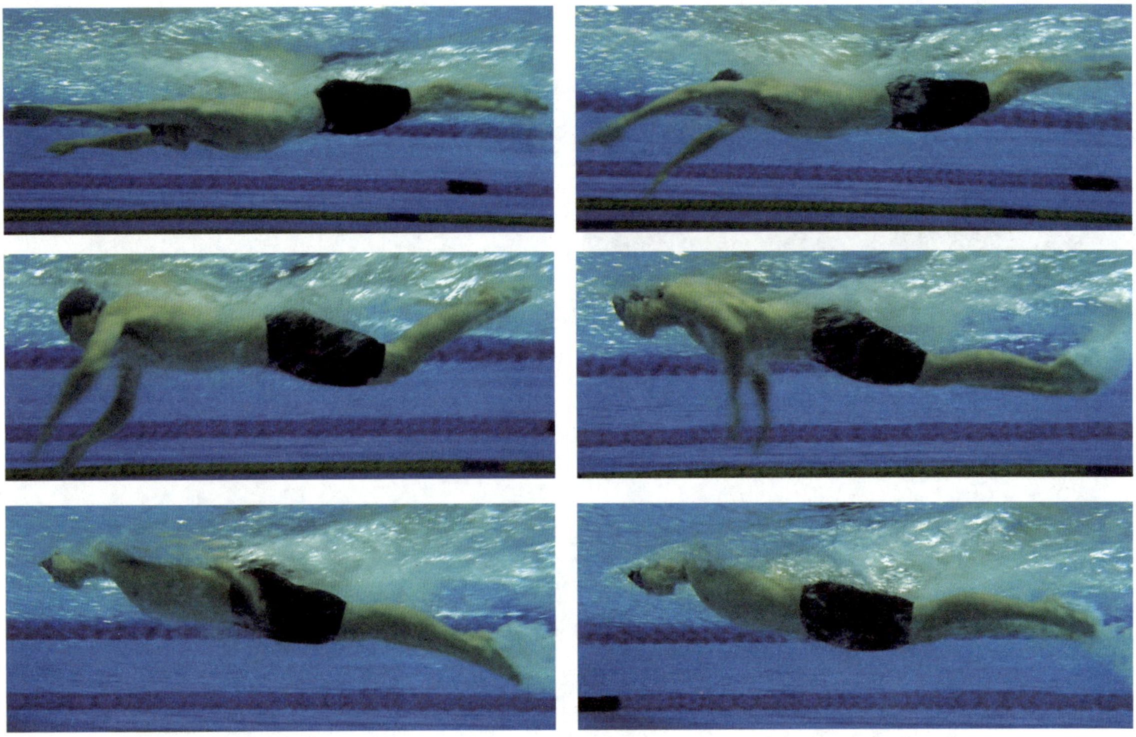

蝶泳水下侧面观

蝶泳水下正面观

第一节 蝶泳起源和技术发展趋势

一、起 源

20 世纪 30 年代初期，在布鲁克林青年总会的蛙泳比赛中，开始有人采用两臂空中移臂和蛙泳腿的配合方式。与传统的蛙泳相比，这种姿势的速度更快。1953 年，国际泳联将蛙泳和蝶泳分开进行比赛，1956 年，从第 16 届奥运会开始，蝶泳被列为正式比赛项目。

在蝶泳 60 年的发展历程中，世界泳坛有两位最具传奇色彩的运动员都是以擅长蝶泳而著称，他们是美国的传奇飞鱼施皮茨和菲尔普斯。施皮茨在 1972 年慕尼黑奥运会上一人独得 100 米自由泳、200 米自由泳、100 米蝶泳、200 米蝶泳、4×100 米自由泳、4×200 米自由泳、4×100 米混合泳接力共 7 块金牌，并创 7 项世界纪录，成为奥运史上在一届奥运会中夺得金牌最多的运动员。36 年后，又是来自美国的游泳天才菲尔普斯，在 2008 年奥运会上以 8 枚金牌打破了施皮茨 7 项世界纪录的神话。他也是迄今为止奥运会历史上夺金牌最多的选手。菲尔普斯曾经多次打破 100 米和 200 米蝶泳的世界纪录，是公认的最优秀的蝶泳运动员。

中国运动员在女子蝶泳项目中共获得过 3 个奥运冠军。分别是钱红 1992 年在巴塞罗那奥运会上打破女子 100 米蝶泳奥运会纪录并夺得金牌。刘子歌 2008 年北京奥运会，以 2 分 04 秒 18 的成绩打破世界纪录夺并得女子 200 米蝶泳金牌。焦刘洋在 2012 年伦敦奥运会夺得女子 200 米蝶泳冠军。

O 规则对蝶泳技术的要求

途中游：从出发和每次转身后的第一次手臂动作开始，身体应保持俯卧姿势。允许水下侧打腿。任何时候都不允许转成仰卧姿势。两臂必须在水面上同时向前摆动，并同时向后划水。所有的上下打腿动作都必须同时进行。两腿或两脚可不在同一水平面上，但不允许有相对交替的动作。不允许蹬蛙泳腿。

出发、转身和触壁：在每次转身和到达终点时，两手应在水面、水上或水下同时触壁。在出发和每次转身时，允许运动员在水下做一次或多次打水动作和一次划水动作，这次划水动作必须使身体升到水面。允许运动员的身体在出发和每次转身后不超过 15 米的距离内完全没入水中，但运动员的头部必须在 15 米之前露出水面。运动员必须使身体保持在水面上，直至下次转身或到达终点。

二、蝶泳技术发展趋势

（一）游进中保持着非常好的流线型

吸气时没有明显的抬头动作，头与脊柱呈一条直线，手外划后开始出水移臂。吸气时，眼睛看水面，不看前面，肩肘手依次出水准备移臂。移臂低平放松。

（二）推进力主要来源于躯干快速有力的波浪动作

手臂前伸时，腿准备第一次下打，臀部露出水面。向外划水时，臀部露出水面，头和手部接近水面，胸下压到最低点。腿不用刻意下打，腿的动作是身体波浪动作的一部分。

（三）打腿连贯有力，波浪小

菲尔普斯可以在200米游进中保持连贯的打腿。整个身体参加海豚腿的运动，连续不断，他第二次打腿的幅度较大，与最后的推水形成合力。

（四）划水早，抓水早发力

当身体重心越过手时，马上出水移臂，使动量向前。

划水多采用“钥匙孔”划水路线，躯干和臀部有明显“翘翘板”运动形式。抓水早，像船锚般稳固有力。高肘使得胸、背、肩带肌群的力量得到充分发挥，同时手臂对水截面大。高肘向内划水时，腿上打。两手内划到最近点时，腿向下打水。手一越过身体重心，立即向外划水，准备出水和移臂。

（五）手尽量前伸，移臂时动量向前，手推水不过长

当手臂移到与身体成“十”字时，头入水，以手臂带动身体向前下俯冲。胸下压，促成身体的波浪动作。手肘肩向前伸，身体伸展，准备入水。入水轻松自然，不向下“砸”。

第二节　蝶泳身体姿势和腿部技术

一、身体姿势

很多人都认为蝶泳的身体起伏是由于臀部的运动。事实上，在蝶泳游进中，头和肩的上下运动幅度已经超过了臀部。正确的头部运动不但有利于身体的波浪形成，而且这个波浪可以使腿部下打产生更大的力量，同时还可以与划臂动作产生合力，大大提高运动员的游速。头部的动作对第一次打腿产生推进力的大小起到至关重要的作用。运动员应在手入水时眼睛目视池底，同时下打第一次蝶泳腿。但是当压胸压肩提臀的时候，头部应该抬起并目视前方，抬头的动作可以像波浪一样使向下压胸、压肩的动作转变成向前的波浪动作。

蝶泳的呼吸是借助于两臂外划和内划所产生的升力，换句话说游泳运动员吸气时主要依靠躯干的起伏，因为向上抬头的动作会造成臀部下沉，因此，吸气时不应有明显的抬头动作，可以通过有意识地收下颌使头与身体保持呈一条直线。抬头吸气的动作不但会破坏身体的水平姿势，而且会造成肩部和颈部肌肉过于紧张，影响两臂前移的速度。因此，正确的呼吸时机应该在手臂外划时，身体自然向水面上升，借助于身体的波浪起伏同步进行吸气。随后伴随空中移臂顺势低头，同时臀部上升至水面。不吸气时则直视池底，使头部保持与躯干波浪运动的一致性。（图 6–1）

蝶泳游进中，躯干和腿做有节奏的波浪运动，躯干和头不断改变彼此间的相对位置，形成波浪形式上下起伏。在每个动作周期中，要注意控制好三个部分的位置。

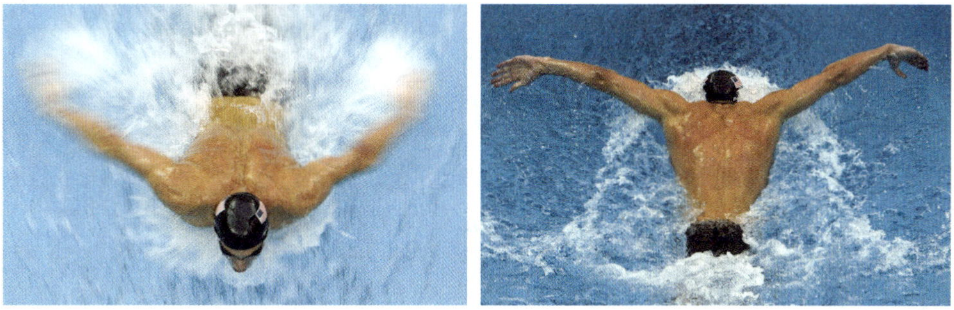

图 6–1　蝶泳身体姿势

（一）头的位置

在不呼吸的动作周期中，应避免过多的头部动作，以减少身体在水中的起伏，尽量保持颈部肌肉放松，可以提高肩部的灵活性和活动幅度，提高空中移臂的速度。在有呼吸的动作周期中，抬头的幅度要小，下巴尽可能贴近水面。

（二）背的位置

在游进中，背部和躯干大部分时间要保持水平，背部的起伏不要太大，随着身体波浪起伏始终保持在水面上或紧贴水面，过多的垂直运动不但耗费体力而且还会增加前进的阻力。

（三）臀的位置

臀部应该在水中向前上方移动，手臂入水同时臀部露出水面。移动的轨迹应呈小波浪线，过高和过低的臀部位置都会影响身体的平衡和打腿的推进力。

O 思考与探索

蝶泳游进过程中要注意控制三个部分在水中的位置（头、背、臀），在技术训练中采取哪些手段来解决这些问题？

二、海豚式打腿

蝶泳打腿又称为海豚式打腿，这是因为腿的运动方式像海豚的尾鳍。运动员在每次完整蝶泳动作中进行两次海豚式打腿。海豚式打腿的发力点在腰腹部，然后由髋、膝、踝依次传递完成，两腿同时做上下的“鞭状”打水动作。“鞭状”动作的形成也是柔韧性和爆发力的综合体现。强而有力的打腿，确保了蝶泳游进时身体的平衡和良好的配合时机。

有研究（2000）通过使用牵引器在不同滑行速度和深度来测量静态阻力，研究表明：在水深 0.4~0.6 米处游进时阻力比在水面上滑行时减小 10%~20%。另有研究者（2001）发现：2000 年奥运会上男、女 100 米、200 米蝶泳，100 米、200 米仰泳，100 米、200 米自由泳，200 米蛙泳的决赛选手，15 米的出发时间和水下游进距离呈显著的负相关关系，水下游进距离越长，整个转身阶段同比耗时越少。因为海豚式的打腿是提高出发和转身最有效的推进手段之一，不管是什么主项的运动员，海豚腿都是必不可少的训练内容，因此，又被称为“第五种泳姿”。

蝶泳打腿是由一次上抬动作和一次下打动作组成。在蝶泳配合中，蝶泳腿下打和上抬的幅度都不宜过大，动作要自然、连贯和流畅，起伏太大将会增加形状阻力和波浪阻力。正确的打腿是使运动员产生腿部动作是身体波浪动作延续的感觉，与划臂动作协调配合，因此，不应刻意加大打腿动作的力量。

（一）上　打

上打是由整个躯干波浪的惯性形成，不需要刻意用力。也就是说，当下打接近结束时，大腿为克服腿部自下而上的惯性开始上抬，然后继续伸髋使腿部向上，此时，臀部处于最低点。上打是通过被动的展髋和伸膝实现的，此时小腿和踝关节放松，使其在水的压力下保持完全伸直的状态。

（二）下　打

当两脚接近水面时，腰背发力带动小腿弯曲向后下方用力下打，直至完全伸直。蝶泳腿下打时，两腿自然并拢，踝关节放松，脚尖内扣，脚跟稍分开成“内八字”。小腿的打水方向是向下和向后的。踝关节做向后推、压水的动作。踝关节的柔韧性对蝶泳打腿动作至关重要。蝶泳腿的主要动力来自于下打，因此，下打动作的速度也比上抬要快。下打的反作用力使臀部升高，带动大腿开始上抬，在上一次打水还没有完全结束时，下一次打水就已经开始，而这些动作又与头和臂部的动作紧密联系，形成蝶泳所特有的波浪起伏动作。(图 6–2)

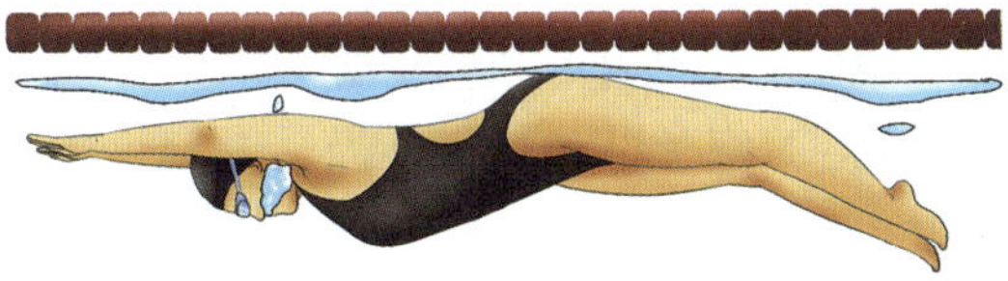

下打接近结束，双腿开始利用惯性上打。

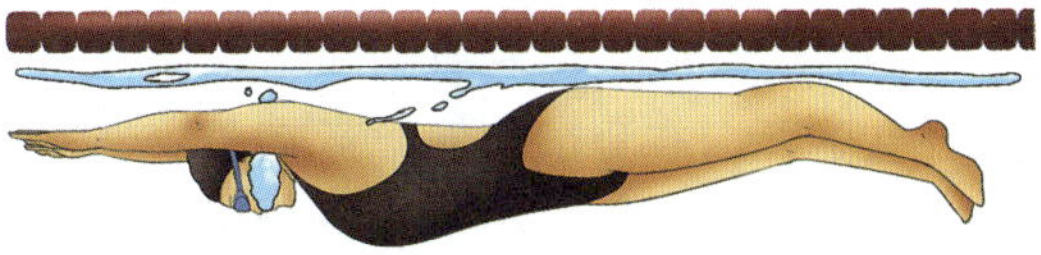

继续伸髋上打。

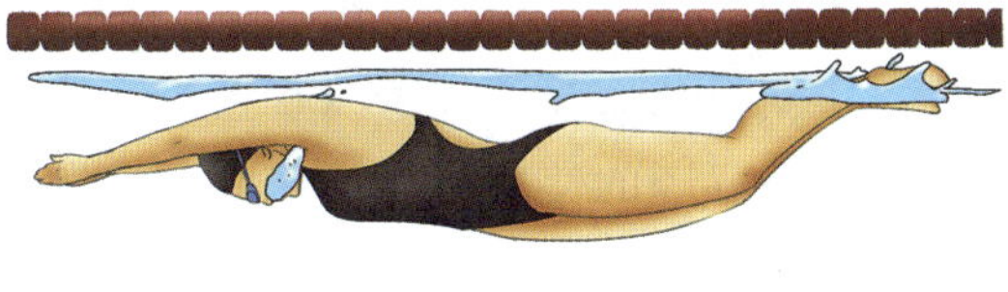

腰背发力带动小腿弯曲，踝关节放松。

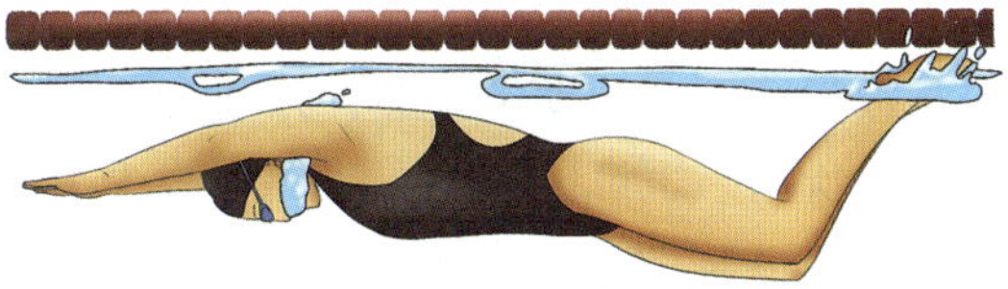

小腿和脚背形成对水面，向后下方有力下打。

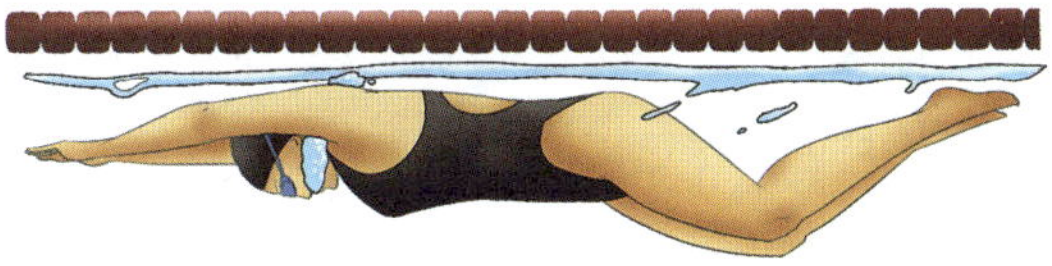

下打的反弹作用使大腿升高。

图 6-2　蝶泳打腿顺序图

每次打腿动作都是在踝关节完成伸展，双脚稍低于躯干时结束。推进力的产生主要是通过下打阶段获得的。脚踝良好的伸展性可以在下打过程中长时间保持向后对水的位置。在进行蝶泳打腿时，应该在下打开始时膝盖稍微分开，然后在下打结束时再并拢。因为膝盖分开可以增加下打阶段脚部的活动范围。上打时通过收紧臀部可以使腿部并拢，并为在下打阶段增加运动员所需的肌肉力量做好准备。

（三）两次蝶泳打腿的区别

在每个蝶泳完整动作中，第一次打腿与第二次打腿的共同之处就是都会产生一定的升力和向前的推进力。然而，在很多方面它们又有所不同。主要表现在，第一次打腿时间比第二次打腿时间更长（上打和下打的时间）。第一次打腿的下打会使臀部向前上方上升并露出水面，而第二次打腿时，臀部不会露出水面。这主要与两次打腿处于划臂的不同阶段有关。

（四）评定蝶泳打腿技术的标准

评定蝶泳打腿技术的标准主要有以下几点：

1. 良好的身体流线型

运动员必须保持良好的身体流线型，通过躯干的整体运动形成适度的波浪起伏，以减少形状阻力。如果不能在水下保持良好的流线型姿态，那么就会形成较大的形状阻力和波浪阻力，影响前进的速度。

2. 踝关节的灵活性

运动员踝关节的灵活性直接决定蝶泳打腿的效果。在蝶泳打腿中，脚背对水的角度和面积起着重要的推进作用。有研究者认为，踝关节的柔韧性甚至比力量更为重要，踝关节柔韧性好，活动范围大，脚背的对水面就更大，在下打的大部分时间内可朝向后方，所产生的推进力也更大。有测试表明，运动员穿脚蹼训练一段时期后，踝关节的灵活性及运动幅度均显著提高，因此，训练中可借助脚蹼提高踝关节的柔韧性。

3. 躯干和腿部力量

力量训练是游泳训练的一个重要组成部分。运动员身体的整体素质和股四头肌的力量是构成强有力蝶泳腿的基本要素。如果运动员的海豚腿打水效果受到以上要素的影响，可以利用脚蹼训练发展运动员腿部、腰部及背部的肌肉力量，所获得的力量增长可以直接为运动员在水中所用。也可以考虑在比赛中减少出发和转身后水下海豚腿的使用量，如：减少出发或转身后水下潜行时间，提前出水。

O 思考与探索

在所有泳式中（出发、转身后）都会采用水下海豚腿技术。请分别列举 5 种提高水下海豚腿效率的训练方法（水上、陆上）。

第三节　手臂划水技术

蝶泳手臂的划水动作是产生推进力的主要因素。蝶泳臂的划水是两臂在头前入水，同时沿身体两侧做“S”形曲线划水。蝶泳的手臂动作包括入水、水下划水（外划、内划、上划）和空中移臂。

图 6-3 所展示的是一个相对于运动员身体的划水路线，划水路线呈“S”形，或者说钥匙孔形，这种描述通常用来教授蝶泳的手臂划水动作。就像描述爬泳的正视图一样，这种方式是展示手臂移动轨迹最好的方式。外划动作是“S”形划水路线的第一个弯，内划动作是中间的弯，而上划则是最后一个弯。下面对应“S”形划水路线对蝶泳配合进行简要的描述：在第一次打腿后，双手外划至肩膀的外侧，接着，双手在胸部下方内划直至双手几乎碰到一起，最后，向外向上向后划水并出水。在“S”形划水的第一个弯不产生推进力，因此要缓慢地进行，但是在最后两个弯手臂要加速划水，并在第三个弯时达到最快速度。每一个运动员都有着自己的风格和特点，因此在划水路线的长度和速度方面也存在着差别，有研究表明，身材高大，手臂长的运动员的划水路线更长。此外，力量也是影响划水和移臂速度的重要因素。

图 6-3　蝶泳的手臂动作图

一、入　水

两手的入水点基本上同肩宽，手掌略向外侧切入水，手在水面下的深度尽量要浅。由于运动员形态和力量的差异，有的运动员入水点较窄，而有的运动员较宽。（图 6–4）入水阶段，由于前臂外旋动作，掌心由向外转向外侧后，肩关节要尽量前伸。手臂的入水应该与第一次打腿同时进行，手臂人水后上体不可下潜过深和低头，以免打腿的推进力抵消手入水所带来的阻力。双臂在第一次打腿完成之前要略窄于肩宽，以减小阻力和增大打腿的推进力。头部的动作对第一次打腿产生推进力的大小起到至关重要的作用。运动员应在手入水时眼睛目视池底，同时下打第一次蝶泳腿。但是当压胸压肩提臀的时候，头部应有微微上翘的动作，并目视前方，这个动作可以使整个身体的曲线像波浪一样，将向下压胸压肩的动作转变成向前的动作。

图 6–4　入水前后

二、水下划水

(一) 外　划

外划开始时，双手向外下方移动，划至肩沿线外侧，在接近抓水位置时，手臂应逐渐弯曲，使手臂朝向后方。（图 6–5）运动员应该在外划过程中屈肘以缩短向后对准水的距离。抓水动作形成时，上臂和前臂的下方应该向后对准水。在双手划至肩膀两侧并向后对准水的过程中，任何推进力都是向外向下划水形成的。此阶段手的移动速度逐渐下降，到抓水时降到最低。外划不产生推进力，因此动作是相对慢，将发力肌群尽量伸展，其目的是为接下来内划阶段产生推进力做好准备。

图 6-5 外划动作

（二）内 划

图 6-6 内 划

当抓水动作形成时，加速向下向内做一个大半圆形的划水路线，当两手在身体下方非常接近时结束。（图 6-6）在内划阶段手掌的划水方向要由外到内，这只是因为手臂的方向是从外到内的。当双手划到身体下方时，运动员可以通过增加肘部弯曲的角度使双手尽量靠近。但不应该在身体下方直接向内划水。也就是说，不能在内划阶段直臂直线向后划水，然后再屈肘向内划水。如果这个动作做得正确，前臂和手会在身体下方自然地划过一个向下、向后和向内的过程。

相信对于大多数游泳运动员来说，如果在内划阶段两手在身体下方接近靠拢的话，会在整个水下划水过程中获得很大的推进力。

（三）上 划

图 6-7 上 划

当两手划至腹下时，两手距离最近（几乎碰到一起），然后转入上划阶段。当两手距离最近时，双手做弧形向外推水的动作。手的运动方向为向外、向后。推水的前半部，手有较大的向后运动的分量，推水路线较直（图 6-7）；推水的后半部，手有较大的向外、向上的运动分量。推水时，由于小臂的内旋，掌心由划水的向后转为向外侧后方。

外划动作是“S”形划水路线的第一个弯，内划动作是中间的弯，而上划则是最后一个弯。当第一次打腿后，双手外划至肩沿长线的外侧，然后开始内划至胸部的位置为最窄点，此时双手几乎碰到一起，最后向外向上向后划水并出水。在

"S" 形划水的外划阶段不产生推进力，在内划和上划阶段要逐渐加速，并在上划结束，手臂出水瞬间达到最快速度。

三、出水和空中移臂

当手划至接近大腿时，前臂不可能再维持向后的划水方向。因此，运动员应该停止向后推水并开始移臂。出水的方向应该与上划的方向一致。随着水对手的压力减小，手掌开始内旋，小拇指领先侧切出水，以减小出水带来的阻力。当两臂出水后，即由空中前摆，移臂时肩部不能离水面太高，应将头与肩部保持一条直线。开始移臂时肘关节微屈，小拇指朝上，手背向前，两臂放松内旋，利用推水产生的惯性沿身体两侧低平前摆。当移臂至肩的位置时，手臂外旋，大拇指向前准备入水。（图 6-8）空中移臂速度要快，入水要轻，减少带入水中的空气和身体前部溅起的水花，否则会破坏向前的节奏和造成身体下沉。

图 6-8　出水和空中移臂

O 思考与探索

如何通过改进蝶泳手臂动作，提高动作的节奏和连贯性？

第四节　蝶泳配合技术

一、手与腿的配合

现代蝶泳技术强调，两手外分不大，压肩不深，身体波浪起伏小，动作频率相对快，节奏鲜明，整体动作轻松、连贯、自然、流畅。蝶泳的两臂同时划水，双腿同时下打和上抬。在每个划手周期中打腿 2 次。由于游进中身体位置的变化，第一次打腿的幅度和推进力都较大，这主要与身体的姿势有关。两次海豚式打腿的上抬动作要快速并且柔和。任何不必要的发力只会使运动员在减速的基础上进一步减速。

第一次的下打在入水和外划时，然后持续到手臂入水并伸展。除了克服手臂入水所带来的阻力之外，这次打腿同样应该产生足够的推进力使运动员向前加速。腿的下打会使臀部向前上方起伏并露出水面，同时使身体加速向前。内划的开始阶段进行的第一次海豚式打腿的上抬动作。腿部可以上升，臀部同时下降以保持在第一个划手推进阶段身体的流线形。这样会减小阻力，所以运动员在手臂内划阶段会出现明显的向前加速。高水平的蝶泳运动员实际上在内划阶段的前半段会出现减速。

臂入水开始外划，同时第一次打腿

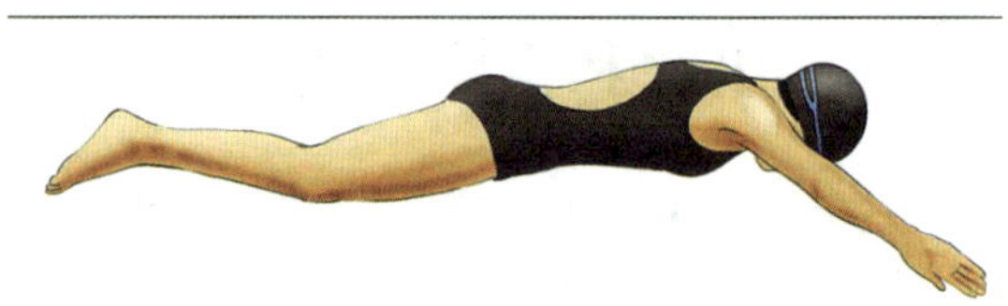

拍水并继续打腿

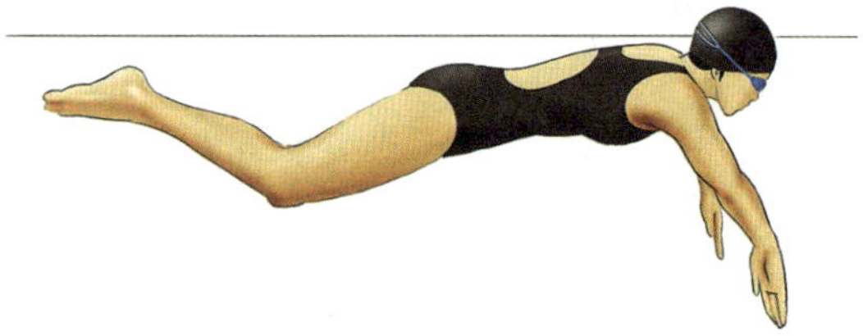

臂内划，腿开始上抬

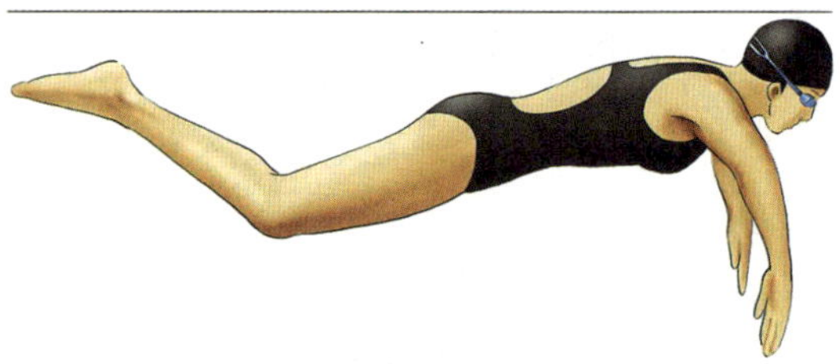

开始内划，臀部下降，腿部上升准备第二次打腿

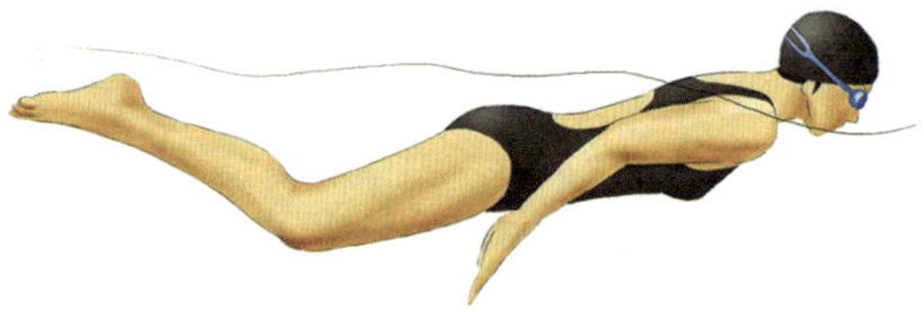

第二次打腿与手臂上划推手同时进行

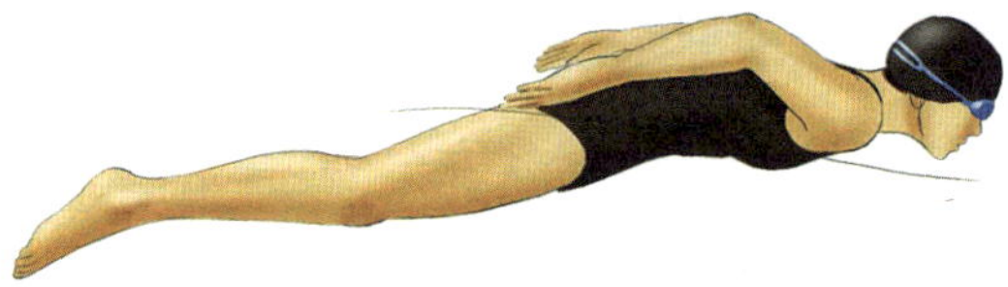

出水移臂，腿部开始上抬准备下次循环

图 6–9　蝶泳配合

第二次腿的下打应该与手臂的上划动作同时进行。下打动作实际上是在划手动作由内划阶段过渡到上划阶段时，通过下压大腿来完成的。然而，打腿动作中的最有效部分——位置较低腿的伸展动作，是在手臂上划阶段进行的。第二次下打在手臂上划时进行。接着是第二次腿的上抬动作，是在手臂移臂时完成的。这个动作产生了第一次腿上抬相同的两个作用。就是使大腿上抬接近水面以保持身体的流线形和为下一次腿的下打做好准备。

第一次下打可以减少由于手臂前伸造成的游进速度下降，利用下打产生的冲力提高手臂前伸的幅度和速度。第二次下打可以提高上划的速度，保持身体的流线型。

二、呼　吸

蝶泳的呼吸是借助于身体的波浪起伏，通过两臂外划和内划所产生的升力露出水面吸气。因为向上抬头的动作会造成臀部下沉，影响身体的水平姿势，因此，正确的呼吸时机是在手臂外划时开始，然后伴随空中移臂顺势低头。（图 6–10 左）不同运动员的呼吸时机也有所不同，有的运动员采用的是早呼吸方式，有的运动员采用晚呼吸，还有运动员采用侧面吸气，（图 6–10 右）这主要与运动员身体波浪起伏角度、划手技术及个人特点有关。

图 6-10 蝶泳呼吸

蝶泳运动员的呼吸方式因人而异，有的运动员采用的是 2~3 个动作 1 次吸气，也有的运动员采用 1 次动作 1 次吸气。此外，呼吸方式还与比赛的距离有关，短距离运动员为了保持快速、连贯的动作，往往会减少呼吸的次数。而在 100 米以上距离的比赛中，运动员则会采用不同的呼吸组合方式（多次动作 1 吸，1 次动作 1 吸）以确保供氧充足。

O 思考与探索

蝶泳是由蛙泳演变发展而来，两种泳式的共性和差异分别是什么？在进行技术训练时有哪些是可以相互借鉴的？

O 思考题

1. 蝶泳技术与蛙泳技术在身体姿势、划水方面有什么共同点？
2. 现代蝶泳技术的发展趋势有哪些？
3. 蝶泳划水动作轨迹是怎样的？与自由泳划水有什么区别？
4. 蝶泳配合每次划水两次打腿，这两次打腿的节奏和力度有什么区别？为什么？
5. 水下海豚式打腿在出发和转身后有什么作用？为什么？

O 推荐读物及网站

1. 游泳技术视频 http：//www.goswim.tv/
2. 澳大利亚游泳教练教师联合会 http：//www.ascta.com
3. 国际游泳联合会官网 http：//www.fina.org/
4. 温宇红，李文静.蝶泳技术图解 [M]. 北京：北京体育大学出版社，2004.
5. ［日］吉村丰.游泳技巧图解 [M]. 边静译.北京：北京体育大学出版社，2004.

O 参考文献

[1] 全国体育院校教材委员会审定.游泳运动 [M]. 北京：人民体育出版社，2001.

[2] 李文静，温宇红.现代游泳教程 [M]. 北京：北京体育大学出版社，2010.

[3] 科斯蒂尔，等.运动医学与科学手册——游泳 [M]. 温宇红译.北京：人民体育出版社，2002.

第七章　出发技术

概述

出发是游泳比赛的开始。出发对比赛结果有重要的作用，尤其是在短距离项目中。在对比赛技术参数进行分析时，出发一般指从出发信号发出起，到运动员的头到达 15 米处这段距离内所有的动作。

通过出色的出发技术先发制人，取得心理上的优势和主动权，从而扰乱对手的节奏，也是一种常见的比赛战术。目前游泳比赛中台上出发常见抓台式出发、蹲踞式出发以及摆臂式出发。

通过本章的学习和实践，学生应掌握出发技术的分类，不同出发技术的特征、动作方法，提高出发技术。

关键术语

抓台式出发、蹲踞式出发、摆臂式出发、仰泳出发、下肢爆发力、核心稳定性、反应速度、预备姿势、拉台、离台、腾空、入水、滑行、水下海豚腿、流线型、出水

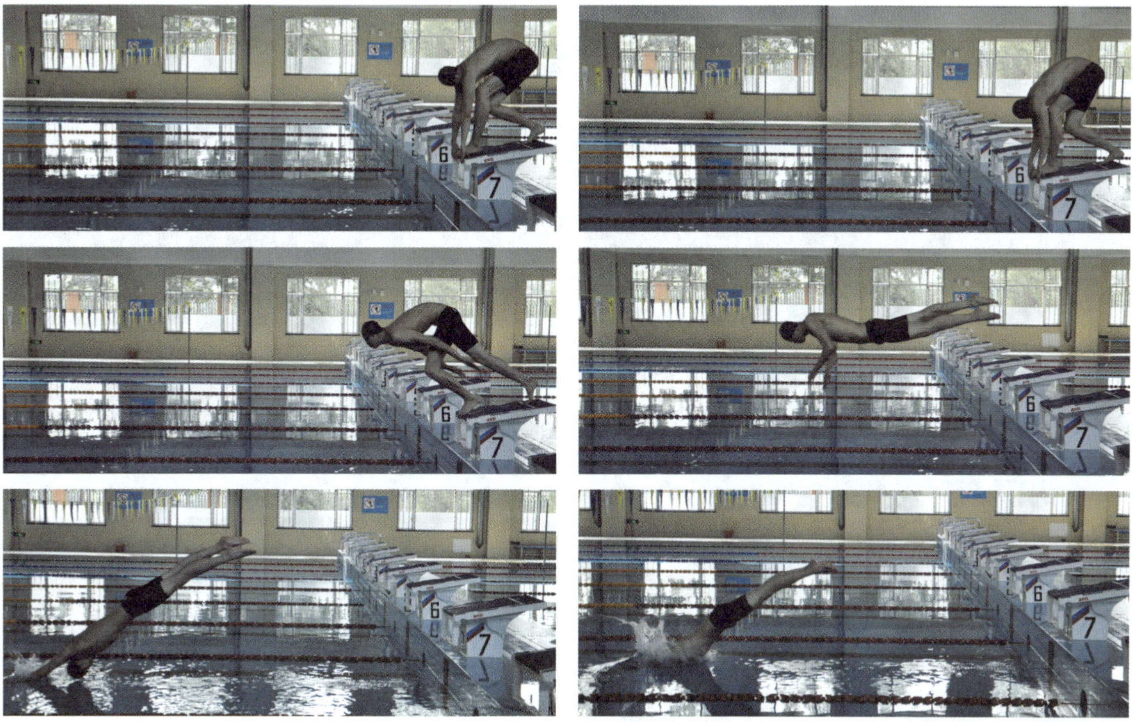

蹲踞式出发

仰泳出发

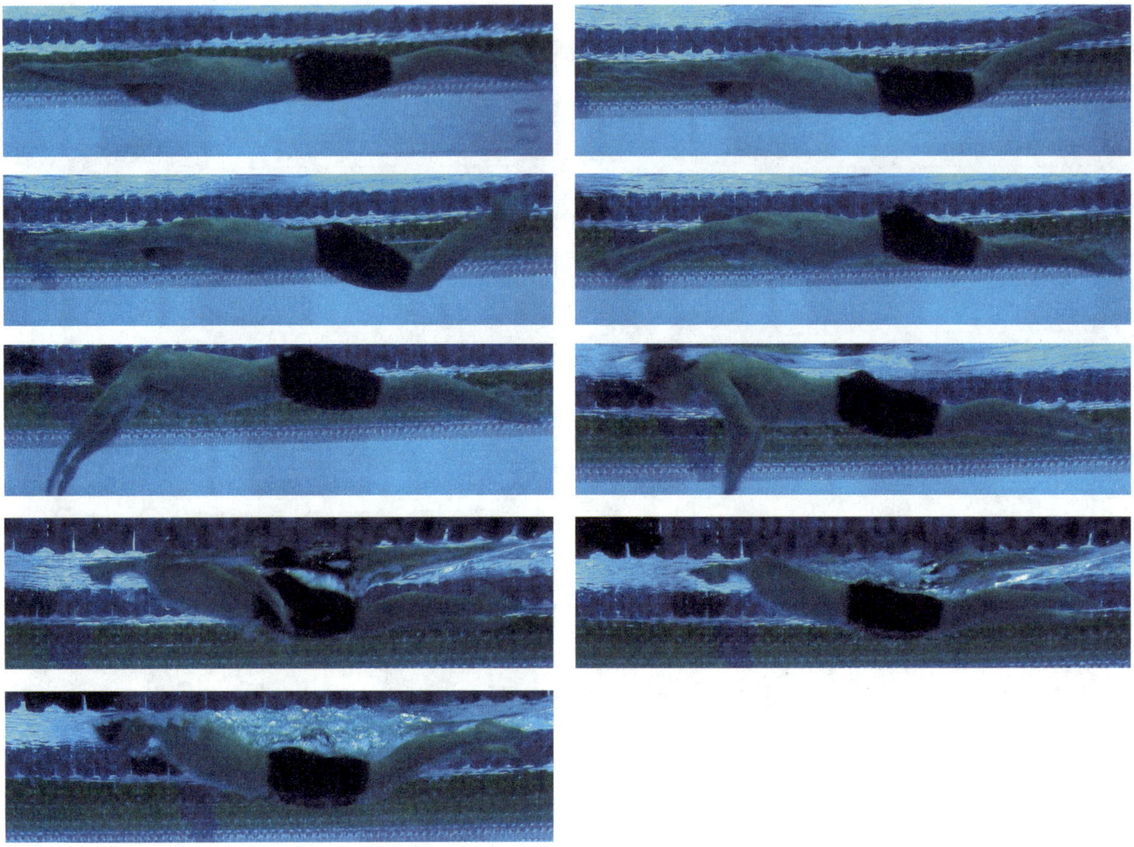

蝶泳出发后出水和起游

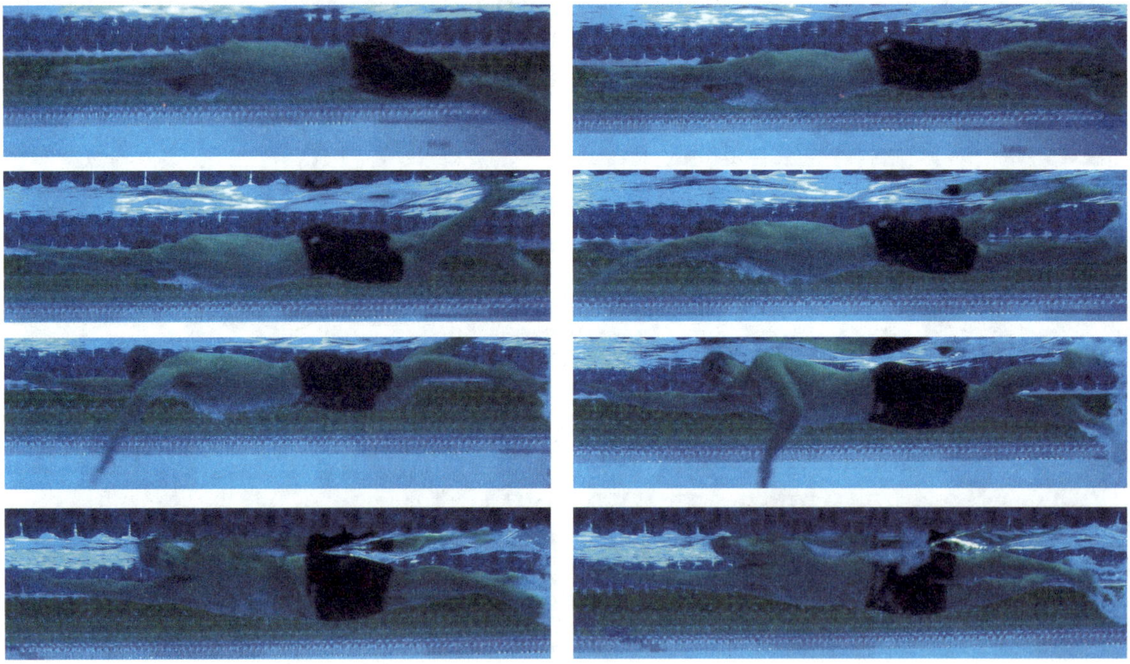

自由泳出发后出水和起游

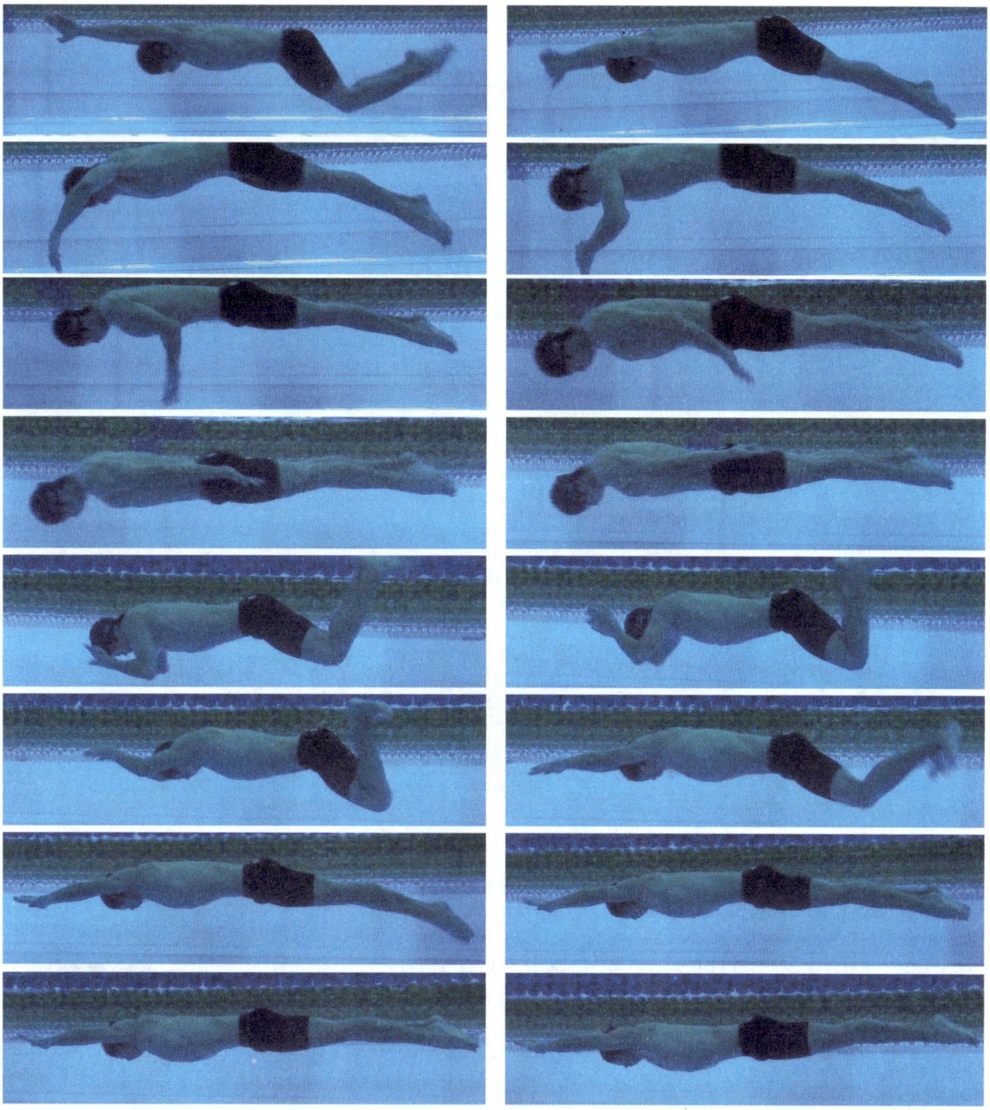

蛙泳出发后长划臂和起游

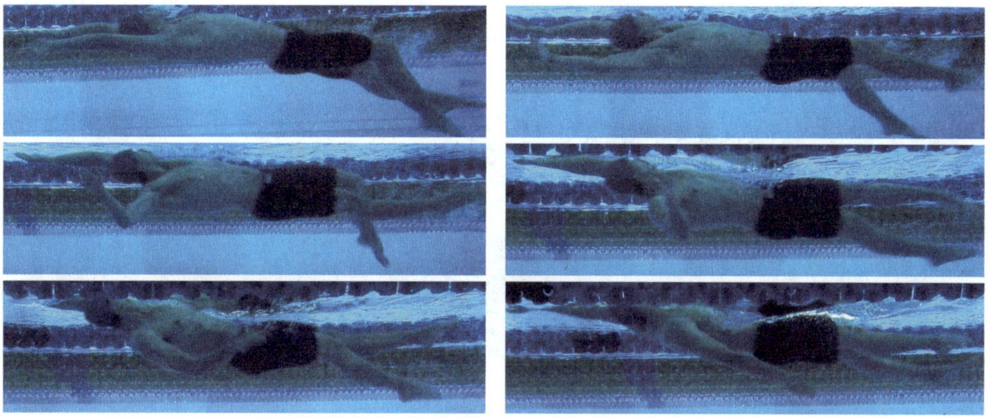

仰泳出发后起游

第一节　出发台出发

竞技游泳比赛中，根据竞赛规则，个人项目的蝶泳、蛙泳、自由泳、个人混合泳、自由泳接力项目应从出发台上出发；仰泳项目和混合泳接力第一棒应从水中出发。

出发台出发主要有三种类型，抓台式出发、蹲踞式出发和摆臂式出发。摆臂式出发主要用于接力项目。

好的出发技术是平衡和爆发力的最佳结合。通过抓台和蹬台，可增加出发前需要动用肌肉的张力，从而增大爆发力。出发信号发出时，运动员拉台，重心前移，越过平衡点。此时脚蹬台，同时手臂向前摆动，协助身体克服惯性。运动员将头夹在两臂之间，身体伸展，干净利落地入水，之后立即做快速、流线型水下打腿。

一、抓台式出发

1967 年，哈努尔发明了一种以双手抓出发台前沿为主要特征的出发技术，借助手臂拉台动作保持身体重心的稳定性，并在起跳时获得手臂拉台的动量。抓台出发技术可以分为预备姿势、拉台、离台、腾空、入水、滑行、起游等几个阶段。

（一）预备姿势

正式比赛中，当发令员发出长哨音后，运动员走上出发台，用两脚的脚趾勾住出发台的前缘，两脚分开同肩宽，用两手抓住出发台的前缘，身体放松自然。两手可在两脚之间，也可在两脚之外。（图 7–1）在“各就位”的口令后，膝关节弯曲，目视前下方，身体重心尽量前移，通过核心力量保持身体稳定，并利用手臂拉台的力量保持身体平衡，避免失去平衡落入水中，造成犯规。

图 7–1　预备姿势

（二）拉　台

出发信号（一般是枪声或笛声）发出后，手臂向上拉出发台，使髋关节以及身体重心向前下移动，身体重心前移到出发台前面，屈膝、屈髋，身体向前下方移动，手脱离出发台向前摆动。（图 7–2）

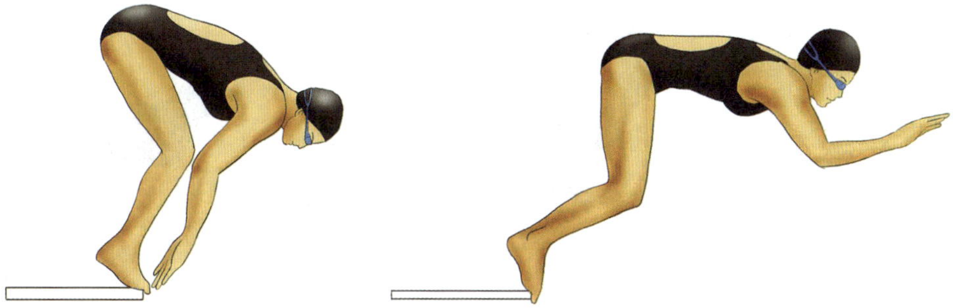

图 7–2　拉　台

（三）离　台

手脱离出发台后，两臂沿半圆形路线向前方伸展，直到形成预想的姿势。开始时手臂快速弯曲，向上移动到下颏的下面。当脚离台后手臂向前下方伸展。头的动作跟随在手臂之后，当脚离台、双臂向前下伸展时眼睛看下方。头部必须在脚离台之前开始向下移动，如果在脚离台时头向上抬，就难以在空中形成弓形，从而无法形成洞式入水。

随着手臂向前摆动，身体前移，当膝关节弯曲呈约 80°时，两脚伸展，牵引运动员的身体离开出发台。通过髋关节和膝关节强有力的伸展，以及踝关节的伸展完成腿部的蹬离动作。

蹬离时，出发台与腿之间的夹角称为蹬离角，这个角大概在 40°~50°之间。这样的角度可以使运动员呈弧形腾空，形成洞式入水。脚蹬离时，手臂在前下方伸展，眼看下面。(图 7–3)

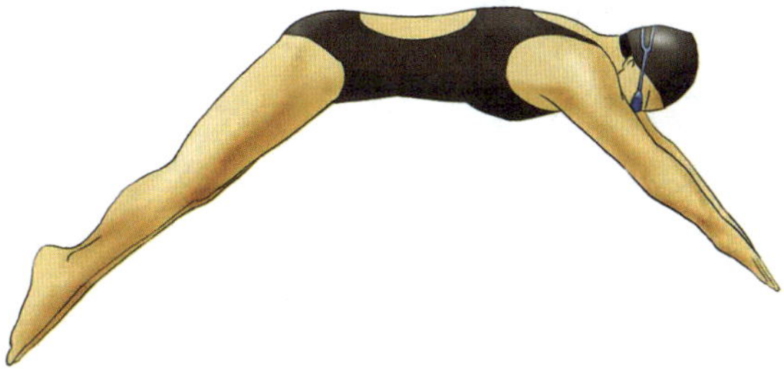

图 7–3　离　台

（四）腾　空

离台后，身体伸展在空中滑行，躯干越过空中最高点后，弯腰呈弓形，之后，两腿上抬，身体重新呈直线准备入水。弯腰的目的是增大入水的角度，使身体各个部位能从一点入水，减小入水阻力。（图 7–4）

图 7-4 腾 空

(五) 入 水

入水时，身体呈流线型，两臂两腿并拢并伸展，两手重叠，头在两臂的下面，整个身体依次从手入水的那个点入水（即洞式入水）。（图 7-5）

(六) 滑 行

入水后身体保持流线型滑行，一般到身体滑行速度接近游速时停止滑行。蛙泳项目一般滑行距离较长，滑行速度开始下降时做长划臂技术，将身体升到水面起游。（图 7-6）

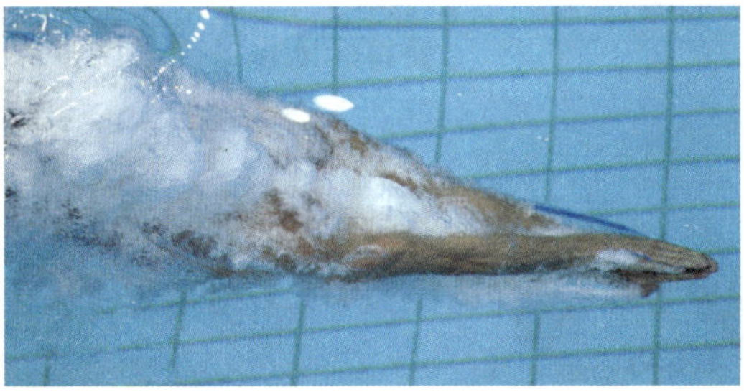

图 7-5 入 水

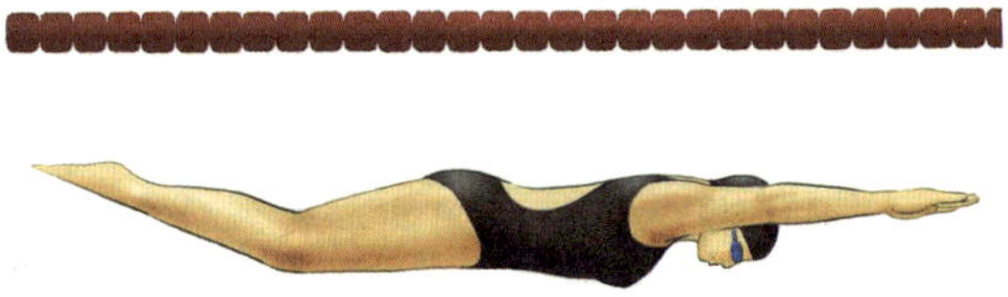

图 7-6 滑 行

(七) 出 水

不同比赛姿势的出水动作是不一样的。蛙泳出发滑行后一般做长划臂动作，两手先向外上方划水，与蛙泳划水的向外划水动作相似。两手外划超过肩宽后，屈肘屈腕，手掌向后抓水。抓水后，两臂保持高肘姿势向内、后、下加速划水。划到胸下时，两手距离最近，同时肘关节屈至约 90°角。此时，手臂向外上方转动，手臂向上、外、后方划到大腿上部。此时，长划臂动作的划水部分结束，身体保持流线型滑行。

加速划水将使身体前进速度明显加快，此时再次滑行，当滑行速度下降到接近游泳速度时，开始收手伸臂。为减小阻力，伸臂时，上臂和肘靠近身体，前臂和手掌贴着身体向前收。两手收到胸下时开始收腿，两臂继续前伸，接近伸直时开始加速蹬夹水。蹬夹水结束

前，头部应上升到水面。随即划水、吸气、开始正常的蛙泳动作。（图 7–7）

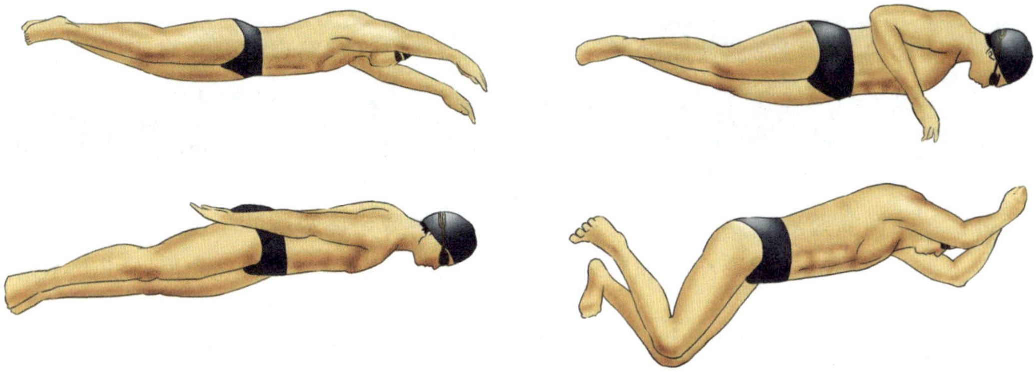

图 7–7　蛙泳出发后的长划臂出水

短距离自由泳出发入水后，一般滑行距离较短，身体在水中的位置也较浅，很快接自由泳打水使身体上升到水面，开始划水、起游。（图 7–8）

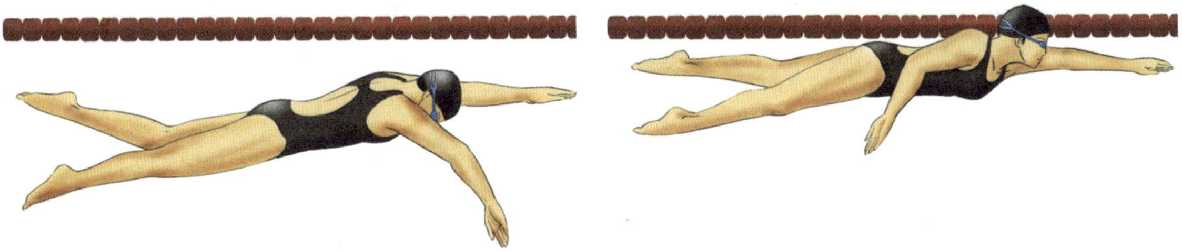

图 7–8　短距离自由泳出水起游

也有部分自由泳运动员滑行后先做若干次水下海豚式打水，使身体升到水面，再接自由泳划水动作。（图 7–9）

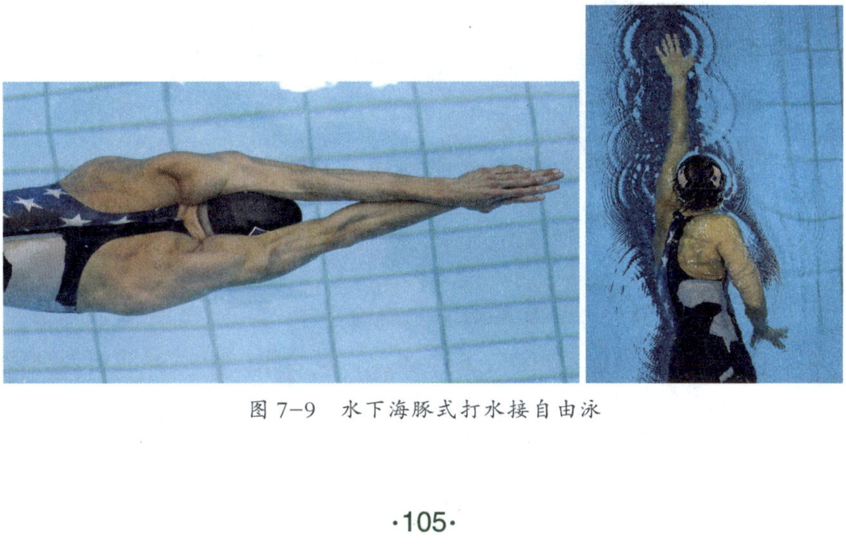

图 7–9　水下海豚式打水接自由泳

蝶泳出发后通常先做快速水下海豚式打水动作，并逐渐使身体上升到水面，再接正常蝶泳动作。水下海豚式打水的距离不能超过 15 米，否则即为犯规。（图 7–10）

图 7–10　水下海豚式打水接蝶泳

三、蹲踞式出发

1973 年，吉费兹格瑞德（Jay Fitzgerald）最早开始研究蹲踞式出发技术。蹲踞式出发是田径中蹲踞式起跑技术和游泳抓台式出发技术结合的产物，集两者的优点，使下肢三大关节（髋、膝和踝）都处于有利的屈伸角度，伸肌群则处于适宜的拉长和放松状态，这为完成伸髋和用力后蹬的肌肉爆发式收缩创造了有利条件，产生较大的冲力。

目前在短距离项目中有很多运动员采用蹲踞式出发，因为竞赛规则采用一次出发规则，即只要有一次出发犯规，就被取消资格。而蹲踞式出发离台速度快，重心低，比较稳定，不容易抢码犯规。

（一）预备姿势

预备时，一只脚勾住出发台前缘，另一只脚踩在出发台后面的斜坡上。低头，两手抓出发台前缘。身体向后倾斜，重心在后脚上。（图 7–11）

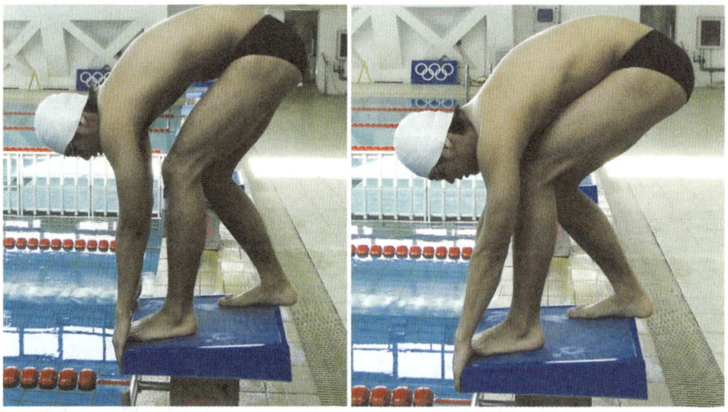

图 7–11　蹲踞式出发的预备姿势

（二）拉台和离台

出发信号发出后，手臂拉动身体向前下移动，后面的腿先蹬离，前面的腿随即蹬离，同时手臂向前摆动。也有运动员将手臂先向后摆动，再向前摆动，增加手臂摆动的动量。（图 7–12）

图 7-12　拉台和离台

(三) 腾空、入水、滑行和出水

离台后，身体沿弧线腾空飞行，过去人们认为蹲踞式出发飞行的弧线比抓台出发平一些，低一些，入水难以形成洞式入水，但现在许多采用蹲踞式出发的运动员腾空高度也较高，空中也有收腹提臀的动作，形成洞式入水。入水后的滑行、出水以及蛙泳长划臂、水下海豚腿都与抓台式出发没有太大区别。(图 7-13)

图 7-13　腾空和入水

影响出发台出发成绩的关键因素

下肢爆发力

核心稳定性

快速的反应速度

水下海豚腿

水下流线型

易犯错误

抓台不稳

腾空身体展髋过度

腾空身体屈髋过度

手入水前，屈膝屈踝

水下滑行距离过长

第二节　仰泳出发

仰泳是唯一一种从水下出发的竞赛项目，仰泳出发可以分为预备姿势、蹬离池壁、腾空入水、滑行、出水等几个部分。

一、预备姿势

发令员发出第一声长哨音后，运动员下水，在水中面对池壁，用双手握住仰泳出发握手器。脚掌和脚趾应抵住池壁，但脚后跟与池壁分开。腿弯曲，髋关节位于水中。(图 7–14 左)

图 7–14　仰泳出发预备姿势

在“各就位”命令发出后，低头团身，屈肘用手臂向上拉起身体，臀部靠近脚后跟，通过核心力量控制身体的稳定和平衡。(图 7–14 右)

二、蹬离池壁

出发信号发出后，向后上方甩头，眼睛看游泳池的对面，随后立即用手臂向前下推握手器，使身体向后上方冲出去。手臂一旦伸直，手立即脱离握手器，手臂尽快从头上摆动。同时，通过膝关节和踝关节的伸展将身体向上推离池壁。(图 7–15)

图 7–15　仰泳出发蹬离池壁

三、腾空入水

蹬离后，身体在空中呈反弓形飞行，头向后仰，手臂在头上伸展，腿和脚也应伸展。腾空过程中，尽量使全身在水面上方滑行。由于脚在蹬离池壁后有拖在水中的趋势，因此，要做到身体完全腾空，有一定的难度。不过，只要蹬离角度适宜，躯干充分反弓，小腿和脚就可以在腾空的大部分时间露出水面。（图 7–16）

图 7–16　仰泳出发腾空入水

入水时身体应保持流线型，两臂前伸并拢，头夹在两臂之下，双腿和双脚保持伸展，尽量使身体的各个部分从相同的一点，即手和头入水的那一点入水。因为身体腾空的高度较低，要做到这点是比较困难的。所以，臂部的入水点通常略在头入水点的后面。为防止腿拖入水中，在入水时可以略向上抬腿，使之有一定的弯曲。

四、滑行和出水

入水后，手臂应略向上升，腿向下沉，使身体运动方向从向下转为向前。在前进速度下降到接近游速之前，应以流线型姿势滑行，之后开始打腿。（图 7–17）

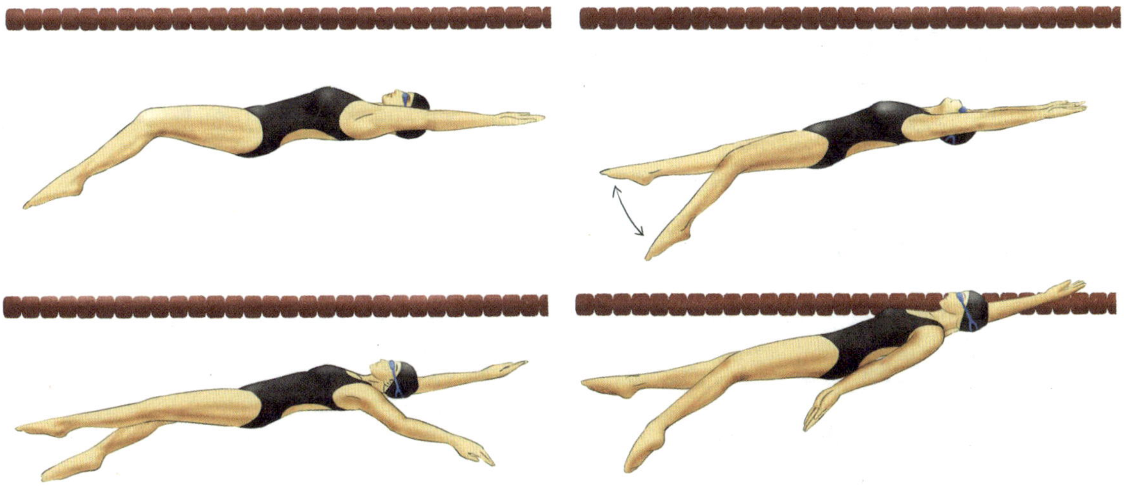

图 7–17　仰泳出发滑行和出水

许多仰泳运动员采用了水下海豚式打腿（不超过 15 米）的技术，而且效果很好。因此如果海豚式打腿效果较好，应充分利用这种技术。如果海豚腿效果不好，最好在短暂滑行后做 2~4 次交替打水，然后划水使身体升到水面。

出水动作应控制好，应在划水完成时身体正好露出水面，以免影响正常的节奏。在身体升到水面之前，不应向上抬头，否则将破坏身体流线型。身体一旦升到水面，应立即以适宜的比赛频率游进。

影响仰泳出发成绩的关键因素	易犯错误
下肢爆发力	手臂推离握力器的速度慢
腕关节爆发力	手臂推离向前过多
髋关节柔韧性	伸膝和伸踝蹬离速度慢
核心稳定性	躯干反弓不足
快速的反应速度	入水过深
水下海豚腿	划水过早，导致手臂出水躯干未露出水面

第三节　接力出发

在游泳接力比赛中，规则允许第二、三、四棒运动员在其前一棒运动员触边前做开始出发动作。前一棒运动员触边前，后一棒运动员脚趾不得蹬离出发台，否则即为犯规。除第一棒运动员采用水中出发（混合泳接力）或台上出发，其他 3 名运动员必须采用出发台出发。为提高交接棒速度，多数运动员在接力中采用摆臂出发技术。摆臂式出发虽然离台速度略慢一些，但由于蹬离力量大，腾空距离长，适合于配合娴熟的接力交接棒。

一、预备姿势

预备时，两脚分开同肩宽，脚趾勾住出发台前缘，注意观察前一名运动员，并估算运动员触壁时间。

二、摆臂和离台

离台前，手臂向后上画一个圆圈后再前摆，同时屈膝，身体重心前移，脚后跟先离开出发台。随着腿蹬伸，脚蹬出发台。

三、腾空、入水、起游

与抓台出发相似。但摆臂式出发由于常在接力中使用，交接棒双方的配合十分重要。接棒者要善于观察和预测交棒运动员的游速和到边时机，既可以提前做摆臂动作，增加腾空距

离，又要使脚在交棒运动员手触壁后蹬离出发台，以免抢跳犯规。（图 7-18、图 7-19）

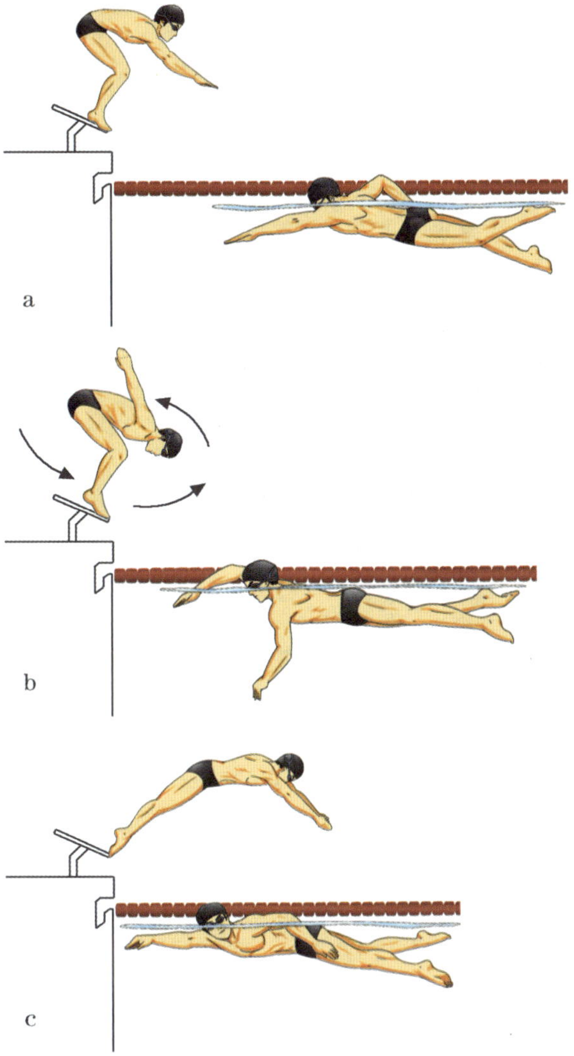

图 7-18　摆臂式出发及与交棒运动员的配合

影响接力出发成绩的关键因素：

1. 下肢爆发力
2. 核心稳定性
3. 敏锐的判断力
4. 快速的反应速度
5. 水下流线型
6. 水下海豚腿

易犯错误：

1. 摆臂节奏过快或过慢
2. 重心控制不稳
3. 判断失误导致犯规

图 7-19　接力出发后两名运动员的相对位置

O 思考题

1. 在出发技术训练中，要采取哪些手段来控制身体平衡？

2. 抓台式出发与蹲踞式出发两种出发技术的共性和差异分别是什么？

3. 如何根据出发台出发与水中出发的不同技术特征，进行力量训练？

4. 在出发比赛中绝大部分项目都会采用水下海豚腿技术。请分别列举 5 种提高水下海豚腿效率的水上和陆上训练方法。

5. 与个人出发相比较，接力出发训练过程中需更加注重哪些方面？

O 推荐读物

1. Ernest W.Maglischo，Swimming Fastest [M]. Human Kinetics. 2003.

2. 科斯蒂尔等.运动医学与科学手册——游泳 [M]. 温宇红译.北京：人民体育出版社，2002.

3. 温宇红，等.跟专家练游泳 [M]. 北京：北京体育大学出版社，2008.

4. 温宇红，李文静.蛙泳技术图解 [M]. 北京：北京体育大学出版社，2004.

O 推荐网站

1. 游泳技术视频：http：//www.goswim.tv/

2. 澳大利亚游泳教练教师联合会：http：//www.ascta.com

3. 国际游泳联合会官网：http：//www.fina.org/

O 参考文献

[1] James E. Counsilman. Competitive Swimming Manual for Coaches and Swimmers [M]. Counsilman CO.，inc.，Bloomington，Indiana，1977.

[2] Bill Sweetenham. Championship Swim Training [M]. Human Kinetics，2003.

[3] Rainer Martens. Successful Coaching [M]. Human Kinetics，2003.

[4] Dave Salo. The Swim Coaching Bible [M]. Human Kinetics Publishers，2001：179-180.

[5] Jane Katz.Swimming For Total Fitness [M]. Random House，1993.

[6] 温宇红，李文静.蛙泳技术图解 [M]. 北京：北京体育大学出版社，2004.

[7] 全国体育院校教材委员会审定.游泳运动 [M]. 北京：人民体育出版社，2001.

第八章　转身技术

O 概述

转身是比赛中不可分割的一部分，比赛距离越长，转身就越重要。在长池比赛中，只有 50 米项目不需要转身，而在短池比赛中，任何项目都需要转身，而且短池比赛中转身次数增加，对比赛结果起重要的作用。在对比赛技术参数进行分析时，转身一般指从距离池壁 5 米开始，到转身后离开池壁 10 米为止，共 15 米距离内的动作。以 1500 米自由泳比赛为例，长池比赛需要做 29 次转身动作，与转身有关的距离达到 435 米，占总距离的 29%。如果是短池比赛，则需要转身 59 次，距离 885 米，甚至超过了比赛总距离的一半。转身的重要性可见一斑。

转身分为蛙泳和蝶泳转身、自由泳转身、仰泳转身和混合泳转身。通过本章的学习和实践，学生应了解不同项目转身技术的特点和概念，通过练习提高和完善自己的转身技术。

O 关键术语

转身前游进速度、游近池壁、转身、蹬离、滑行、出水、低头屈髋、屈膝团身、前滚翻转身、下肢爆发力、水下海豚腿、水下流线型

水上蝶泳（蝶转仰）转身

水上蛙泳（蛙转自）转身

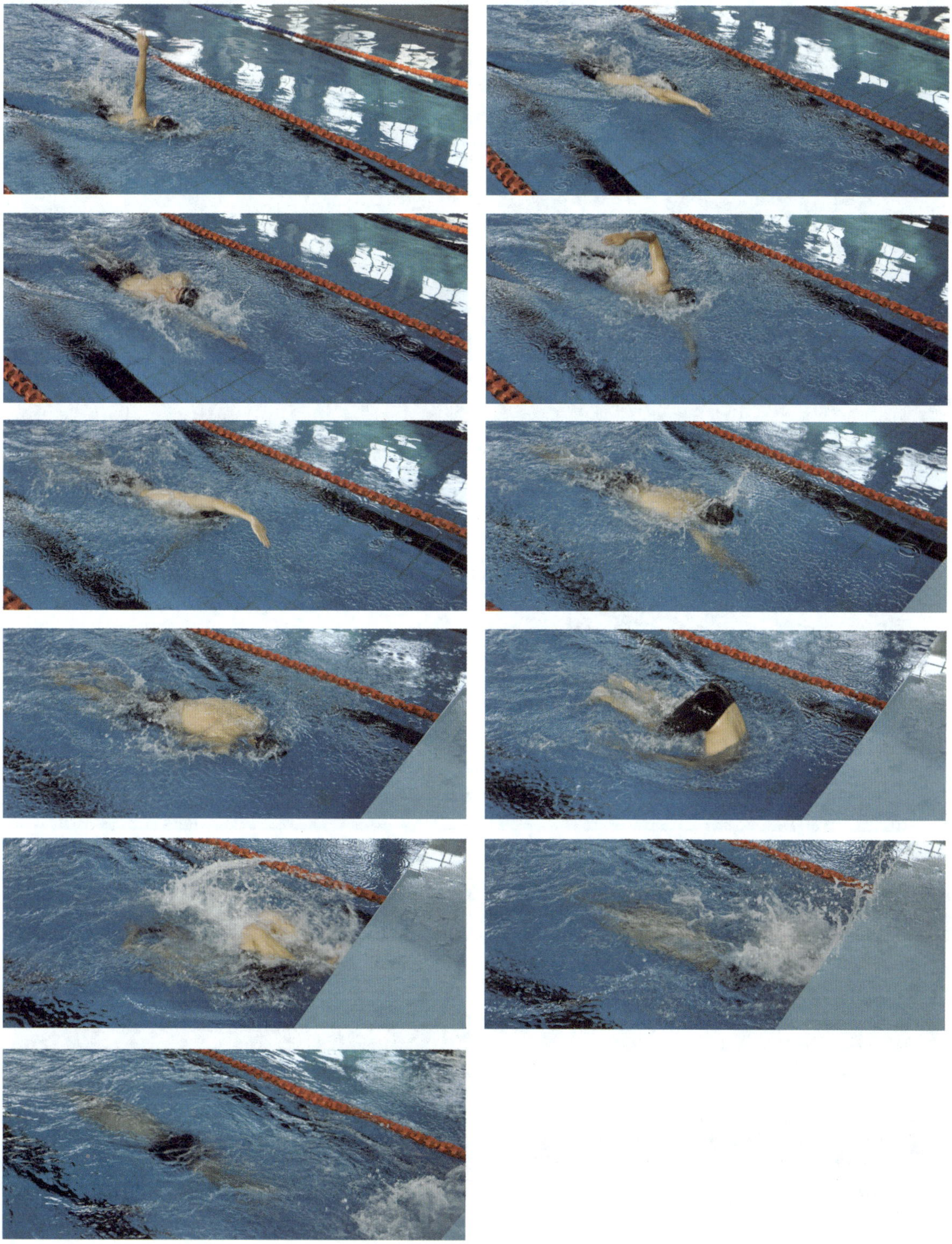

水上仰泳转身

水上仰转蛙转身

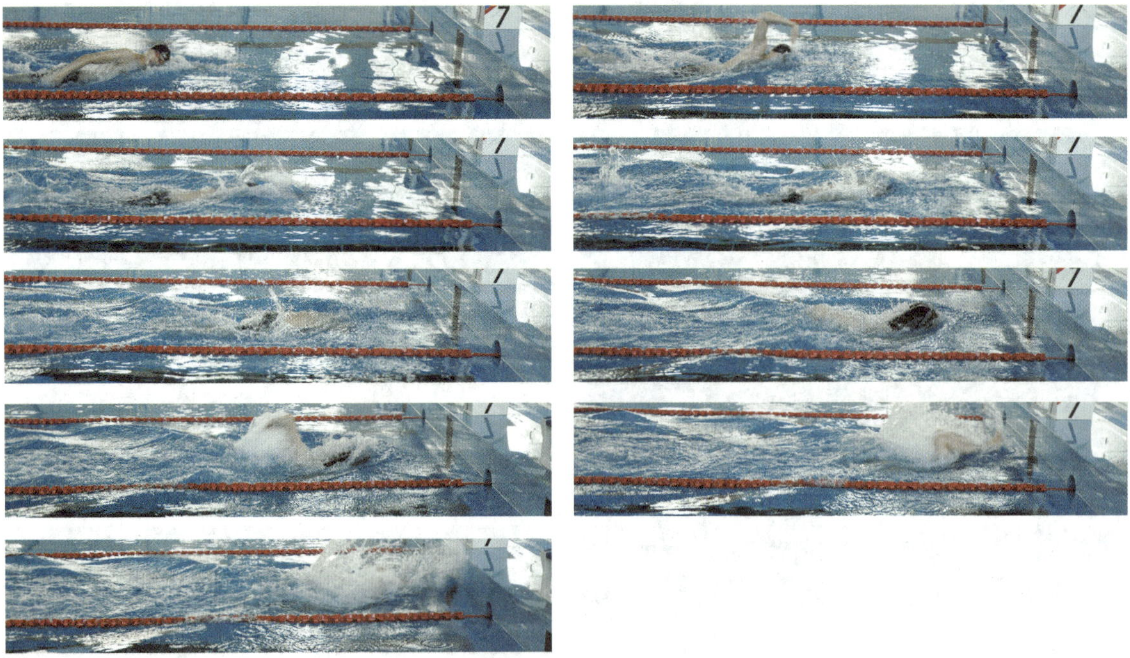

水上自由游转身侧面

水上自由游转身正面

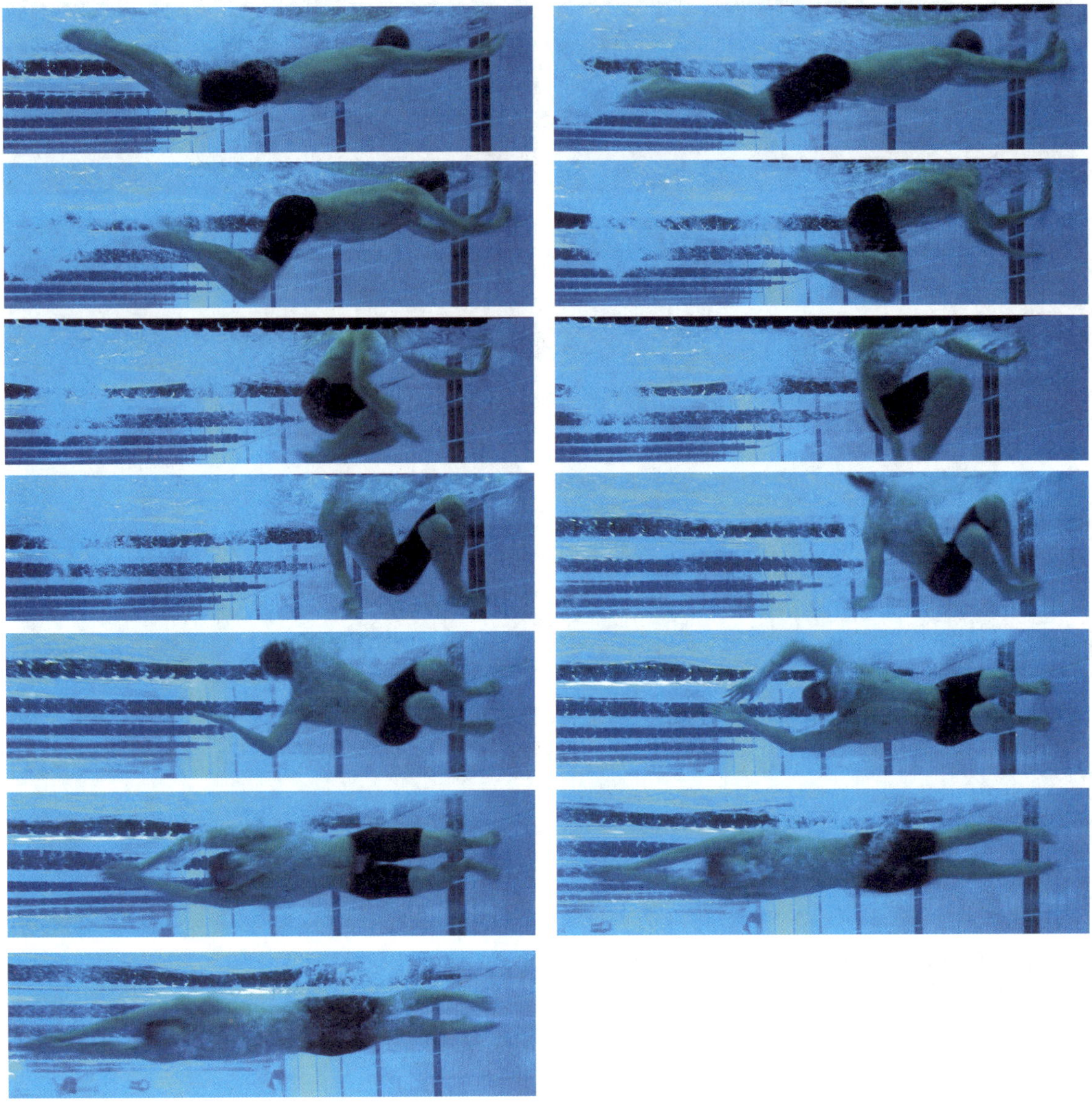

水下蝶泳（蛙泳）（蛙转自）转身

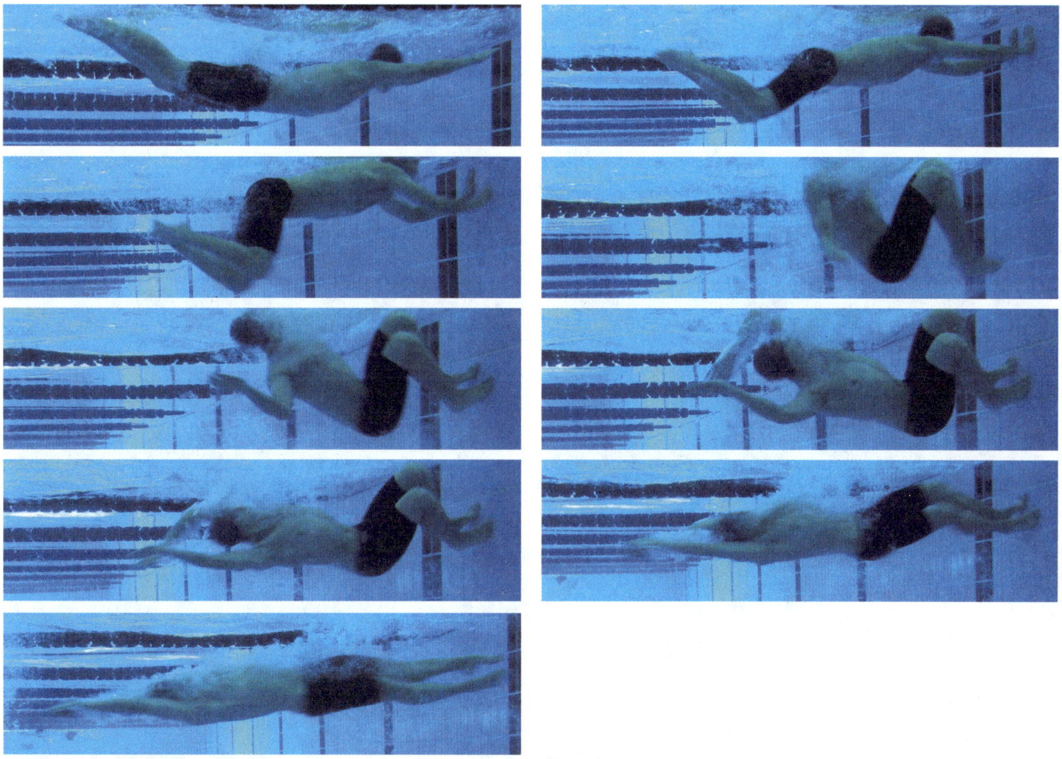

水下蝶转仰转身

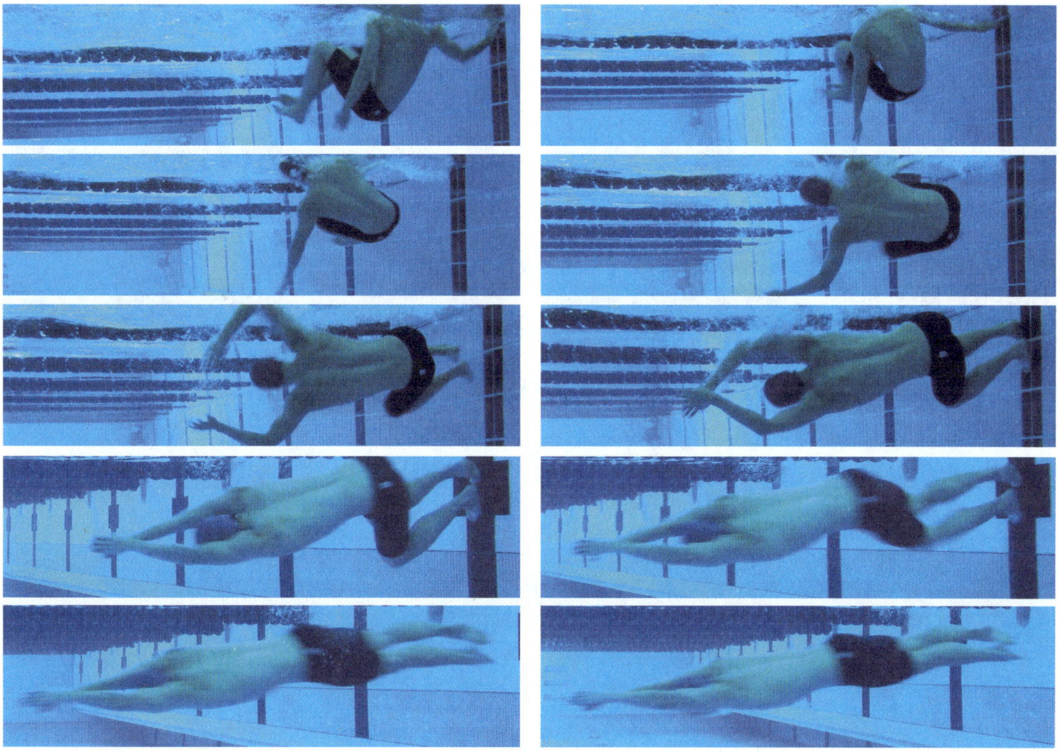

水下仰转蛙转身

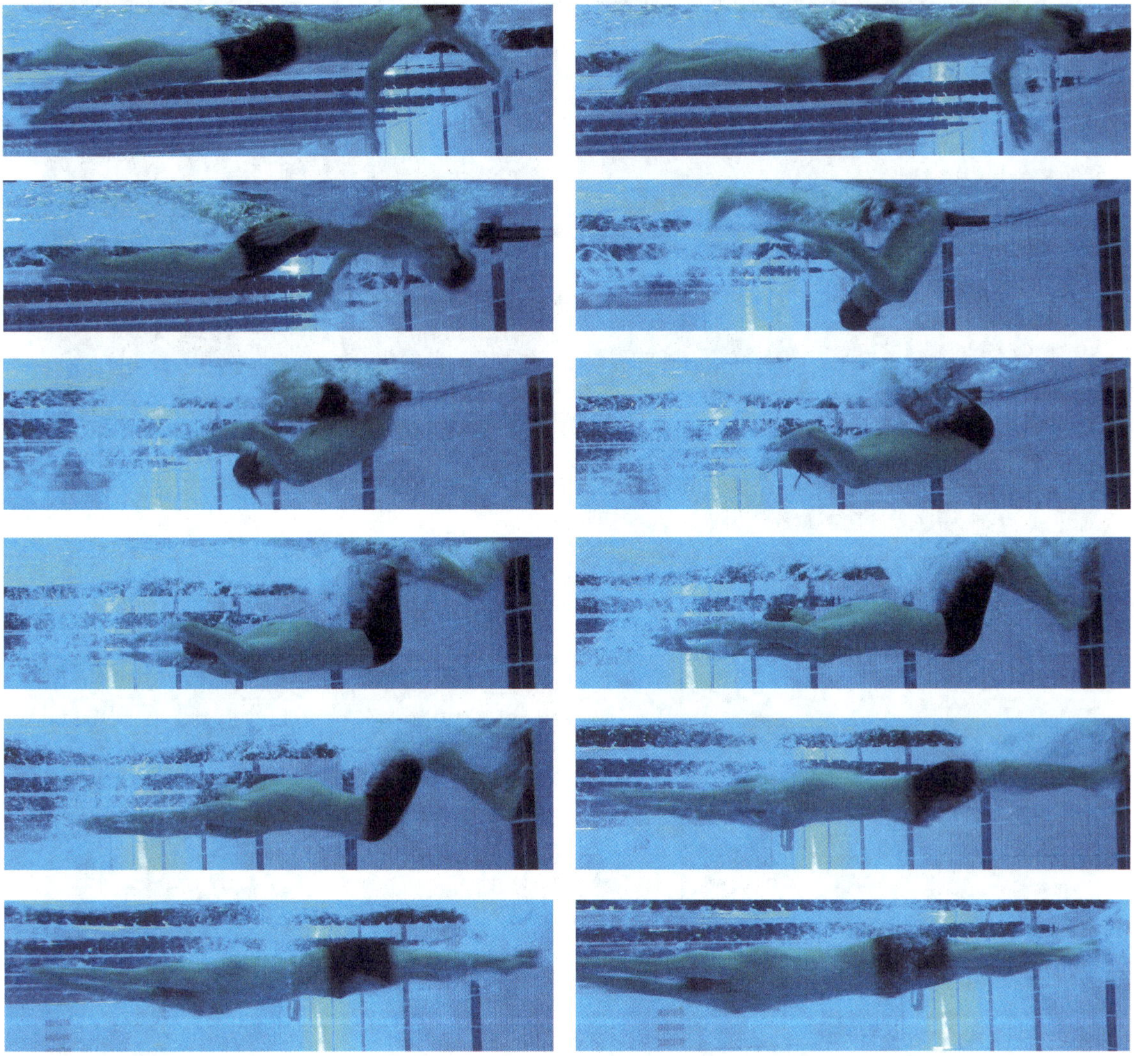

水下仰泳（自由泳）转身

第一节　蛙泳和蝶泳转身

蛙泳和蝶泳的转身动作，从触壁到滑行几乎没有什么区别，运动员通常采用摆动式转身动作。根据竞赛规则的要求，蛙泳和蝶泳转身必须用两手同时在同一水平高度触壁，在每次转身后蛙泳可以在水下做一次长划臂动作，蝶泳可以做不超过 15 米的水下海豚式打腿动作。运动员可以利用这个长划臂动作或水下海豚式打腿获得比较大的推进力。

一、游近池壁

游近池壁时应注意观察距离，根据距离和自己的划频特点对动作进行调整，尽量在手臂移臂时触壁，以免再多做半个动作。游近池壁时不要减速，快速积极地完成最后一次划水动作，两手同时有力地触壁，使身体获得较大的转动动量。（图 8–1）

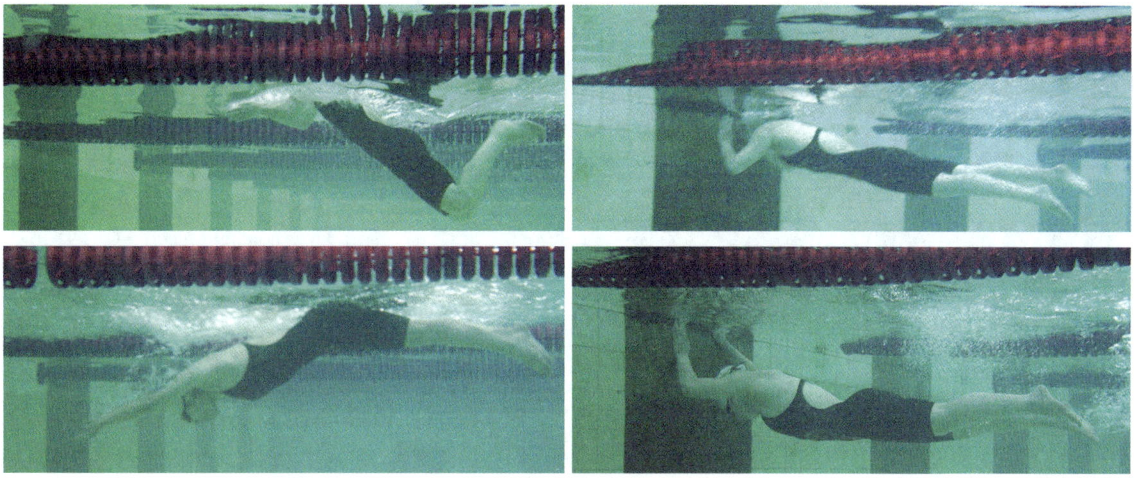

图 8–1　蛙泳和蝶泳转身游近池壁和触壁

二、转　身

如果转身时脸朝左侧，那么左手迅速在水下向后伸。在向前的惯性作用下，右手手臂略微弯曲，身体贴近池壁，头露出水面。用右手用力将上体推离池壁，两腿收紧向池壁摆动，右手手臂从空中与头和上体一起向与池壁相反的方向摆动。当上体摆动入水时，两手会合，同时两脚接触到池壁，躯干没入水中。两脚触壁时，身体侧卧，两脚一高一低。（图 8–2）

图 8-2　蛙泳和蝶泳转身动作

三、蹬离、滑行和出水

两脚触壁后立即用力蹬离池壁，身体伸展，手足并拢，呈流线型侧卧蹬出。蛙泳转身蹬离后边滑行边转为俯卧，当滑行速度下降到接近游泳速度时，开始做水下长划臂动作（详见第七章，第一节）。（图 8-3）

图 8-3　蛙泳转身后接长划臂

蝶泳转身蹬离后，也侧卧姿势先滑行，之后边在水下打海豚式腿，边转动身体，直到身体接近水面，并呈俯卧姿势，开始正常蝶泳动作。

影响蛙泳和蝶泳转身成绩的关键因素	易犯错误
转身前的游进速度	屈肘过多，头离池壁太近
收腿并拢的团身速度	将身体拉出水面过高
下肢爆发力	双手触壁前屈膝
水下海豚腿（蝶泳）	蹬离池壁过深或过浅
长划臂技术（蛙泳）	
水下流线型	

第二节　自由泳转身

游泳竞赛规则规定，自由泳转身和到边时可以用身体的任何部位接触池壁，因此在比赛中运动员一般都采用前滚翻转身，只用脚触壁、蹬壁，从而节省时间，加快速度。

滚翻转身可以分为游近池壁、滚翻转身、蹬离、滑行、起游等几个阶段。

一、游近池壁

运动员在游过距离池壁 5 米的池底标志线后，就要调整动作频率和幅度，准备转身了。游近池壁时注意不要减速，根据个人身材和速度的不同，在适当时机完成最后一次划水动作。据研究发现，多数运动员在距离池壁 1.7~2 米时开始做最后一次划水动作。（图 8–4）

图 8–4　转身前游近池壁

二、滚翻转身

在距离池壁做完最后一次划水动作后，两手停留在体侧，两腿做一次海豚式打水，同时低头团身，向前翻滚。边滚翻，两手边向头前伸展。滚翻后程头向一侧转动，身体略侧转，脚触壁时脚趾朝侧上方。（图 8–5）

图 8–5　滚翻转身

三、蹬离、滑行和起游

双脚触壁后立即蹬壁，此时身体接近仰卧，但略向一侧转动。滑行和起游动作与出发后接近，只是由于蹬离时身体处于侧卧位，因此需要边滑行、边转体。许多运动员为减小阻力，在蹬离后采用侧卧位置滑行，并做海豚式打水接自由泳打腿，直到身体接近水面时开始划水。（图 8–6）

图 8–6　蹬离池壁和滑行

○ 影响自由泳转身成绩的关键因素	易犯错误
转身前的游进速度	脚分开过宽
低头屈髋速度	脚越过水面时弓背或塌腰
屈膝团身速度	转身前离池壁太远或太近
下肢爆发力	转身前后吸气
核心力量	
水下海豚腿	
水下流线型	

第三节　仰泳转身

游泳竞赛规则规定，仰泳转身时可以用身体的任何部位触壁。为加快转身速度，节省时间，目前运动员在比赛中几乎都采用前滚翻转身技术。仰泳的前滚翻转身与爬泳滚翻转身有许多相似之处，但仰泳转身是目前在游泳比赛中容易出现犯规动作的环节之一，常见的犯规动作是距离判断失误，身体转成俯卧姿势后不能在一次划水结束前进入滚翻动作，从而犯规。因此需要运动员熟练掌握身体从仰卧姿势转变为俯卧姿势的时间。

仰泳滚翻转身可以分为游近池壁、滚翻转身、蹬离、滑行、起游等几个阶段。

一、游近池壁

要做好仰泳转身动作，首先应能够在尽可能不“左顾右盼”的条件下判断自己离池壁的距离。应根据仰泳转身标志线判断距离，然后通过数动作次数确定开始转身的时间。

根据规则规定，可以在距离池壁还有两次划水时开始转身动作，因此可以较早转为俯卧姿势，从而清楚地看到池壁，不必担心手臂或头部碰撞池壁。运动员要养成一过仰泳转身标志线，就开始数动作次数的习惯，并清楚地知道自己此时需划几次水就可以转成俯卧姿势。

在距离池壁还有两次划水时应该开始转身。第一次划水时身体处于仰卧姿势。在此次划水进行到一半时，身体应向划水臂一侧转动，同时，另一臂在空中做类似爬泳的高肘移臂。当第一次划水的手臂划到胸下时，身体应完全转为俯卧姿势，此时另一臂正好入水。手臂向内划水和向上划水的动作可以协助身体从仰卧转变为俯卧。（图 8–7）

图 8–7　游近池壁

二、滚翻转身

当转变为俯卧姿势后，转身动作与自由泳滚翻转身十分相似，只是蹬离时和蹬离后身体呈仰卧姿势。转身时，正在划水的手臂做一次有力的上划，然后将手臂停留在体侧。此时应目视池壁，以便对滚翻动作进行必要的调整。另一只手臂划水后同样停在体侧。头向胸部下压，同时做一次海豚式打腿，协助臀部上提。

两只手臂都到达体侧后，将双手向下旋转，使头部上升，脚向前翻转。在脚触壁之前，两手应在头前并拢，头应夹在两臂之间，手臂和上体成一条直线，这样当脚触壁时，就可以立即蹬离。脚应该在水下触壁，使身体在水下较深的位置蹬离，以便充分发挥水下海豚式打腿的作用。（图 8–8）

图 8–8　滚翻转身

三、蹬离、滑行和起游

当身体仰卧蹬离池壁时，手臂和腿同时伸展，蹬离时身体应略向下倾斜，这样可以避免水面的波浪和湍流，而且有利于在较深的位置做海豚式打腿。滑行过程中身体从头到脚要保持流线型。

经过短暂的滑行后，开始做水下海豚式打腿，或者做2~4次交替打水，并开始划水，使身体升到水面。如果打腿技术好，应尽量利用水下海豚式打腿前进较长的距离。

在进行划水并使身体升到水面之前，先做几次仰泳打腿，然后在水下做一次划水动作，随着这次动作的完成，头露出水面。身体一旦升到水面，立即达到正常比赛的频率，不应有丝毫的耽搁。（图 8–9）

图 8–9　蹬离、滑行和起游

O 影响自由泳转身成绩的关键因素

转身前的游进速度
低头屈髋速度
屈膝团身速度
下肢爆发力
核心力量
水下海豚腿
水下流线型

易犯错误

脚分开过宽
脚越过水面时弓背或塌腰
转身前离池壁太远或太近
转身前后吸气

第四节　混合泳转身

个人混合泳的游进顺序是蝶泳、仰泳、蛙泳和爬泳，因此在个人混合泳项目中需要掌握从蝶泳转为仰泳、从仰泳转为蛙泳和从蛙泳转为爬泳的转身技术。

一、蝶泳转仰泳

蝶泳转仰泳时到边和触壁的要求与蝶泳转身基本相同，要求两手同时触壁，触壁时两肩在同一水平面上，触壁后屈肘，头和肩露出水面，团身屈髋屈膝，身体绕冠状轴转动，使头和上体后仰，腿贴近池壁，一臂从头上经空中向后摆，另一臂经水中屈臂摆到头前，两脚蹬离池壁，身体成仰卧位流线型滑行后起游。（图 8–10）

图 8–10　蝶泳转仰泳

二、仰泳转蛙泳

混合泳中仰泳转蛙泳与仰泳转身的要求不同，规则规定转身时必须用手触壁，触壁前身体不能改变仰卧姿势。仰泳转蛙泳有几种不同的技术，一种是摆动式转身。这种技术相对简单一些，但速度有也比较慢。以右手触壁为例，当右手触壁时，屈肘，团身屈膝，身体向右转动，同时右手经空中向头的方向摆动，以加速身体的转动，随即低头，身体没入水中，两脚触壁，身体成侧卧位从水下蹬出，边滑行边转动为俯卧位，然后接长划臂起游。(图 8-11)

图 8-11　仰泳转蛙泳（摆动式）

更多的高水平运动员采用滚翻式转身完成仰泳向蛙泳的转换。在游近池壁时，身体后仰下潜，手在水面下较深的位置触壁。之后用触壁的手向上、向后推池壁，协助身体后滚翻转动。当脚翻转到头上时，触壁的手离开池壁，并从身体下方向头前摆动，另一臂经空中向前摆动，两臂在头前会合。两手会合后，两脚应已经翻转到池壁处，并接触池壁。

两脚触壁时，身体处于半侧卧位，脚趾朝侧上方。随着蹬离和滑行，身体逐渐转动至俯卧位置，并接长划臂和正常蛙泳动作。（图 8-12）

图 8-12　仰泳转蛙泳（滚翻式）

三、蛙泳转自由泳

蛙泳转自由泳与蛙泳转身的要求和技术基本相同，只是在转身后蹬出和滑行的深度要浅一些，以便接自由泳打腿和配合。

O 思考题

1. 在蛙泳和蝶泳转身技术训练中，注意哪些技术环节可提高转身速度？
2. 自由泳滚翻转身训练中，可采取哪些水上和陆上训练手段来加快滚翻速度？
3. 仰泳滚翻转身训练中，哪些动作容易出现犯规动作？
4. 在混合泳转身训练中，仰泳转蛙泳采用何种转身方式，分别需注意哪些技术环节？
5. 多种转身技术训练过程中，技术共性是什么？

O 推荐读物

1. Ernest W.Maglischo，Swimming Fastest [M]. Human Kinetics，2003.

2. 科斯蒂尔，等.运动医学与科学手册——游泳 [M]. 温宇红译.北京：人民体育出版社，2002.

3. 温宇红，等.跟专家练游泳 [M]. 北京：北京体育大学出版社，2008.

4. 温宇红，李文静.爬泳技术图解 [M]. 北京：北京体育大学出版社，2004.

O 推荐网站

1. 游泳技术视频：http：//www.goswim.tv/
2. 澳大利亚游泳教练教师联合会：http：//www.ascta.com
3. 国际游泳联合会官网：http：//www.fina.org/

参考文献

[1] James E.Counsilman.Competitive Swimming Manual for Coaches and Swimmers [M]. Counsilman CO., inc., Bloomington, Indiana, 1977.

[2] Bill Sweetenham.Championship Swim Training [M]. Human Kinetics, 2003.

[3] Rainer Martens.Successful Coaching [M]. Human Kinetics, 2003.

[4] Dave Salo, The Swim Coaching Bible [M]. Human Kinetics Publishers, 2001: 179–180.

[5] Jane Katz.Swimming For Total Fitness [M]. Random House, 1993.

[6] 温宇红，李文静.蛙泳技术图解 [M]. 北京：北京体育大学出版社，2004.

[7] 全国体育院校教材委员会审定.游泳运动 [M]. 北京：人民体育出版社，2001.

第九章　水上救生

O 概述

当人们在游泳场尽情嬉戏时，是默默无闻的救生员用辛勤的工作保障着大家的安全。救生员是一种职业，需要专门的技能，如果没有掌握专门的救生技术而贸然到水中救人，是非常危险的。

本章内容包括游泳救生的基本技术、游泳救生赴救技术以及心肺复苏技术等内容。通过本章的学习和实践练习，学生应能熟练掌握游泳救生的基本技术，了解并掌握在不同情况下，实施正确恰当的现场赴救技术和现场心肺复苏技术。

O 关键术语

踩水、反蛙泳、侧泳、潜泳、抬头爬泳、间接赴救、直接赴救、接近、拖带、心肺复苏

第一节　游泳救生的基本技术

一、踩　水

踩水也称“立泳”，常用于持物渡江河、武装泅渡、救护溺水者等。踩水采用立式蛙泳的动作技术，身体与水面构成的角度很大，接近于直立。在救生员直接赴救时，踩水贯穿整个赴救技术中，包括观察溺水者、控制溺水者、将溺水者搬运上岸等环节。

在踩水时，身体几乎垂直于水面，上体略前倾，头部始终露出水面，下颌接近水面。踩水的腿部动作有两种形式，一种是双腿同时向下蹬夹水（图 9-1），另一种是双腿交替蹬夹水。踩水的腿部动作几乎和蛙泳腿一样，只是收蹬腿的幅度要小。收腿时，膝关节可外翻，蹬腿时膝关节向内扣压，同时小腿和脚内侧蹬夹，两腿尚未蹬直并拢即开始做第二次收腿动作。动作熟练之后，也可进行两腿交替蹬夹水的动作。（图 9-2）

图 9-1　双腿同时向下蹬夹水

图 9-2　双腿交替蹬夹水

踩水时，两手臂稍弯曲，在体侧前做向外、向内摸压水的动作，动作幅度不能太大。两手掌划压水的路线呈双弧形。

踩水臂腿的动作配合要连贯、协调，一般是两腿做蹬夹水时，两臂向外做摸压水的动作。

二、反蛙泳

反蛙泳即蛙式仰泳，游进时身体仰卧水中，两腿同时向后蹬夹水，两臂在体侧同时向后划水，常用于水中运物和救生拖带溺水者等。

图 9-3　反蛙泳技术

在反蛙泳游进时，身体自然伸直仰卧水中，微收下颌，口鼻露出水面，两臂平伸置于体侧。

反蛙泳腿的动作类似蛙泳腿，但是由于身体仰卧水中，所以收腿和蹬腿时膝关节不能露出水面。收腿时，膝关节向两侧边收边分，大腿微收，小腿向侧下方收得较多，收腿结束时，两膝约宽于肩，脚和小腿内侧向后对准蹬水方向，然后大腿发力向侧后方蹬夹水。（图 9-3）

两臂自然伸直，由体侧经空中前移在肩前入水，然后屈臂低肘掌心向后，使手和前臂对准划水方向，同时在体侧用力向后划水。划水结束后，两臂停留体侧，使身体向前滑行。然后两臂自然放松同时经空中向前移臂。

反蛙泳的完整配合技术有两种，一种是臂划水与腿蹬夹水、移臂与收腿同时进行；另一种是臂划水和蹬夹水交替进行，但手、腿各做一次动作之后身体自然伸直滑行。两臂前移的同时，吸气，边收边分慢收腿，两臂入水时稍闭气，两腿同时蹬夹水，然后用口鼻均匀地呼气，两腿自然并拢，臂划水，划水结束身体伸直滑行。

三、侧　泳

图 9-4　侧泳技术

侧泳具有较大的实用价值，在持物游渡江河或救护溺者时经常使用。

侧泳的方法有很多，大致分为手出水和手不出水两种技术。在救生员直接赴救时，侧泳主要作为拖带溺水者的技术，例如夹胸拖带技术等。

游进时，身体侧卧水中，稍向胸侧倾斜，头的侧下部浸入水中（近似于爬泳的吸气动作），下面的臂前伸，上面的臂置于体侧，两腿并拢伸直，游进时有滑行动作。

（一）腿部动作

1. 收　腿

上腿向前收，下腿向后收，注意尽量少收大腿，特别是下面的腿，大腿几乎不动。

2. 翻　脚

收腿后，上腿勾脚尖以脚掌向后对准水；下腿将脚尖绷直，以脚背和小腿前面向后对准水。

3. 蹬剪腿

上腿用大腿带动小腿稍向前伸，以脚掌对准前面后加速蹬夹水；下腿以脚背和小腿对准侧后方伸膝踢水，与上腿形成剪水的动作。

（二）臂部动作

1. 上臂动作

上臂经空中（或在水中接近水面）往前移至头的前方入水，入水后前伸下划高肘抱水，使手和前臂对准水，然后沿着身体屈臂加速用力向后划水到大腿外侧，动作基本与爬泳臂划水相似。

2. 下臂动作

下臂在身体下部前伸抱水，屈臂划水至腹部下方，掌心向上，以小臂带动大臂，沿身体向前做边伸边外旋的动作，伸直时掌心向下。

3. 两臂配合动作

下臂开始划水，上臂前移；上臂开始划水时，下臂开始做前伸动作，并稍做短暂的滑行，两臂在胸前夹叉。

（三）配合动作

侧泳游进时，为了保证呼吸舒畅，一般是在一次腿过程中两臂各划水 1 次，呼吸 1 次。手臂与腿的配合节奏是，上臂入水下臂前伸时，收腿；当划至腹下时，腿用力向后蹬夹水。呼吸节奏是，上臂推水和出水时吸气，并且头部也稍转动，移臂时还原。

四、潜　泳

潜泳是身体在水下，不做呼吸游进的泳姿。潜泳的姿势很多，但多采用蛙式潜泳。潜泳在生产、军事以及救护溺者等方面都有较大的实用价值。在救生员直接赴救时，潜泳主要作为接近或打捞溺水者的技术。

潜泳又可以分为潜深和潜远。

图 9-5　腿朝下潜深技术

图 9-6　头朝下腿朝上潜深技术

（一）潜 深

潜深的目的是向水下潜到一定的深度，主要用于打捞或救生。潜深可腿朝下，头朝上进行（图 9–5），也可头朝下腿朝上进行。（图 9–6）

无论采用哪种技术都需要注意的是，没有经过专业训练的人向下潜水不宜过深，否则由于水的压力可能导致头痛、耳痛等不适的感觉。当出现耳痛时，可做吞咽动作缓解疼痛。

（二）潜 远

潜远可以分为蛙式潜泳、蛙式长划臂潜泳和爬式潜泳。

1. 蛙式潜泳

蛙式潜泳是在水下用蛙泳的方式游进的技术。它的动作基本上与水面上蛙泳相同。在游进中为了避免身体上浮，头的位置应稍低于蛙泳，头与躯干成一直线。臂划水的幅度要比蛙泳小，收腿时屈髋较小。配合动作与蛙泳相同，但滑行时间要稍长。（图 9–7）

2. 蛙式长划臂潜泳

蛙式长划臂潜泳要求躯干和头始终保持水平姿势，但是两臂开始划水时要稍低头，以防止身体上浮。

潜泳的腿部动作和蛙泳腿的动作只有很小的差别，即收腿时屈髋较小，腿向两侧分开的角度小，蹬夹水时注意角度不要过大。蹬水方向为正后方，以免身体上浮。

蛙式长划臂潜泳的手臂技术区别于蛙泳划手，主要体现在两手掌之间的距离稍大一点，并且手掌转动的方向变化不大，双臂在向后内屈臂推水时几乎完全垂直于水面。推水完毕后，两臂同时在大腿两侧结束推水动作，且两臂伸直，手掌朝上。划水结束后应有滑行动作（图 9–8）。向前移臂时，两手从大腿两侧外旋，贴近身体沿腹部、胸部前伸，至头下时，手掌开始内旋，掌心转向下方，在头前方伸直，准备下一个划水动作。

图 9–7 蛙式潜泳

图 9–8 蛙泳长划臂潜泳技术

3. 爬式潜泳

爬式潜泳要求两臂充分伸展，两腿做自由泳打腿动作向前游进。（图 9–9）

五、抬头爬泳

抬头爬泳是指在爬泳姿势的基础上，把头抬出水面的一种泳姿。抬头爬泳的实用价值很大，因为它具有速度快、准确性强等特点，因此在游泳救生中被广泛使用，可以迅速地接近溺水者。在救生员直接赴救时，抬头爬泳作为迅速接近溺水者和寻找溺水者的技术使用。

抬头爬泳的身体姿势、腿部技术、手臂技术都类似于爬泳。主要的区别在于头部要始终保持在水面上，且不能左右转动，眼睛注视前方。其次，由于头部始终保持在水面上，爬泳的手臂技术与爬泳相比，具有入水点较近，划水距离较短的特点。（图 9–10）

图 9–9 爬式潜泳

图 9–10 抬头爬泳

O 思考与探索

游泳救生的基本技术有哪几种？它们有什么区别吗？在持物游渡江河或救护溺者的情况下你会选择哪一种技术呢？

第二节 间接赴救

间接赴救是指救生员在游泳池内利用现场救生器材，如救生圈、救生浮漂、救生杆和其他可用救生器材，以及手援对发生溺水事故正在呼救挣扎的溺水者施救的技术。是救生员在池岸上发现并经过准确判断，在保证自身安全的前提下，优先选择的一种赴救技术。

O 因不具备救生技术而直接赴救造成的溺亡事件

中国新闻网 2013 年 5 月 16 日电　教育部在其官方网站就近期多起中小学生溺水事故进行紧急通报，短短两天时间内四省五地连续发生 5 起未成年人溺水事故，造成 19 名中小学生溺亡，令人十分痛心。需要注意的是：这 5 起义务教育阶段学生溺水死亡事故，都发生在学生自行结伴下水游泳时，有的是手拉手施救落水同伴致多人溺亡。

通报要求，各地教育部门和学校务必迅速行动起来，切实加强预防中小学生溺水工作。特别要求不熟悉水性的学生不擅自下水施救。特别要教育学生遇到同伴溺水时避免手拉手盲目施救，要智慧救援，并立即寻求成人帮助。

一、救生杆

救生杆是游泳池必备的最常使用的救生器材之一，救生员在使用救生杆对溺水者进行施救时，一定要注意不能用救生杆捅、打，以免伤及溺水者的要害部位。（图 9–11）

二、救生圈

救生圈也是游泳池内必备的最常用的救生器材之一，它适用于溺水者距离泳池边有一定距离的施救。常用的救生圈有塑料制成和硬质海棉泡沫制成两种，救生圈有系绳子的和不系绳子的两种。（图 9-12）

救生员在使用救生圈时应注意：

1. 抛掷救生圈时应及时准确到位。
2. 对带有系绳的救生圈要经常进行整理，保证不打死结，急救时能够安全快捷使用。
3. 救生圈要始终放在救生员工作岗位取拿方便的位置。

图 9-11　救生杆

图 9-12　救生圈

三、救生浮漂

救生浮漂是国际上普遍采用的救生器材之一，在施救过程中可以给救生员和溺水者带来安全感。它通常采用泡沫材料制成，以红色为底色，末端附有手环或扣节。（图 9-13）

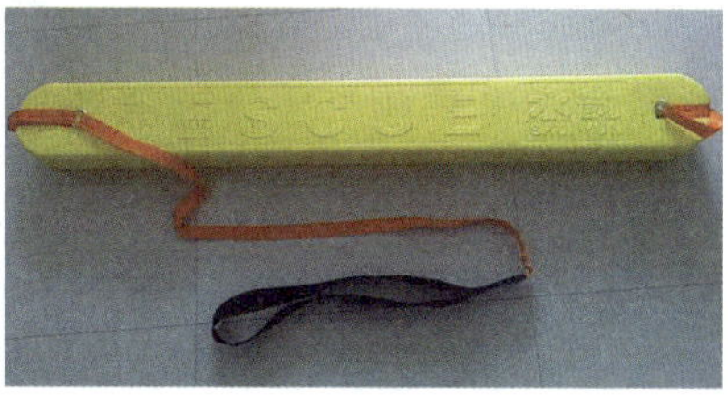

图 9-13　救生浮标

救生浮漂可方便拖带溺水者，广泛适用于各种溺水情况，可替代救生圈使用。根据溺水者离岸边距离的不同，可采用岸上手持救生浮漂救援、岸上手持绳带抛救生浮漂给溺水者救援和背救生浮漂下水救援的办法。救生浮漂是抢救深水脊柱损伤溺水者的必备器材，在施救时使用救生浮漂可起到增加浮力、保持稳定的作用。

四、手　援

手援是指救生员对发生在距离游泳池边较近的溺水者，徒手进行施救的一种最简易的方

法，但要特别注意施救者自身的安全。一般来说，手援技术在溺水者刚刚落水、意识清醒、有判断力的情况下使用。（图 9–14）

五、其　他

在实际工作中，根据救援环境的不同可采用不同的救生工具。也就是说可以利用一切可以利用的器材进行救助，如：泳池环境时可用的杆、板、绳、球、桶、衣物等；（图 9–15）野外环境时可用树枝、木板等等。

图 9–14　手　援

图 9–15　衣服救生

O 思考与探索

如果在野外环境遇到溺水者，你不会救生技术，四周没有其他人，且无可以利用的救生工具，由于溺水者离岸边较远，衣物也够不着他，这时你会怎么做？

第三节　直接赴救

直接赴救是指救生员对距离游泳池边较远处发生溺水事故的溺水者，在不能采用救生器材的情况下，救生员入水与溺水者直接接触进行救助。

直接赴救是由入水、接近、解脱、拖带（徒手和器材）、上岸（徒手和器材）、运送等六个技术环节组成。由于直接赴救是与溺水者直接接触，因此具有一定的危险性，所以要求救生员在遇到紧急情况时，既一定要胆大心细，具有拯溺救难、无私无畏的精神，又要在掌握直接赴救技术，保护自己安全的前提下，履行救生员的职责。

一、入　水

是指救生员发现溺水事故时，迅速跳入水中施救的一项专门技术。入水技术包括跨步式入水、蛙腿式入水、鱼跃浅跳式入水和直立式入水。

（一）跨步式入水

救生员眼睛盯住目标，两腿做跨步式地前后分开，身体稍向前倾，使重心落在身体前方；踝关节自然伸直，两臂在体侧平伸（侧平举），掌心向下。臂与腿分开，在身体入水的瞬间，双臂与双腿做抱压和剪夹水动作，保持口鼻露出水面，便于观察溺水者情况。(图 9–16)

（二）蛙腿式入水

救生员盯住目标，两腿及两臂在体侧分开，呈大字形，跃起时，两腿做蛙泳收腿动作，下水时身体稍向前倾，大小腿、双臂及双手要扩大与水面接触。入水瞬间用力向下压水，双臂与双腿做抱压和蹬夹水动作，使身体迅速上浮，以便于时刻观察溺水者情况。（图 9–17）

图 9–16　跨步式入水

图 9–17　蛙腿式入水

（三）鱼跃浅跳式入水

当救生员距离溺水者较远时，可采用此方法。入水时起跳点应根据实际情况选择，可在救生台上、池（岸）边或跑动中起跳。入水要浅，头部尽快出水面捕捉赴救目标。(图 9–18)

图 9–18　鱼跃浅跳式入水

图 9–19　直立式入水

（四）直立式入水

当救生台较高时，救生员明确池水有足够的深度时，可采用脚先入水的跳水方式。

入水时，全身与水面保持垂直，脚趾向下，一手捏鼻，一手护下腹。如身穿救生衣，则两手肘部紧压救生衣。入水后，双手及时向下压水，两脚做蹬夹动作，力求尽快上浮捕捉施救目标。（图 9–19）

二、接　近

接近是指救生员接近溺水者时最常用的一种技术。可分为背面接近、侧面接近、正面接近三种。

（一）背面接近

是指救生员从溺水者背面接近并施救。救生员游至距溺水者 1~2 米处急停，然后，右手托腋，另一手从溺水者的左肩处夹胸托右腋或双手拖腋，有效控制溺水者。（图 9–20）

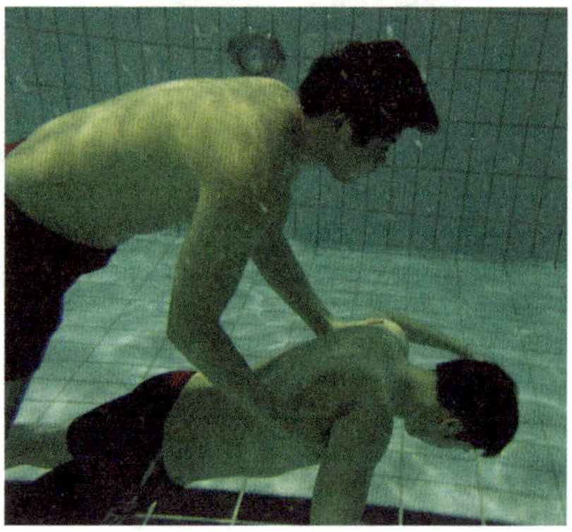

图 9–20　背面接近

（二）侧面接近

是当溺水者尚未下沉，特别是两手在水面上挥舞挣扎时较适合采用的接近技术。救生员游至距溺水者 3 米处，有意识地游向溺水者侧面，看准时机并果断、迅速地用同侧手抓握住溺水者近侧手腕部，将溺水者拉向救生员的胸前。然后异侧手从溺水者的肩上处夹胸、手托腋下，控制溺水者或双手拖腋下。（图 9–21）

（三）正面接近

是从正面接近溺水者的一种接近技术，是在救生员无法采用背面和侧面接近时所用的一种接近方法。

图 9–21　侧面接近

图 9–22　正面接近

救生员入水后，游至离溺水者3米左右急停，下潜至溺水者髋部以下，用双手扶溺水者髋部，将溺水者转体180°，然后，右手托腋，另一手从溺水者的左肩处夹胸托右腋，或双手拖腋。（图9–22）

三、解　脱

解脱是指救生员在水中施救溺水者时，被头脑不清醒正在挣扎的溺水者抓住或抱住后，采取合理的技术动作及时解除溺水者的抓抱，有效控制溺水者的一项专门技术。在施救过程中，溺水者在一瞬间可能会从前方抓、抱救生员的颈、腰、臂或腿部，也可能从后面抓、抱住这些部位，根据被抓抱的部位不同，解脱的方法和手段也各有差异。

然而无论被溺水者抓抱住哪一部位，作为救生员在解脱时都应注意以下几点：

1. 在实施解脱的过程中，都应保持冷静和清醒，切忌紧张与慌乱，在分清溺水者抓抱部位后，采用准确有效的方法进行解脱。

2. 在实施解脱的过程中，救生员应尽可能迅速、果断、有效，且用力适当，既能有效摆脱溺水者，又不会用力过渡伤害溺水者。

3. 在准确解脱后，一定要有效控制溺水者，以便实施拖带技术。

四、拖　带

拖带是指救生员在水中采用侧泳、反蛙泳等不同的游泳技术，将溺水者拖带到池边的一种技术。拖带技术主要包括双手托腋拖带技术、夹胸拖带技术、托颌拖带技术、托枕拖带技术、双人拖带技术等方法。

（一）双手托腋拖带

双手托腋是指用双手托腋拖带溺水者的一种方法，它比较省力，易于控制溺水者。

救生员双手托在溺水者的两侧腋下，以拇指分别紧握溺水者上臂两侧，四指分开托住腋下，用反蛙泳蹬腿动作进行拖带，这种方法适用于昏迷或有些骚动的溺水者。（图9–23）

（二）夹胸拖带

是指用一侧手臂从溺水者肩上夹住其胸部，采用侧向游进的拖带技术，较适宜于身材高大、臂长、体力较好的救生员。（图9–24）

图9–23　双手托腋拖带

图9–24　夹胸拖带

以右臂为例，救生员右臂由溺水者的右肩上穿过，上臂和肘紧贴溺水者胸部，右腋紧贴溺水者右肩，右手抄于溺水者的左肋部，并将此作为拖带的用力点。在运送过程中，救生员的右髋顶住溺水者的腰背部，保持水平位置，便于拖带。救生员根据自己的技术特长，可采用蛙泳腿或侧泳腿技术。

（三）托颌拖带

救生员双手托住溺水者的下颌骨两侧，使溺水者的口鼻始终保持在水面上，用反蛙泳技术游进。

（四）托枕拖带

救生员用左（右）手托住溺水者的后脑（枕部），用力握住枕部两侧，采用侧泳或反蛙泳游进。托枕拖带不适用于疑似颈部受伤者。

（五）双人拖带

两名救生员拖带一名溺水者时，分别用靠近溺水者一侧的手臂拖住溺水者的腋下，用侧泳技术游进。

五、上　岸

上岸是指救生员将溺水者从水中送上池岸的一种救助方法。由于游泳场所池边的建筑结构和溺水者的受伤情况不同，上岸的方法也各有区别，常用的方法有单人池边深水无阶梯上岸法、双人上岸法、扶梯上岸法等。一般来说，扶梯上岸法适用于有意识的被救人员，救生员协助其自主上岸。

在这里我们介绍深水无阶梯上岸技术。

在游泳池的深水区，将溺水者拖带至池边时，由于水面距离池边平台较高或只有一名救生员在场，这时候可以采用单人池边深水无阶梯上岸法。

以右手到边为例：

1. 救生员将溺水者拖带至池边，用右手抓攀池边定位，将溺水者移近岸边；

2. 救生员用左手将溺水者的左手压在池边，然后右手移压在溺水者的右手背上，腾出左手。(图 9–25)

图 9–25　单人深水无阶梯上岸

3. 救生员用左手抓住溺水者的左手，移至溺水者的右手背上重叠，并用右手将溺水者重叠的双手紧压在岸边，左手紧压溺水者重叠的双手背上，右手抓攀岸边，在溺水者的左侧，上岸时用蛙泳脚蹬夹，双手用力撑起。

4. 救生员上岸后，右手不能离开溺水者重叠的双手并右转成面对溺水者，然后用左手紧抓溺水者的左腕，右手抓住溺水者的右腕。

5. 救生员紧抓溺水者双手腕，稍提起将溺水者转体 180°呈背对池边。

6. 救生员双脚前后开立。双手先将溺水者向上预提一下（利用水的浮力），然后用力将溺水者上提，使其臀部高于池面后，移至池岸。

7. 救生员右手紧抓溺水者，右手上提，防止其倒下，左手将溺水者手臂移至胸前，再将右手手臂移至胸前，注意将前腿膝盖顶住溺水者背部，脱出左手移至溺水者颈部，防止颈部受伤。

8. 救生员用右手将溺水者的双腿原地旋转 90°，让溺水者呈仰卧姿势。

六、人工运送

运送是指救生员将溺水者送至现场急救室或邻近医院的一项专门技术。运送可用肩背、急救板等方法。

第四节　心肺复苏

心肺复苏是针对心跳、呼吸停止所采取的抢救措施，即用心脏按压或其他方法形成暂时的人工循环并恢复心脏自主搏动和血液循环，用人工呼吸代替自主呼吸并恢复自主呼吸，达到恢复苏醒和挽救生命的目的。心肺复苏技术的三大要素是口对口人工呼吸、胸外按压、体外除颤。

对因呼吸停止的溺水者应迅速进行呼吸支持，心脏停搏者应使用心脏按压方法形成暂时的人工循环并恢复心脏自主搏动。为方便记忆，采用英文单词的第一个字母组成 ABC 或 ABCD 复苏程序，其中 A 指开放气道，B 指呼吸支持，C 指心脏按压，D 指电击除颤。

O 思考题

1. 游泳救生基本技术包括哪些？
2. 踩水的腿部技术有哪几种形式？
4. 简述潜泳的分类。
5. 试述在游泳救生中，潜泳的技术用途。
6. 潜远技术有哪几种方法？
7. 抬头爬泳和爬泳技术有何区别？
8. 什么是间接赴救技术？常用的救生器材包括哪些？
9. 什么是直接赴救技术？
10. 直接赴救技术包括哪些技术环节？

表9-1　救生员现场心肺复苏流程图

程　序	动　　作	说　　明
确认四周环境安全 检查意识	喊叫“先生！（或小姐、小朋友）你怎么了?” 轻拍肩膀或面颊。	意识分四级：意识清醒、对叫有反应、对痛有反应、意识昏迷。
求救 摆正溺水者姿势	请帮我打“120”或自己打。	若没有旁人，先心肺复苏一组后再打求救电话。
清除口腔异物	救生员手食指、中指并拢，对溺水者口腔部位进行清理。	清除口腔异物是避免溺水者溺水后出现的呕吐物及口腔内的其他物品在打开呼吸道时堵塞呼吸道。
打开呼吸道	仰头抬颏法（非创伤溺者）； 推举下颌法（颈椎受伤溺者）。	一手掌根压前额，另一手食、中两指上抬下颌骨。注意不可压到喉部。
评估呼吸	耳朵靠近溺水者口鼻：看胸部起伏、听吐气声、感觉是否有气吹到脸上。	检查时间不可超过5~10秒， 维持呼吸道打开姿势。
人工呼吸	检查异物，若无呼吸，则以拇、食两指捏住鼻翼，口对口（鼻）或口对面罩，先给予2口气； 给予人工呼吸，若胸部无法起伏，则重新打开呼吸道再尝试吹气。	每次吹气时间约1秒，吹气量（700~1000毫升）以明显看到胸部起伏为原则。
检查循环现象	触摸颈动脉并观察有无搏动现象； 自发性呼吸、咳嗽、身体会不会动。	检查时间不可超过10秒（除低体温外）。
胸部按压	两手掌根叠压于胸骨下1/3段， 两手肘关节绷直， 两膝靠近溺者跪地打开与肩同宽， 以身体重量垂直下压，压力平稳， 放松时手掌不可离开胸骨。	按压胸骨的位置原则上是胸骨下半段，下压速率100次/分、深度4~5厘米。
胸部按压与通气比率	单人或双人皆为30:2。	
再评估时间	5个周期后或2人以上每2分钟轮换	2分钟后， 第5周期吹气。
甲：再评估无循环现象	继续徒手做心肺复苏。	从胸部按压开始。
乙：再评估有循环现象	检查呼吸： 没有呼吸→人工呼吸 有呼吸→无意识 有呼吸→有意识	5秒一次，12次/分， 检查身体，摆复苏姿势， 检查身体。

O 推荐网站

1. 中国救生协会官方网站：http：//www.chinalifesaving.org.cn/
2. 国家体育总局职业鉴定指导中心网站：http：//www.sportosta.gov.cn/index.ycs

O 参考文献

[1] 中国救生协会、国家体育总局职业技能鉴定指导中心.游泳救生员国家职业资格培训教材 [M]. 北京：高等教育出版社出版，2010.4.

第十章
游泳教学理论与方法

概述

本章从教学环境、学习心理、运动姿势、呼吸方式、动力来源、肌肉用力等方面介绍了游泳教学的特点，从不同人群的需求角度介绍了游泳教学的目标和任务，从人的生理机制和教学规律的角度介绍了学习游泳的认识法则，从游泳教学角度介绍了游泳教学应遵循的原则和基本方法，最后对几个现实的教学范例进行了分析，将前面介绍的有关游泳教学的特点、任务、规律、原则和方法都有机地融入其中，通过本章的学习和教学实践，可以对游泳教学的有关理论和具体的教学组织、模式、方法等有比较全面的了解和认识。

关键术语

游泳教学、教学环境、学习心理、呼吸方式、学习过程、教学原则、教学方法、示范、讲解、练习方法、辅助器材、教学组织、课堂常规、教学进度、教学模式、教学评定、教案

第一节　游泳教学的特点

游泳是在水的特殊环境下进行的体育运动项目，与其他体育运动项目相比有不同的特点。

一、教学环境特点

水的物理特性对游泳有着重要的影响，游泳中既要利用水的压力、浮力、升力、阻力等有利因素，又要克服这些因素对游泳的不利影响。由于初学者不会利用和克服水的这些物理特性，因此当身体漂浮在水中，处于一种无固定支撑的状态时，通常的运动用力方式就会失去作用，初学者会感到无法控制身体平衡，站不稳，往下沉，呼吸时还会呛水等。游泳的教学环境对学习者的安全是有潜在危险的，教学中应采取正确的方法和步骤，避免初学者产生对水的恐惧和对游泳的心理抵触。

二、学习者心理特点

绝大多数没有游过泳的人对水都有好奇的心理，对于到水中一游都会表现出强烈的参与倾向，这种兴趣是学习游泳的积极动因。对于少数确实缺乏游泳兴趣的人，可通过其他切入点和方式启发和培养他们对游泳的兴趣。

对于有过下水经历的人来说，如果方法得当，会产生积极的对水体验，进一步增强游泳的兴趣，但是，如果方法不当，使其经历了身体失去平衡、呛水、甚至溺水等不安体验，就会产生对水的恐惧，以及对学习游泳的抵触心理，在游泳中还会出现动作紧张和失常等现象。

对于已经学会游泳，并且处于不同水平的人来说，会因各种主客观原因产生厌水心理，如意志品质较差、失去训练目标，遇有烦心事情等；教学环境差，水温或气温低，课程安排不当，教师态度不好等，会在客观上产生厌水心理。厌水心理会使学习者产生冷漠、厌倦、缺乏学习热情等现象，这种心理会影响游泳学习的进程和效果。

三、身体姿势特点

游泳是以俯卧或仰卧姿势在水中进行运动的，这种身体姿势使原来已经习惯的运动姿势、空间定位、方向感觉等都发生了很大变化，学习者需要以俯卧或仰卧的姿势和在水环境中重新建立新的运动概念。

四、呼吸方式特点

游泳的呼吸是在水中进行，所以较其他运动项目都要复杂，是学习游泳的一个主要难点。游泳的呼吸是在水面上用嘴吸气，在水下用口鼻呼气。因为水的压力大，所以呼气时必须用力，吸气时也必须加大深度。为了与整体技术动作协调配合，呼吸还必须在划臂动作的有利时机进行。由于划臂时间较长，吸气与呼气之间还有短暂的憋气时间，因此游泳中的呼吸表现为快而深的吸气，短暂憋气和逐渐加快的呼气，这种呼吸方式是其他运动项目所没有的。

五、运动动力特点

由于水的流动性，肢体运动时得不到固定支撑，不能获得陆上运动那样足够的支撑反作用力。这种运动动力与其他陆上运动项目有很大的不同，因此也造成肌肉用力方式的不同。

六、肌肉用力特点

由于水中运动的动力来源特点，游泳中肌肉收缩是以等张收缩为主，肌肉在无效动作时要充分放松，进入有效阶段时肌肉逐渐收缩用力，进入最后阶段时加速收缩用力，以拉动肢体做出快速的鞭状动作。这种用力方式与田径、球类项目等以爆发式用力方式为主项目，以及以静力为主的体操等陆上运动项目不同。

第二节　游泳教学和技能学习的过程

教学的过程包含了教师的教和学生的学两个相对独立又相互作用的过程。教的方法是建立在学的规律之上的，也就是说教学手段与方法必须按照人们认识事物的规律科学有序地进行。

游泳技能形成的规律与其他运动项目一样，是技术动作的反复练习在大脑皮层建立暂时性神经联系的过程，这一过程又可分为泛化、分化和自动化三个相互联系的阶段。根据人体动作技能形成的这三个阶段，游泳教学可以分为粗略掌握动作阶段、改进与提高动作阶段和熟练与巩固动作阶段，并根据这些阶段的不同特点，结合不同的教学目标，进行合理的教学规划，科学的教学设计，应用相关的教学原则，选择不同的教学策略、施以恰当的教学方法，使其达到最佳的教学效果。

一、粗略掌握动作阶段

这个阶段的生理特点是：大脑皮层内部对动作刺激引起的中枢兴奋扩散，内抑制不够，控制肢体运动的神经冲动不精准，以致主动肌、辅助肌及对抗肌之间的工作不协调，外部动作表现为技术动作紧张、僵硬、费力、不到位、不协调、有多余动作，呼吸动作与臂腿配合不好，呼吸表浅，不充分。根据这些特点，教学中要通过多种方法和手段先让学生对所教授的技术动作有一个粗略的了解，然后再由粗到细，由分到合，由慢到快地学习技术动作。练习中主要抓身体的基本姿态，肢体环节的屈伸以及动作的方向和路线，不要过多地注重动作的角度、力度、加速度和肌肉放松等技术细节，使学生粗略掌握技术动作。

二、改进与提高阶段

这个阶段的生理特点是：大脑皮层内部兴奋与抑制过程都处于分化阶段，兴奋相对集中，内部抑制逐步发展巩固，也就是说这个阶段学生能够控制好主要的技术环节，也能够关注到一些细节问题了。外部动作表现为技术动作逐步准确、到位、协调、流畅，动作的节奏比较合理，臂腿动作能产生一定的支撑力和推进力，有了初步的水感，游距迅速增长。但是技术动作仍不够熟练，特别是在做一些比较复杂配合动作或新颖动作时，还会出现粗略掌握阶段的现象，如呼吸时动作失去节奏，臂腿不做动作或乱做动作以及喝水、呛水等现象。根据这些特点，教学中应针对技术动作的重点和难点反复讲解，揭示动作的原理和技术内在的联系，使学生理解原理，通过正确动作示范或正误对比，让学生看清错误所在，通过增加练习的次数和距离，使大脑皮层的兴奋与抑制分化更加清楚，动作逐步精准熟练。

三、熟练与巩固阶段

这个阶段的生理特点是：神经过程的兴奋与抑制更加精确和集中，技术动作在大脑已经建立起了巩固的动力定型，发出的神经冲动能够很好地控制运动器官的活动，外部动作表现为技术动作协调连贯，轻松自如，节奏感强，自动化的程度高，可以比较精确地调控动作的细小环节，根据这些特点，教学中应针对技术动作要求，在动作的角度、力度、加速度及肌肉放松和用力节奏等技术细微环节上进行改进和完善，同时通过各种练习方法使技术动作更加巩固和熟练，通过增加练习的数量和强度，提高体能和专项素质。

第三节　游泳教学的原则

教学原则是在长期教学实践中，根据教学中普遍存在的现象，经过系统科学的总结归纳，成为具有普遍指导意义的理论。它反映了人们对教学活动本质性特点和内在规律性的认识，是指导教学工作有效进行的行为准则。教学原则应贯彻于教学过程的各个方面和始终，教学原则在教学活动中的正确和灵活运用，对提高教学质量和教学效率发挥着重要的保障作用。在游泳教学实践中，因有其特殊的教学环境和不同的专业特点等，因此它除了要遵循普遍的教学规律以外还有其自身特殊的规律，所以在教学实践中它还有自身特殊的教学原则要遵守。

一、安全第一原则

安全第一原则是根据游泳教学环境的特殊性提出来的。因为游泳教学是在水中进行的，水对人的生命安全有潜在的危险性，如果稍有不慎就会发生呛水，甚至溺亡等严重事故，所以在游泳教学中要将安全放在第一位。这一原则要通过提高安全认识、加强安全教育、完善安全措施等方面的工作加以保证。针对已经学会游泳的学生要防止学生做各种过于激烈和危险性的动作，以及追逐打闹等游戏。针对游泳爱好者要充分地做好准备活动，佩戴必要的保护器材，在教师划定的教学区域内按要求进行活动。针对少年儿童必须佩戴适合可靠的保护器材，在教师的监护下进行练习。组织管理者要创造良好的教学环境，设置好救生医疗等安全措施，控制好授课人数。授课教师要科学安排好教学内容，采用适当教学方法，特别要组织和把控好课堂教学秩序，使学生始终在自己的监控之下。

二、自觉积极性原则

自觉积极性原则是根据学生学习掌握运动技能时内在需求和价值取向规律提出来的。研究证明，当学生对教学内容感兴趣时，当教学内容丰富多彩时，当教学内容具有个人价值并有一定的挑战时，当学生受到激励和鼓舞时，当学生对教师充满信任与热爱时，当学生对自身有更高的期许时，他们学习的积极性最高，学习的效果也最好，因此教学中应根据这些特点，从教学内容、教学方法、教学策略等方面，引导激发学生的学习积极性，达到最佳的教学效果。

三、直观性原则

直观性原则是根据学生学习掌握运动技能的认识规律提出来的。在掌握学习运动技能的过程中主要是依靠人体的视觉、听觉、本体感觉等多种感受器，通过直接观察和亲身体会来学习运动技能。因此在教学中应采取直观的方法进行教学。直观教学方法很多，如语言讲解法、直观示范法、辅助体验法等都是基本的直观教学方法。在应用过程中要按照不同教学任务，针对不同的感受器官，采用多种方法，从多个角度反复刺激，帮助学生建立正确清晰的动作表象，更快更好地感知技术动作过程，理解技术要领。

四、循序渐进原则

循序渐进原则是根据学生在学习运动技能过程中呈现出的明显的阶段性规律提出来的。这个阶段就是粗略掌握动作阶段，改进与提高阶段，熟练和巩固阶段。在教学中要根据这一规律循序渐进地施教。对技术教学应由粗到细，由简到繁，由易到难地展开。对体能训练应由慢到快，由少到多，由小到大的进行。

五、因材施教原则

因材施教原则是根据学生在学习掌握运动技能过程中表现出的个体差异性规律提出来的。由于学生的学习目标不同，学习基础不同，身体素质不同，心理素质不同等，必然会出现学习进度有快有慢，掌握水平有高有低。根据学生在学习掌握运动技能过程中的个体差异，教学指导中要有针对性地区别对待，教学进度要有一定的快慢之分，练习内容要有数量多少和强度大小之分，使教学能适合学生现实状况，使其更快跟上集体的步伐。

六、巩固性原则

巩固性原则是根据学生在学习掌握运动技能过程中呈现出的阶段性规律提出来的。学习掌握运动技能是一个渐进性推进过程，特别是在学习技术动作的初级阶段，由于还没有建立稳固的条件反射，表浅的动作印象极易在大脑的记忆中消失，因此在教学过程中必须对技术动作反复练习，不断强化，也就是常说的稳扎稳打，直至达到自动化的阶段，达到协调连贯，轻松自如，才算建立了稳固的条件反射，技术动作才能终身不忘。

七、水陆结合原则

水陆结合原则是根据人类的生活习性和游泳学习环境特点提出来的。因为人类是陆生动物，要直接进入不熟悉的水中进行运动，会面临很多难以逾越的问题。只有先在熟悉的陆地环境中建立了动作概念，了解用力方式，熟悉动作过程，才能比较容易地在陌生的水环境中掌握运动技能。这样就能降低学习难度，保障教学安全，提高学习效率。

第四节　游泳教学的基本方法

游泳教学方法是为完成游泳教学任务，而采用的一系列方法、手段和途径的总称。教学方法对实现教学目标和完成教学任务起着至关重要的作用。教学方法包括教师教的方法和学生学的方法两个方面，是教授方法与学习方法的统一。但由于教师在教学过程中处于主导地位，所以在教法与学法中，教法应处于主导地位。

一、游泳教学方法分类

教学和学习方法可以分为很多类。

（一）教学方法

1. 知识教学法

包括讲授、演示、点评、交谈等课堂讲授形式。

2. 技术技能教学法

包括语言法、示范法、分解法、完整法，练习法等。

3. 体能发展方法

包括重复练习法，变换练习法、游戏练习法和比赛练习法等。

（二）学习方法

1. 知识学习法

观察法，阅读法，咨询法，讨论法等。

2. 体验法

包括动作练习法，心理训练法等。

3. 评价法

包括自我目标评价，自我动作效果评价，自我运动负荷评价等。

二、游泳教学的基本方法

（一）语言讲解法

语言讲解法是教师通过语言讲述的方式向学生说明学习任务、动作名称、动作过程、动作要领、完成要求、注意事项等最基本教学方法。它的表现形式有讲解、口令、口诀、口哨及提问等。运用时要把握好讲什么，怎么讲，什么时间讲。

1. 讲解内容

讲解要有明确的目的性，内容要典型性、普遍性和代表性。

2. 讲解方法

(1) 生动形象，在技术动作的描述中要生动形象，教师通过语言就能够帮助学生建立清晰的动作表象，明白动作的过程，做动作时的要领，练习时的注意事项等。

(2) 简明扼要，在布置教学任务、完成要求、教学组织、课堂管理时要简明扼要，口令、口诀，口哨等都是常用方法。

(3) 形式多样，对普遍存在的问题要集中讲，个别的问题单独讲。

3. 讲解时机

(1) 学习新动作时要多讲。

(2) 示范动作时要边示范边讲。

(3) 要针对普遍存在的问题讲。

(4) 要抓住典型的问题点讲。

(5) 在问题出现的早期及时讲。

(6) 陆上练习时多讲，水中练习时少讲。

(7) 在学习过程的前期多讲，后期多练。

除了口头语言外，还有肢体语言、表情语言可以伴随使用。肢体语言就是在讲解时教师通过自己的肢体动作，如手势来帮助表述技术动作和课堂组织管理意图。如教师可通过自己的肢体动作简洁形象地展示爬泳的鞭状打腿，蛙泳的收、翻、蹬、夹，动作的幅度和动作频率等。还可以通过手势组织教学，如开始、停止、上岸、组织队形等。表情语言可以表达教师的快乐、愤怒、失望、紧张等课堂情绪，可以增强教师课堂讲解、示范、组织、管理的效果。

4. 常用技术动作手势（图 10-1~图 10-4）

图 10-1　表示爬泳打腿频率的手势

图 10-2　表示爬泳打腿幅度的手势

图 10-3　表示爬泳高肘角度的手势

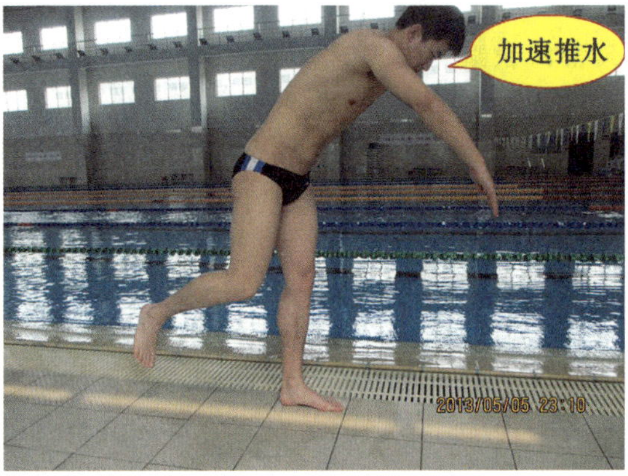

图 10-4　表示蝶泳手臂加速推水的手势

5. 常用教学组织手势（图 10-5~图 10-8）

图 10-5　表示练习开始的手势

图 10-6　表示练习停止的手势

图 10-7　表示上岸的手势

图 10-8　表示集合整队的手势

（二）直观示范法

直观示范法是通过动作演示、辅助体验等方式，将所学技术动作的结构、方向、过程、力度、节奏等直接作用于学生的视觉、听觉、本体感受器等感觉器官的一种基本教学方法。直观示范法的表现形式有：教师动作示范、视频演示、节奏口令、辅助体验等。应用时要把握好示范什么，怎么示范，什么时间示范。

1. 示范内容

示范要有明确的目的性。新动作必须示范，复杂动作要多示范，疑难动作要分解示范。

2. 示范方法

要根据教学任务的需要，针对学生的主要感受器进行示范、演示和辅助体验。

（1）从不同的方向角度进行示范

示范有三个基本面，即镜面、侧面和背面，能使学生从不同的方向观察和模仿教师的动作。在这个基础上还可以根据教学的特殊需要，针对不同的部位，采用特别的视角进行示范。（图 10-9~图 10-11）

图 10-9　镜面示范

图 10-10　侧面示范

图 10-11　背面示范

(2) 以不同的速度进行示范（图 10-12、图 10-13）

图 10-12 慢速动作示范

图 10-13 快速动作示范

(3) 针对不同感受器进行示范（图 10-14、图 10-15）

图 10-14 针对视觉和听觉感受器示范演示

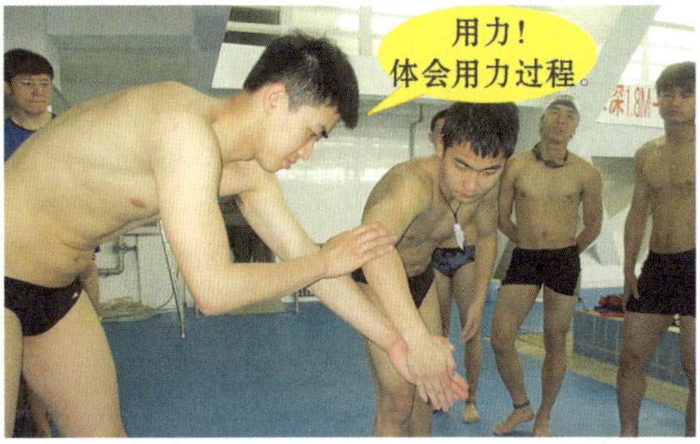

图 10-15 针对触觉感受器示范和辅助体验

(4) 借助挂图、教具和利用多媒体影音视频演示（图 10-16、图 10-17）

图 10-16 利用挂图进行演示

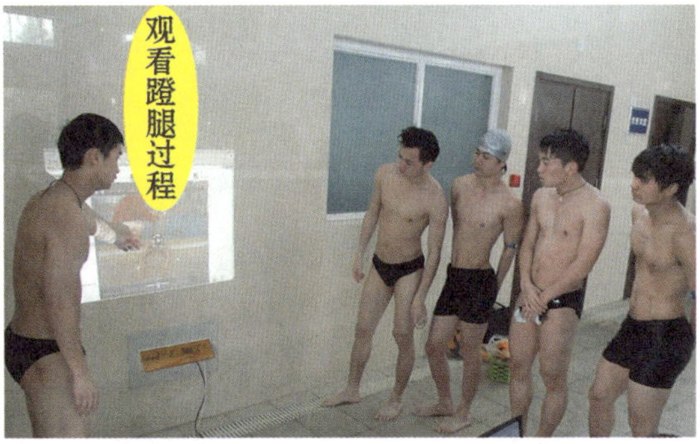

图 10-17 利用视频进行演示

(5) 通过帮助和限制辅助学生体验动作（图 10-18、图 10-19）

图 10-18 辅助体会蛙泳高肘抱水

图 10-19 辅助体会蛙泳翻脚用力

3. 示范时机

(1) 新动作学习时要示范。

(2) 纠正错误动作时要示范。

(3) 强化动作时要示范。

(4) 学习过程的前期要多示范，后期多练习。

(三) 完整教学法

从动作的开始到结束，不分部分和阶段，完整地进行教学的方法叫完整教学法。这种教学方法的优点是不破坏技术动作的完整性和各环节之间的内部联系，便于学生形成完整的技术动作概念，使掌握的动作连贯自然，节奏合理。缺点是不利于复杂技术动作的教学，技术环节中的重点和难点动作容易被忽视。

完整教学法的应用：

1. 应选择技术结构比较简单，不能再分解的技术动作

如爬泳打腿技术、仰泳踢腿技术等就是不可再分解的技术动作，可作为一个完整的技术动作进行练习。

2. 比较复杂的动作应先注重整体配合再完善细节

如爬泳臂腿配合的教学，应先强调臂和腿先配合起来，然后再改进臂或腿的动作是否规范、标准，是否充分、到位等具体细节。

3. 先小幅度、小力量，然后再加大幅度、增大力量和加快频率

如蛙泳臂腿配合的教学，可先用小力量和小幅度的动作把臂腿配合的先后秩序做出来，然后再改进划臂的幅度和蹬腿的力度等技术细节。

4. 通过专门的诱导性练习逐渐过渡到完整技术

如在爬泳臂腿配合的教学中，可先在陆上做模仿划臂与打腿的配合练习，然后再过渡到水中实践。

完整练习法主要应用在游泳教学的初略掌握技术阶段及巩固和提高阶段，即生理机制的泛化和自动化阶段。

（四）分解教学法

分解教学法是把完整的技术动作合理地分解成若干个不同的部分，按一定的顺序依次进行教学，然后再将各部分动作连接在一起，组成完整动作的方法。这种教学方法的优点是简化了教学过程，降低了教学难度，突出了教学重点，便于学生掌握复杂技术动作，增强学习信心。缺点是当技术动作的划分不当时，容易破坏技术动作的完整性，割裂系统内部的有机联系。片面的、过多的分解练习会形成偏离正确技术的动作习惯，导致完整配合时动作衔接不好，节奏不稳。

分解教学法的应用：

1. 根据完成动作时间的先后秩序分解

如蛙泳蹬腿技术常分为收、翻、蹬、夹、停五个部分，分别进行练习，特点是分解清晰，容易理解，便于向完整动作迁移。这种划分法主要应用在初略掌握技术阶段和改进与提高阶段。

2. 根据动作掌握能力的发展顺序分解

如爬泳臂腿配合就是在先掌握腿的技术后再加入臂的动作，以使臂腿能够进行配合练习，试想一下如果不会打腿，爬泳的臂腿配合将是什么样子。这种分解教学是前一个动作的掌握为下一个动作的学习打下必备的基础，它主要应用在技术动作难度较大的教学中和学习过程的改进与提高阶段。

3. 将已分解出来的动作再分解简化

如爬泳划臂的动作，它本身已从爬泳完整配合中被分解出来了，但在进行爬泳划臂教学时，还可将它分解为抓水、抱水、拉水和推水等更细微的环节分别进行教学，使动作分解细微，便于体会。但应注意分解太细也容易使它失去在整体动作中的位置。这种分解教学主要应用在学习过程中的改进与提高阶段及熟练和巩固阶段。

三、游泳教学的练习方法

（一）重复练习法

1. 概　念

根据练习任务的需要，在相对固定的条件下反复进行练习的方法。即对同一技术动作，用固定的负荷，在固定的距离反复练习。

2. 主要作用

（1）熟练技术，通过固定条件的反复练习可促使条件反射机制的形成，熟练和巩固所学技术动作。

（2）改进动作，在相对固定的条件下，学生容易呈现出普遍性的错误，便于教师观察，指导和学生改进动作。

（3）提高体能，反复的练习有利于迅速提高专项体能，快速增长游进距离，从而更好地熟练和掌握技术。

3. 应用方法

（1）单一重复。练习一次，休息一次，休息时间不确定。如：4×25 米蛙泳扶板蹬腿练习，到边教师讲解点评动作后继续练习。

（2）连续重复。如连续 2 次或 2 次以上重复练习后，休息一段时间，教师讲解点评，再继续重复 2 次或 2 次以上的练习。

（3）间歇重复。8×25 米爬泳扶板打腿练习，每次 25 米练习后都安排固定的休息时间，然后继续重复练习。

4. 注意事项

此方法在学习动作的各个阶段都可以使用，在粗略掌握技术动作阶段每次重复时间间隔要长，一是教师要有充分时间进行讲解示范，二是学生的体能达不到高密度的练习要求，会使学生身体疲劳，出现错误动作。在技术动作的巩固与提高阶段可以使用密度较大的重复练习。

（二）变换练习法

1. 概 念

根据练习任务的需要，在变换条件下进行练习的方法。即改变动作形式，改变练习距离，改变负荷强度和改变间歇时间的情况下进行练习。

2. 主要作用

（1）增强学生对不同条件下的技术和体能的适应能力。

（2）舒缓练习中肌肉的局部负担过重的问题。

（3）有利于强化学习的技术动作。

（4）避免练习单一枯燥，有利于激发学生的练习兴趣。

3. 应用方法

（1）改变动作形式，如 4×25 米练习，分：25 米蛙泳蹬腿，25 米爬泳打腿，25 米蛙泳配合，25 米爬泳配合。

（2）改变距离和强度，如 300 米蛙泳配合练习，分：100 米蛙泳慢游，2×50 米蛙泳中速游，4×25 米蛙泳快速游。

（3）改变间歇时间，如 5×50 米爬泳配合练习，分：第一个 50 米后休息 30 秒，第二个 50 米后休息 20 秒，第三个 50 米后休息 10 秒，第四个 50 米后休息 5 秒。

4. 注意事项

此练习方法应用在粗略掌握技术动作阶段，应考虑学生的负荷能力和对技术动作的影响，在学习动作的改进与提高阶段和熟练与巩固阶段可以较多使用。

（三）比赛练习法

1. 概 念

按一定的比赛规则，应用所学游泳技术，组织学生进行同场比赛的练习方法。

2. 主要作用

（1）有较强的竞争性，可激发学生参与练习的积极性。

(2) 可以有效地提高学生的体能和技术。

(3) 可以培养学生的竞争意识、团队意识。

3. 应用方法

(1) 分组接力比赛，两组多人次的 n×25 米或 n×50 米的接力比赛。

(2) 多人同时比赛，多人同时出发的 25 米或 50 米竞速比赛。

(3) 一对一挑战赛，两人同时出发的 25 米或 50 米对抗赛。

4. 注意事项

在学生掌握了一定的技术动作和具备一定的能力之后才能完成，主要适宜于学习动作的改进与提高阶段和熟练与巩固阶段。

(四) 综合练习法

1. 概　念

根据练习任务的需要，综合上述练习法的特点而组成的一类练习方法。

2. 主要作用

(1) 利于巩固提高技术。

(2) 发展身体素质，提高专项能力。

(3) 培养意志品质、竞争意识、团队精神等。

3. 应用方法

组织带有比赛性质的梯形变换练习 200 米、100 米、2×50 米、4×25 米爬泳配合练习。

4. 注意事项

是在学生具备较高的技术和体能之后才能完成的练习，因此它主要适宜于学习动作的改进与提高阶段和熟练与巩固阶段。

(五) 游戏练习法

1. 概　念

以游戏的方式组织学生进行练习的方法。它允许在游戏练习的过程中，在游戏规则的允许下充分发挥个人和集体的主动性与创造性，达到规定目标。

2. 主要作用

它具有内容丰富和形式多样的特点，活动具有一定的情节，过程带有竞争性质，需要个人随机应变和集体努力，因此它具有很好的趣味性、娱乐性、竞争性和教育意义，深受低龄段学生的欢迎，是教学中调整课堂气氛，激发学生学习积极性的好方法。

3. 应用方法

(1) 竞技性游戏。

(2) 趣味性游戏。

(3) 课前游戏。

(4) 课后游戏。

(5) 技术性游戏。

(6) 体能性游戏。

4. 注意事项

游戏练习要有目的性，既要配合教学任务的需要，也要考虑它调节课堂气氛，增加课程情趣的作用。因此，应用时要有选择，必要时还应创新，使教学内容更加丰富多彩。

四、辅助器材在教学中的应用

（一）常用教学辅助器材

1. 打水板及应用（图 10–20、图 10–21）

图 10–20　打水板

图 10–21　扶板打腿

2. 背漂、袖漂及应用（图 10–22、图 10–23）

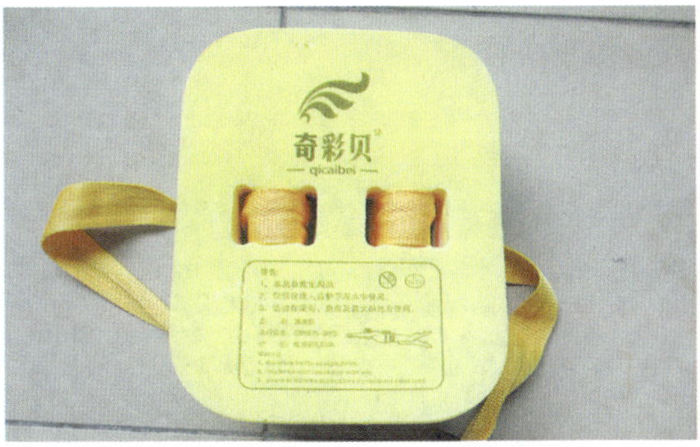

图 10–22　背漂

图 10–23　戴背漂进行蹬腿练习

3. 水袖及应用（图 10-24、图 10-25）

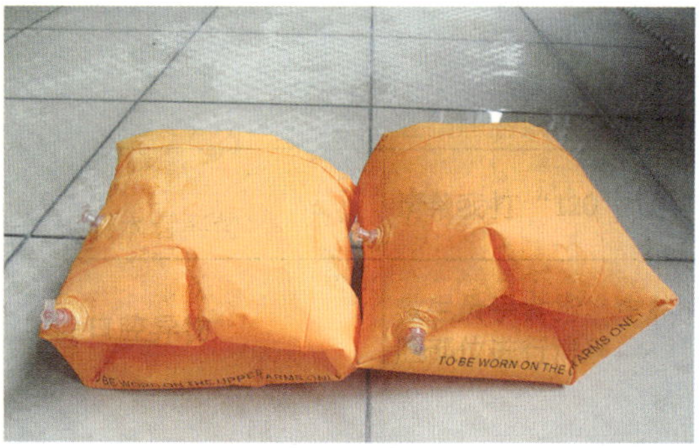

图 10-24　袖　漂

图 10-25　戴袖漂划水及配合练习

4. 脚蹼及应用（图 10-26、图 10-27）

图 10-26　脚　蹼

图 10-27　穿脚蹼打腿练习

5. 划水掌及应用（图 10-28、图 10-29）

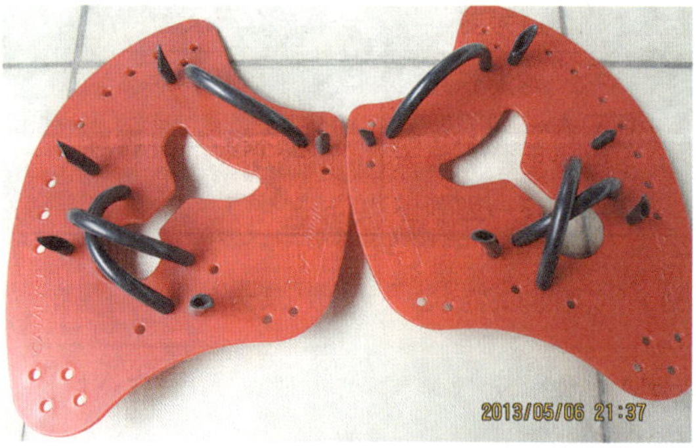

图 10-28　划水掌

图 10-29　戴划水掌划臂练习

第五节　不同类型教学组织案例分析

教学组织是实现教学目标的物质基础，各种教学理念、教学模式、教学方法只有在这种实体组织中才能得以实现。这种实体组织由人数和时间两个维度限定，它以一批人经过一个教学过程，实现了教学目标作为一个生命周期。这种实体组织——即教学班是根据多种需要组成的，如以授课时间划分的6次课、12次课、24次课、48次课或64次课的教学班；以不同的服务质量分档的贵族班、定时班、流水班等教学班；根据不同基础水平区分的初级班、中级班、高级班等教学班；按招生人数来编制的1~3人班，4~8人班，9~12人班，13~15人班等教学班。但他们的最终目的都是为了组成一个具有共同教学目标的学习集体。由于教学班的种类不同，因此教学目标、学员构成、组织管理、教学模式、教学进度、教学方法、教学结果等都会有所区别。本节将就几种典型的教学组织的案例进行分析。

一、标准班（大班）的教学组织

所谓标准班即每班13~15人，这是游泳培训行业规定最多人数的教学班，这种人数的教学班也应该是学校教学中普遍采用的编制班，如果人数再多，不安全的概率就会大大增加。

（一）学员构成

在学校教学中，学员一般都是成人学生。在社会培训中，学员一般是年龄较大的儿童、少年或成年人，因此这种教学班的学员都具备了较强的学习能力和一定自制能力。教师一般都能够把控好课堂秩序，基本照顾到每一个学生，能够保证安全和基本的教学质量，教学中教师可以把主要精力用在技术教学上。

（二）课堂常规

在这种班的课堂教学中，教师应采用规范的课堂常规进行教学管理，营造认真严肃的课堂氛围，便于教师开展课堂教学。

1. 准备部分

（1）开课前由班长集合整队。

（2）班长（队长）向教师报告出勤情况。

（3）教师宣布开始上课，师生相互问好。

（4）教师点名，检查泳装、泳帽、泳镜等，安排见习生。

（5）教师宣布教学任务。

（6）集体进行准备活动。

2. 基本部分

根据教案上课。

3. 结束部分

集合整队，进行简短的、有针对性的课后小结。

（三）教学进度

1. 24次课48学时教学进度

表10－1　24次课48学时教学课进度表

课次 教学内容	1	2	3	4	5	6	7	8	9	10	11	12	13	14	15	16	17	18	19	20	21	22	23	24
1. 熟习水性练习	√	√																						
2. 蛙泳蹬腿陆上模仿练习	√	√																						
3. 蛙泳蹬腿水中扶边模仿练习	√	√	√																					
4. 蛙泳蹬腿扶板戴漂水中技术练习	√	√	√																					
5. 蛙泳蹬腿扶板戴漂水中长游练习			√	√	√	√	√	√	√	√	√	√	√	√										
6. 蛙泳划臂陆上站立模仿练习			√	√																				
7. 蛙泳划臂俯卧池边模仿练习			√	√																				
8. 蛙泳划臂水中站立模仿练习			√	√																				
10. 蛙泳划臂与呼吸配合水中模仿练习			√	√	√	√																		
11. 蛙泳划臂与呼吸配合戴漂水中技术练习				√	√	√	√																	
12. 蛙泳臂、腿、呼吸配合陆上模仿练习					√	√	√																	
14. 蛙泳臂、腿、呼吸配合戴漂水中技术练习						√	√	√	√	√														
15. 蛙泳臂、腿、呼吸配合戴漂长游练习							√	√	√	√	√	√	√											
16. 蛙泳完整配合长游练习												√	√	√	√	√	√	√	√	√	√	√	√	
16. 爬泳打腿陆上模仿练习		√	√																					
17. 爬泳扶板戴漂打腿水中技术练习		√	√	√	√																			
18. 爬泳扶板戴漂打腿长游练习				√	√	√	√	√	√	√	√	√	√	√	√	√								
19. 爬泳划臂陆上模仿练习					√	√	√																	
20. 爬泳划臂戴漂水中技术练习					√	√	√																	
21. 爬泳划臂与打腿配合戴漂水中技术练习						√	√	√																
22. 爬泳单臂划水与呼吸、打腿配合扶板戴漂水中技术练习							√	√	√															
23. 爬泳单臂划水与呼吸、打腿配合扶板戴漂长游练习								√	√	√	√	√	√	√										
24. 爬泳臂、腿、呼吸配合戴漂水中技术练习									√	√	√													
25. 爬泳臂、腿、呼吸配合戴漂长游练习											√	√	√	√	√	√	√							
26. 爬泳完整配合长游练习														√	√	√	√	√	√	√	√	√	√	
27. 考试																								√

（四）教学模式

1. 一个动作的教学模式

在一个技术动作的教学中常用的方法和途径是，先用语言讲授法讲明学习的目标和任务，再用直观教学法进行技术动作的示范或演示，让学生了解要学习动作的大致过程，以使学生先在大脑中形成比较完整的动作表象。然后再用语言讲授法，提示技术动作的要领，关键点，难点和注意事项等。最后通过分解或完整教学法，让学生掌握基本技术动作。之后再通过重复练习、变换练习等练习方法巩固技术和提高一般身体素质和专项素质。在学生练习过程中出现疑难问题或发现错误动作时，教师再针对具体问题采用上面的方法、步骤，反复施教，直至达到教学目标。

2. 一种泳式的教学模式

任何一种泳式都是由臂、腿、臂腿配合、臂与呼吸配合和完整配合等技术环节组成的，整个泳式都采用完整教学法实现是不可能的，因此教学中普遍采用的教学模式是分解或分段分解的教学模式。如蛙泳教学一般分为蛙泳蹬腿技术教学，蛙泳划臂技术教学，蛙泳臂、腿配合教学，蛙泳划臂与呼吸配合教学和臂、腿、呼吸完整配合教学等部分，分别依次进行教学。在基本掌握一个技术环节的动作之后，再进行下一个技术环节的学习，然后再把各部分动作串接起来，形成完整的蛙泳技术。教学方法与练习方法配合使用，一般在教完一个技术动作后，紧接着就要采用各种练习方法反复进行练习，以达到巩固熟练技术，增加游距，提高身体素质和专项能力的目的。

3. 多种泳式的教学模式

如果教学时数是 48 学时或 64 学时，甚至更多学时的教学班，一般采用的教学模式是：

（1）48 学时教学：熟悉水性→蛙泳→爬泳。

（2）64 学时教学：熟悉水性→蛙泳→爬泳或熟悉水性→蛙泳→仰泳。

（3）128 学时教学：熟悉水性→蛙泳→爬泳→仰泳→蝶泳。

4. 业余体校、专业俱乐部多年训练的教学模式

（1）熟悉水性→爬泳→仰泳→蛙泳→蝶泳。

（2）熟悉水性→爬泳→仰泳→蝶泳→蛙泳。

（3）熟悉水性→仰泳→爬泳→蝶泳→蛙泳。

（4）熟悉水性→蛙泳→爬泳→仰泳→蝶泳。

（五）教　案

表 10–2 为大班教学的一堂课教案。

表 10－2　大班第 3 次课教案

周次：第一周　课次：第 3 次　授课对象：武术 3 班 15 人　日期：2012. 9. 7　星期：五　节次：1～2

课的任务：1. 复习蛙泳蹬腿及爬泳打腿技术。

2. 学习蛙泳划臂及划臂与呼吸配合技术。

3. 进一步熟悉课堂常规，培养不怕困难，勇于探索的品质。

部分	时间	教学内容	份量	组织教法
开始部分	5′	一、班长集合整队 二、宣布课的任务 三、考勤、安排见习生	5 分钟	组织：× × × × × × × × × × × × × × × × × × ×
准备部分	10′	四、准备活动 值日生领操 要求：有一定的运动量，基本热身。	8～10 节	组织：同上。 教法：动静结合，顺序合理，声音洪亮，富有节奏，操后教师点评领操员领操情况。
基本部分	70′	五、陆上练习 1. 蛙泳划臂站立式模仿练习。 要求：直臂宽划，合掌屈肘，伸臂低头。 2. 蛙泳划臂俯卧池边模仿练习。 要求：伸臂后暂停，其他要求同上。 六、水上练习 1. 蛙泳扶边低头憋气蹬腿练习。 要求：强调动作路线和动作节奏。 2. 蛙泳戴漂扶板蹬腿技术练习。 要求：伸臂展肩，身体平直，其他要求同前次课。 3. 蛙泳戴漂扶板蹬腿长游练习。 要求：加大蹬腿幅度和用力程度。 4. 水中站立划臂模仿练习。 要求：弯腰下颚接近水面，其他技术要求同陆上模仿。 5. 站立划臂与呼吸配合模仿练习。 要求：划臂抬头呼气－吸气，伸臂低头憋气－吐气，其他要求同上。 6. 爬泳扶边打腿模仿练习。 要求：快速，用力，其他技术要求同前次课。 7. 爬泳戴漂扶板打腿技术练习。 要求：平卧、展肩、低头，憋气练习，其他技术要求同模仿练习。 七、池边跳水 要求：臂、腿适当分开弯曲，自然跳下。	2×15 次 2×15 次 3×10 次 2×25 米 6×50 米 +3×15 次 4×15 次 3×30 秒 4×25 米 5 次	组织：分两排站立。 × × × × × × 教法：讲解，示范，辅助，纠错。 组织：池边练习。 教法：同上。 组织：池边练习。 教法：组织，引导，督促，纠错。 组织：泳道中练习。 教法：讲解，示范，组织，引导，辅助、督促，纠错。 组织：泳道中依次顺序练习。 教法：组织，督促，纠错。 组织：泳道中练习。 教法：讲解，示范，引导，辅助，纠错。 组织：泳道中练习。 教法：同上。 组织：池边练习。 教法：组织，督促，纠错。 组织：泳道中练习。 教法：讲解，示范，引导，辅助，纠错。 组织：池边练习 教法：讲解，示范，引导。
结束部分	5′	八、课的小结	5 分钟	
见习生安排	专项生协助老师教学，见习生见习，并负责其安全巡视。		场地与器材	场地：游泳馆浅池区。 器材：打水板，背漂，长杆。
课后小结				

（六）教学组织

1. 教师要把学生始终圈定在自己的教学区内，以便监控管理。
2. 教师要根据教学效果的需要选择讲解和示范位置。
3. 教师要根据教学任务的需要选择合适的组织队形。
4. 教师要以饱满的热情、清晰的思路、简洁的语言、洪亮的口令调动好队伍。
5. 教师要根据学生出现的错误动作及时进行纠正和技术点评。
6. 教师要使自己始终处于能全面观察所有学生的位置，而不只专注于个别学生。
7. 教师要随时留意学生不正常的活动情况和身体情况，准备处理突发事件。
8. 教师要善于抓住机会激发学生的学习热情。

（七）教学队形

常用教学队形参见图 10-30~图 10-43。

图 10-30　陆上横排教学队形

图 10-31　陆上扇面教学队形

图 10-32　水中扇面教学队形

图 10-33　水中同步引导教学队形

图 10-34　池边观看示范教学队形

图 10-35　泳道中两侧观看示范教学队形

图 10-36 陆上转身示范教学队形

图 10-37 出发跳水示范教学队形

图 10-38 池端出发练习队形

图 10-39 两道转圈练习队形

图 10-40 水中接龙游戏

图 10-41 水中潜水游戏

图 10-42 水球游戏

图 10-43 托漂打腿接力游戏

（八）教学评定

根据教学时数的不同，教学结果的界定也不尽相同。

1. 12 次课，24 学时

一般能达到基本掌握蛙泳的技术动作，能不借助辅助器材游到 25 米距离。

2. 24 次课，48 学时

一般能较熟练地掌握蛙泳技术动作，用比较协调、连贯、较轻松的动作游到 200~400 米。

3. 32 次课，64 学时

能较熟练的掌握蛙泳、爬泳或仰泳技术动作，能用比较协调、连贯、较轻松的蛙游技术到 400 米，能以 50~80 秒的成绩完成 50 米距离的快速游。能用比较协调，连贯的爬泳或仰泳技术游到 50 米。

由于小学员基本懂事，成年学员与教师能相互理解，教学过程中只要教师真诚地关爱学生，具有较好的人格魅力，就能够受到学员们的喜爱和尊重，建立良好的师生关系。

二、中班的教学组织

所谓中班，就是以标准班为基准，相对人数较少，4~8 人为一个教学班，这种人数的教学班，是不符合一般学校所规定的师生比例的，多在社会培训中采用。

（一）学员构成

教学班中学员多为年龄较小的儿童、少年或女性成年人，年龄较小的儿童学员的学习能力和自制能力都较差一些，需要多指导和管束。女性成年人一般胆量较小，需要更多的安全保护。教师一般要维持好课堂秩序，照顾学生安全，并且保证教学质量。教学中教师的课堂管理的任务和教学工作同样重要。

（二）课堂常规

因为学员年龄较小，在这种教学班的课堂教学中，教师可不用正规学校的比较严肃的课堂常规进行教学管理，而宜以比较和蔼的态度，像哥哥、姐姐一样的身份带领学员一起学习游泳，对成年女性学员要有更多的安全保护。教师要努力创造一种亲切关爱和随时都能给予学员安全保护的课堂氛围，便于教师搞好课堂教学。

1. 准备部分

（1）态度和蔼亲切地与学员相互问好。

（2）检查泳装泳具，为学员佩戴紧固好保护器材。

（3）教师宣布教学任务，用亲切的口吻告诉学员本次课的任务和目标。

（4）准备活动，师生与学员一起做准备活动。

2. 基本部分

根据教学进度要求，按照基本教学模式和学员掌握技术的情况，灵活施用教法。

3. 结束部分

集合整队，表扬夸奖小学员，客观地指出成年学员的问题，注意事项，改进方法，布置家庭辅助练习。

（三）教学进度

12 次课 24 学时教学进度见表 10-3。

表 10－3　12 次课 24 学时的教学课进度表

课次 教学内容	1	2	3	4	5	6	7	8	9	10	11	12	备注
1. 熟习水性练习	√	√											
2. 蛙泳蹬腿水陆模仿练习	√	√											
3. 蛙泳扶板戴漂蹬腿水中技术练习		√	√	√									
4. 蛙泳扶板戴漂蹬腿与呼吸配合水中长游练习			√	√	√	√	√	√					
5. 蛙泳划臂水陆模仿练习			√	√	√								
6. 蛙泳划臂与呼吸配合陆上模仿练习			√	√	√								
7. 蛙泳臂、腿、呼吸配合陆上模仿练习				√	√								
8. 蛙泳臂、腿、呼吸配合戴漂水中技术练习				√	√	√	√						
9. 蛙泳臂、腿、呼吸配合戴漂水中长游练习					√	√	√	√	√				
10. 蛙泳完整配合练习								√	√	√	√	√	
11. 汇报表演												√	

（四）教学模式

这种教学班的单一动作教学模式和一种泳式教学模式与标准班基本相同，只是因为人数较少，教师可以有更多的时间关注到每个学生，能更有针对性地因材施教。这种教学班多在短期培训中才应用，因此多种泳式的教学模式应用较少，一般以初级蛙泳泳式教学为主，或进一步提高水平的爬泳、仰泳教学。

（五）教　案

表 10–4 为中班教学的一堂课教案。

表 10 –4　中班第 4 次课教案

授课对象：初级班　课次：第 4 次　人数：少儿 8 人　日期：2012. 8. 9　星期：五　　时间：2:30 ~ 4:00

教学任务：1. 复习蛙泳蹬腿和划臂技术。2. 学习蛙泳臂、腿、呼吸配合技术。

部分	时间	教学内容	份量	组织教法
准备部分	10′	一、讲解课的任务，做准备活动 1. 讲解本次课程要学习的技术动作，强调课堂秩序和安全要求。 2. 教师和学员一起做准备活动。	2 分钟 8 ~ 10 节	组织：　× × × × × × × × × × ×
基本部分	75′	二、陆上练习 1. 蛙泳划臂与呼吸配合池边模仿练习 要求：划臂抬头吸气，伸臂低头呼气。 2. 蛙泳臂、腿、呼吸配合模仿练习。 要求：划臂抬头 – 吸气 – 腿不动，伸臂 – 低头 – 蹬腿 – 暂停。 三、水上练习 3. 蛙泳戴漂扶板蹬腿长游练习。 要求：强调多次蹬腿配合一次呼吸。 4. 蛙泳戴漂臂、腿、呼吸配合水中技术练习。 要求：蹬 2 ~ 3 次腿划 1 次臂呼吸 1 次。 5. 蛙泳戴漂臂、腿、呼吸配合水中长游练习。 要求：强调正确的呼吸时机，蹬腿的动作质量及蹬腿后平直的身体姿势，其他要求同上。 6. 池边跳水 要求：模拟动物，生活行为跳水。	2 × 15 次 3 × 15 次 300 米 4 × 25 米 200 米 5 次	× × × × × × 组织：俯卧池边练习。 教法：组织，督促，纠错。 组织：同上。 教法：组织，引导，督促，纠错。 组织：泳道中依次顺序练习。 教法：组织，督促，纠错。 组织：泳道中练习。 教法：讲解，示范，引导，辅助，纠错。 组织：泳道中依次顺序练习。 教法：组织，保护，督促，纠错。 组织：池边练习。 教法：组织，督促，保护。
结束部分	5′	7. 小结，宣布本课结束。 8. 帮助年龄小的学生解除装备，引导退场。	5 分钟	组织：池边集合。 教法：讲解，组织。
见习生安排	专项生协助老师教学，见习生见习，并负责其安全巡视。		场地与器材	场地：游泳馆浅池区。 器材：打水板，背漂，长杆。
课后小结				

（六）教学组织

1. 教师要把学生始终圈定在自己的教学区内，以便监控管理。
2. 教师要根据教学效果的需要选择讲解和示范位置。
3. 教师要根据教学任务的需要选择合适的组织队形。
4. 教师要以亲切的态度、和蔼的口吻，管理好课堂秩序。
5. 教师要根据学生出现的错误动作及时进行手把手地纠正。
6. 教师不能因为学员较少就忽视课堂安全，同样要注意照顾好全局。
7. 教师要随时留意学生异常活动情况和身体状况，准备处理突发事件。
8. 教师要经常利用各种机会和方式，激发学员的自信心和学习热情。

（七）教学评定

根据教学时数的不同，教学结果的评定也不尽相同。

1. 6 次课，12 学时

部分成年学员能基本掌握蛙泳技术动作，学员通过后续自主练习能够达到巩固技术和不断增加游距的能力。年龄较大儿童一般能比成年人做得更好些。年龄较小的儿童和部分能力较差的成年人在这种学时之内一般难以掌握蛙泳技术，需在更长学时的培训班中学习或延长学时。

2. 12 次课，24 学时

一般能较熟练掌握蛙泳技术动作，用比较协调、连贯、较轻松的动作游到 25 米，能力较强的学员能够游到更远的距离。

中班教学中，教师和学生接触比较密切，因此师生关系较好。

三、小班的教学组织

所谓小班，相对标准班的基准人数更少，一般人数在 1~3 人之间，也就是一对一，一对二或一对三的教学。

（一）学员构成

学员多为年龄较小的儿童少年或成年女性，学员的体质状况、性格特点、学习能力参差不齐，但学员对教学环境、安全保障和教学质量的期望更高。

（二）课堂常规

因为学员年龄较小和有更高安全及教学质量要求，在这种教学班的课堂教学中，教师多半要直接在水中教学，要像家长一样要照顾学生，要营造一种更加温馨的课堂氛围。

1. 准备部分

（1）态度和蔼亲切地师生问好。

（2）教师为学员穿戴游泳保护装具。

(3) 教师带领学员一起进行准备活动。

2. 基本部分

根据教学进度要求，按照基本教学模式和学员的实际掌握情况，手把手地教授技术动作。

3. 结束部分

表扬奖励小学员，客观指出成年学员的问题，注意事项，改进方法等，布置家庭辅助练习。

(三) 教学进度

1. 6 次课教学进度 (表 10-5)

表 10 –5　6 次课 12 学时教学课进度表

教学内容 \ 课次	1	2	3	4	5	6	备注
1. 熟习水性练习	√						
2. 蛙泳蹬腿水陆模仿练习	√						
3. 蛙泳扶板戴漂蹬腿水中技术练习	√	√					
4. 蛙泳扶板戴漂蹬腿与呼吸配合水中长游练习	√	√	√	√	√	√	
5. 蛙泳划臂水陆模仿练习	√	√					
6. 蛙泳划臂与呼吸配合陆上模仿练习	√	√					
7. 蛙泳臂、腿、呼吸配合陆上模仿练习		√	√				
8. 蛙泳臂、腿、呼吸配合戴漂水中技术练习		√	√	√			
9. 蛙泳臂、腿、呼吸配合戴漂水中长游练习			√	√	√	√	
10. 蛙泳完整配合水中技术练习				√	√	√	
11. 蛙泳完整配合长游练习					√	√	
12. 结业考试							

(四) 教学模式

这种教学班的单一动作教学模式和一种泳式教学模式与标准班基本相同。因为人数较少，教师可以有更多的时间关注到每个学生，能更有针对性地因材施教，教学效果较好，效率较高，因此能用较短的时间达到大班和中班的教学效果，这种教学班多在短期培训中应用。

(五) 教 案

表 10–6 为小班教学一堂课的教案。

表 10 –6 小班教案范例

授课对象：初级班 课次：第 6 次 人数：成年 3 人 日期：2012. 8. 6 星期：一 时间：4:30 ~ 6:00

教学任务：1. 改进蛙泳臂、腿、呼吸配合技术。2. 进行蛙泳完整配合长游练习和结业考核。

部分	时间	教学内容	份量	组织教法
开始部分	10′	一、教师带领学员一起做准备活动 1. 讲解本次课程要学习的技术动作，强调课堂秩序和安全要求。 2. 热身运动。 3. 蛙泳划臂与呼吸配合模仿。	 8 ~ 10 节 2 × 10 次	组织：× × × × 教法：纠正技术。
基本部分	75′	二、水上练习 4. 蛙泳戴漂扶板蹬腿长游练习。 要求：强调蹬腿一次配合一次呼吸。 5. 蛙泳戴漂臂，腿，呼吸配合水中长游练习。 要求：强调正确的呼吸时机，蹬腿的动作质量及蹬腿后平直的身体姿势。 6. 蛙泳完整配合水中技术游练习（困难者可戴漂）。 要求：注意划臂幅度适当，蹬腿用力，保持呼吸节奏不变。 7. 蛙泳完整配合长游练习（困难者可戴漂）。 要求：动作幅度较大，动作速度较快，臂腿伸直后充分滑行休息，保持呼吸节奏不变。 三、结业考核。 要求：坚持到底。	300 米 3 × 100 米 4 × 20 米 4 × 50 米 15 ~ 25 米	组织：泳道中依次顺序练习。 教法：组织，督促，纠错。 组织：同上。 教法：组织，引导，督促，纠错。 组织：泳道中依次顺序练习。 教法：组织，辅助，纠错，保护。 组织：泳道中依次顺序练习。 教法：组织，伴游，辅助，纠错，保护。 组织：池边泳道中依次考核。 教法：组织，督促，保护。
结束部分	5′	四、对本次培训进行总结，指出每个人的基本技术状况及今后改进提高的建议。	5 分钟	组织：池边集合。 教法：讲解，组织。
见习生安排			场地与器材	场地：游泳馆浅池区。 器材：打水板，背漂。
课后小结				

（六）教学组织

1. 教师要始终跟随学员，将其圈定在自己的教学区内活动。
2. 教师随时注意学员的身体和情绪状况，做好各种非常规的处理准备。
3. 教师要根据教学效果的需要选择讲解和示范位置。
4. 教师要根据教学任务的需要选择自己的教学位置。
5. 教师要以亲切的态度、和蔼的口吻，管理好课堂秩序。
6. 教师要根据学生出现的错误，及时进行手把手地纠正。
7. 教师要经常表扬学员，利用学员的各种积极心理，激发学员的自信心和学习热情。

（七）教学评定

根据教学时数的不同，教学结果评价的界定也不相同。

1. 6 次课，12 学时

学员基本完成了蛙泳的主要技术学习，部分成年学员能够基本掌握蛙泳技术动作，学员通过后续自主练习能够达到巩固技术和不断增加游距的能力。年龄较大儿童一般能比成年人做得更好些。年龄较小的儿童和部分能力较差的成年人在这种学时之内一般很难掌握完整的蛙泳技术。

2. 12 次课，24 学时

一般能较熟练的掌握蛙泳技术动作，用比较协调、连贯、轻松的动作游到 25 米，能力较强的学员能够游到更远的距离。

由于小班教学，教学效果好，同时教师至始至终都伴随着学员学习和进步，因此师生容易建立深厚友情。

四、流水班的教学组织

所谓流水班，也被称为工厂化教学班，是在社会办班中组织者为考虑经济效益和方便学员随时报名参加培训的需要，而特设的一种教学组织形式。运行方式是按个人学习课次和掌握技术动作的程度分班，一般可分为 3~4 个进度班，由 3~4 名教师同时授课。如将 1~3 次课的学员分为一个进度班，由一名教师负责教授；4~6 次课的学员分为一个进度班，由另一名教师负责教授；7~9 次课的学生分为一个进度班，再由一名教师负责教授；9~12 次课的学员分为一个进度班，由最后一名教师负责教授。学员随着课次的增加，不断地晋级到下一个班，教师不动，学员流动，这就是工厂化作业的流水班。这个流动也可以是逆向的，如学员没有在上一个班中打好基础，到下一个班中跟不上进度，就可以返回上一个班中多练习一次，再晋级。在这种流水班中，各种年龄，不同基础和学习能力的人都会同时来到一个教师的面前，需要学会游泳。教师面临的教学组织管理，教学方法应用和课堂安全保障问题较其他班制要复杂得多，特别是在第一个班次。随着课次的增加和学员的晋级，学员的管理和教学环节的衔接将成为后续班次中的主要问题，因此教师必须按照既定的教学步骤，在自己的班次中达到教学目标的要求，尽量不要给后续班次的教学环节留下隐患。最后一个班次的教师承担着整合前几个教师不同风格教学的“功”与“过”的重要任务，也就是说这位教师必须把前几位教师的教学“成果”串接在一起，组成一个完整的产品，因此这位教师要有很好的教学整合能力。这种教学组织方式是适应现在培训市场中处于买方市场的有效手段。

（一）学员构成

这种教学班的学员成分是最复杂的，各种年龄、不同基础和学习能力的人都有，他们对学习的要求主要是价格实惠，时间自由，会游就得，同时课堂安全是有保证的。

（二）课堂常规

因为学员流动，师生还未熟悉就又转到下一个班次中学习，教师面对的几乎都是新学员，因此教师更要加强课堂管理和教学组织。

1. 准备部分

（1）师生问好。

（2）教师清点学员人数，掌握新学员的识别特点，以便教学中重点照顾。

（3）教师带领学员进行准备活动，进一步熟悉学员。

2. 基本部分

根据本班教学任务要求，按照基本教学模式，组织新老学员共同练习。

3. 结束部分

表扬奖励小学员、新学员，指出每位学员的技术问题、练习中的注意事项和改进方法等，布置课后辅助练习。

（三）教学进度

1. 1~3 次课教学进度（表 10–7）

表 10 –7　12 次课 24 学时 1 ~3 次课教学进度表

课次 教学内容	1	2	3	备注
1. 熟习水性练习	√			
2. 蛙泳蹬腿水陆模仿练习	√			
3. 蛙泳扶板戴漂蹬腿水中技术练习	√	√		
4. 蛙泳扶板戴漂蹬腿与呼吸配合水中长游练习	√	√	√	
5. 蛙泳划臂水陆模仿练习	√	√		
6. 蛙泳划臂与呼吸配合陆上模仿练习	√	√	√	
7. 蛙泳臂、腿、呼吸配合陆上模仿练习		√	√	
8. 蛙泳臂、腿、呼吸配合水戴漂水中技术练习		√	√	

2. 4~6 次课教学进度（表 10–8）

表 10－8　12 次课 24 学 4～6 次课教学进度表

课次 教学内容	4	5	6	备注
1. 蛙泳扶板戴漂蹬腿水中技术练习	√	√		
2. 蛙泳扶板戴漂蹬腿与呼吸配合水中长游练习	√	√	√	
3. 蛙泳划臂与呼吸配合陆上模仿练习	√			
4. 蛙泳臂、腿、呼吸配合陆上模仿练习	√	√		
5. 蛙泳臂、腿、呼吸配合水戴漂水中技术练习	√	√	√	
6. 蛙泳臂、腿、呼吸配合水戴漂水中长游练习	√	√	√	
7. 蛙泳完整配合水中技术练习			√	

3. 7~9 次课教学进度（表 10–9）

表 10－9　12 次课 24 学 7～9 次课教学进度表

课次 教学内容	7	8	9	备注
1. 蛙泳扶板戴漂蹬腿与呼吸配合水中长游练习	√	√	√	
2. 蛙泳臂、腿、呼吸配合戴漂水中技术练习	√	√		
3. 蛙泳臂、腿、呼吸配合水戴漂水中长游练习	√	√	√	
4. 蛙泳完整配合水中技术练习	√	√	√	
5. 蛙泳完整配合长游练习		√	√	

4. 10~12 次课教学进度（表 10–10）

表 10－10　12 次课 24 学 10～12 次课教学进度表

课次 教学内容	10	11	12	备注
1. 蛙泳扶板戴漂蹬腿与呼吸配合水中长游练习	√			
2. 蛙泳完整配合水中技术练习	√	√		
3. 蛙泳完整配合长游练习	√	√	√	
4. 结业考核			√	

（四）教学模式

流水班的每位教师都只需根据本部分教学进度要求，完成相应技术环节教学就可以了，因此对每位教师来说应用的都是单一技术动作教学模式，教师在教学中更主要的是考虑教学方法和练习方法的应用，

（五）教　案

略。

（六）教学组织

1. 教师要始终将学员圈定在自己的教学区内活动。
2. 教师随时注意新学员的安全问题，督促老学员按规矩练习。
3. 教师要根据教学效果的需要选择讲解和示范位置。
4. 教师要根据教学任务的需要选择自己的教学位置。
5. 教师主要以新学员，困难学员的情况，组织管理好课堂秩序。
6. 教师要根据学生出现的错误，及时进行手把手地纠正。
7. 教师要处理好新老同堂教学中的教学和练习的关系，老学员的练习就是新学员的学习内容，新学员学习的内容就是老学员的练习。
8. 教师要经常表扬学员，利用学员的各种有利心理，激发学员的自信心和学习热情。

（七）教学评定

这种教学班多为 12 次或 12 次课以上的教学，一般经 12 次课的培训都能较熟练地掌握蛙泳技术动作，用比较协调、连贯的动作游到 25 米，能力较强的学员能够游到更远的距离。

由于流水作业，在教学过程中是由不同教师分段教学，对技术动作的形成不如由同一教师自始至终教学的效果好。

O 思考题

1. 游泳教学有哪些特点？
2. 游泳教学的目的和任务有哪些？
3. 学习游泳技术的认识和掌握分哪几个阶段？
4. 游泳教学的原则有哪些？
5. 常用的游泳教学训练方法有哪些？
6. 如何组织好一个标准班的课堂教学？

O 推荐读物

1. 日本游泳联盟编.沈立仙译.安全游泳 [M]. 台湾：新雨出版社，1999.6.
2. 中国游泳协会官方网站：http：//swimming.sports.org.cn
3. 全国体育院校教材委员会审定.游泳运动 [M]. 北京：人民体育出版社，2001.10.

O 参考文献

[1] 全国体育院校教材委员会审定.游泳运动 [M]. 北京：人民体育出版社，2001.

[2] 吉村丰，高桥雄介.游泳技巧图解 [M]. 边静，李香，贾朝勃译.北京：北京体育大学出版社，2007.

[3] 温宇红，等.跟专家练游泳 [M]. 北京：北京体育大学出版社，2008.

[4] 全国十二所重点师范大学.教育学基础 [M]. 北京：教育科学出版社，2008.

[5] 北京体育大学田径教研室《田径运动教程》编写组.田径运动教程 [M]. 北京：北京体育大学出版社，2007.

第十一章 不同泳姿教学步骤和方法

概述

任何一种运动技能的学习和提高，除了需要在教学过程中贯彻教学原则，按科学合理的组织方法进行，还需要认真分析技术环节，根据技术特点、学习过程特点和学生特点将技能分解成一系列的步骤，采用合理的手段，用讲解、示范、练习、纠正错误等方法串联成完整的教学步骤，才能够完成有效地教学。

本章从熟悉水性教学开始，将初学游泳者循序渐进学习四种姿势及简单的出发、转身技能的步骤和方法进行介绍，同时例举教学过程中一些简单实用的窍门，例如教学顺口溜、教法提示、常见错误及纠正方法等。结合专业理论课教师讲授，学生应通过本章学习，初步掌握初学游泳教学的基本步骤和方法，并通过教学实践环节加以验证和巩固。

关键术语

熟悉水性、陆地模仿、半陆半水模仿练习、腿部技术教学、划水技术教学、完整配合技术教学、教学重点、教学难点、组织教法、易犯错误、教学提示

第一节　熟悉水性教学步骤和方法

游泳中的水性，就是一个人对水的掌握程度，对水的浮力与阻力的控制能力，以及在水中掌握呼吸的熟练程度。

一、熟悉水性的作用

人类习惯于生活在陆地环境中，而游泳是在水中进行的，这是两种完全不同的介质。人在陆地上直立行走，而在游泳时通常是俯卧或者仰卧，游泳时不能“脚踏实地”，水的特殊性质往往使初学游泳的人感到很不适应。合理使用熟悉水性练习可以有效帮助初学者克服对水的恐惧。熟悉水性教学和练习能够使初学者在水中学习初步掌握平衡的方法，学会在水中呼吸的技巧，适应水的浮力、阻力、压力对人的影响，并利用或克服这些外力在水中自如移动。

在水环境中，对动作的控制、协调能力和运用技术的能力，都会与陆地上有很大差异。如果在没有熟悉水性的情况下直接学习游泳动作，不仅可能使初学者更加恐惧，还增大了安全隐患。因此，熟悉水性练习是游泳的基础，它与今后学习四种泳姿的快慢、标准程度、游进速度息息相关。所以要学会游泳，首先要熟悉水性。

二、熟悉水性教学步骤

熟悉水性的主要手段是水中呼吸、水中行走、漂浮、滑行。

（一）安全入池及上岸

教学目的：掌握安全地进入游泳池及上岸的方法。

1. 安全入池

初学者进入泳池应缓慢，有教师、同伴的帮助，或者能够借助梯子或池壁的支撑，以免滑落水中。常见的方法是利用梯子入池，或坐池边转身抓池边入池。

（1）利用扶梯入池

学生人数少，或学生非常怕水，可以背对游泳池，手扶把手，一步一个台阶，缓慢进入。

（3）池边转身入池

如果学生人数较多，或学生年轻不怕水，可以从池边入水。坐在池边，身体一边向一侧扭转 180°背对游泳池，一边下滑到双脚触到池底，整个动作过程中双手扶着池边不要松手。(图 11–1)

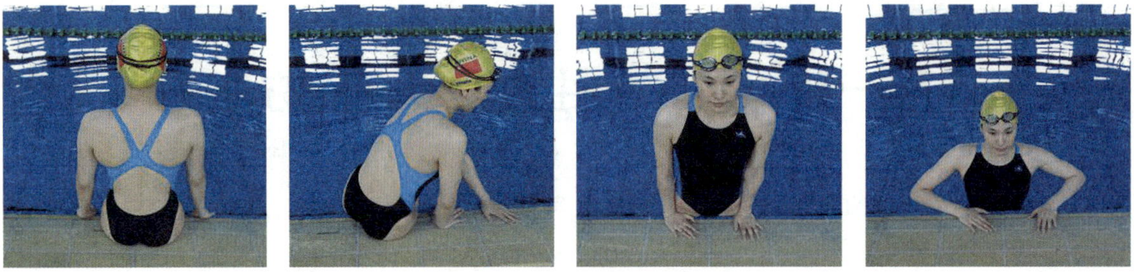

图 11-1　从池边安全入池方法

2. 安全上岸

（1）利用扶梯上岸

（2）池边上岸

如果学生比较年轻，体能较好，可以双手用力撑池边，同时利用水的浮力向上蹬跳，单脚跨上池边支撑稳定后爬到岸上。（图 11-2）

图 11-2　从池边上岸方法

教学重点：独立上岸。

教学提示：练习后期可以把进入水池—水中行走—安全上岸结合起来，让学生横越游泳池完成三个练习。如果教学对象是儿童，教学时应强调上岸后不要跑，以防滑倒摔伤，出现意外。老年人应尽量利用扶梯上岸。下水前要进行安全教育，强调安全注意事项。不允许在场地跑跳、打闹，尤其是对少年儿童更要着重强调。准备活动要充分，防止抽筋及其他意外危险发生，学生如感到身体不适应立即汇报并上岸处理。

（二）水中行走

通过在水中行走，可以体会水的阻力、压力、浮力，掌握保持水中平衡的方法，消除怕水心理。水中行走可以采取多种形式，包括在水中前进、倒退、侧步行走、跑步、跳跃等等。可以单人进行，也可以集体以拉手行走、接力游戏等形式进行，如图 11-3 所示。如果在深水池学习，可以用双手扶池边移动代替。（图 11-4）

教学重点：培养学生对水的兴趣和在水中放松的感觉，体会水的阻力、压力、浮力对人的影响。

图 11-3 水中行走

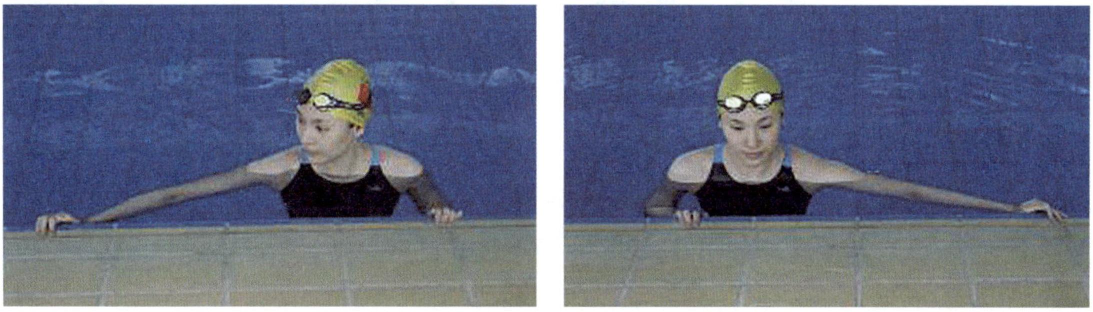

图 11-4 深水中手扶池边移动

（三）水中呼吸

在陆地上的呼吸是无意识的动作，人们通常用鼻子呼吸。而在水中，呼吸却成了学习游泳的一大障碍。在水下必须是有意识的动作，需要专门练习。水中呼吸动作由吸气—憋气—吐气三部分组成的。口吸口呼，或者口吸口、鼻呼，水上只用口吸气，如果用鼻子吸气，就会呛水。如果吸气过满往往憋不了多长时间，很快就想把气吐出来。初学者在吸气练习时吸入 50%~60%即可，让空气在肺泡中有可压缩的空间。这样既能增加憋气的时间，又能减少对水的恐惧。

1. 陆地模仿练习

(1) 口吸口呼练习法

成立正姿势，先用口吸气，闭气数秒后用口吐气，重复 3~5 次。可以用手检测是否漏气。

(2) 口吸口、鼻呼练习法

成立正姿势，先用口吸气，闭气数秒后用口鼻同时吐气，重复 3~5 次。可以用手检测是否漏气。

然后，双手扶膝，身体前倾，全身放松。按照吸气—憋气—呼气的顺序进行练习。呼气时可用口或鼻口同步，不要全部呼出，要留一小口气在嘴里，呼气的同时抬头，以颈部为轴，身体不要有起伏，双手不能离开膝盖。当目视前方时，大声说“啪”把气喷出，然后迅速吸气低头。(图 11–5)

图 11–5　陆上呼吸模仿练习

教法提示：教师边讲解边示范，做示范时尽量采用多角度、多重复的教学方法，强化学生对动作概念的理解，清晰动作的顺序。

教学重点：呼吸的顺序和动作的节奏。

教学难点：动作的节奏。抬头后仰要慢，吸气、低头要迅速。

易犯错误：吸气时整个身体上抬。

解决方法：双手按住膝盖不要离开。

(3) 扶墙换气练习

练习方法：身体前屈与大腿呈 90°，双臂伸直双手扶墙，头夹在两臂中间目视正下方，然后进行换气练习。

教学重点：头部动作与呼吸之间的配合。

教学难点：换气时间短，换气时头部要慢抬、快吸、快低头。身体、肩关节和肘关节要保持平直不能动。

2. 水中练习方法

(1) 半陆半水呼吸练习

教学目的：体会水中换气动作。

练习方法：俯卧在岸边，肩与池边平行，低头将脸放在水中吐气，再抬头吸气，重复进行。(图 11–6)

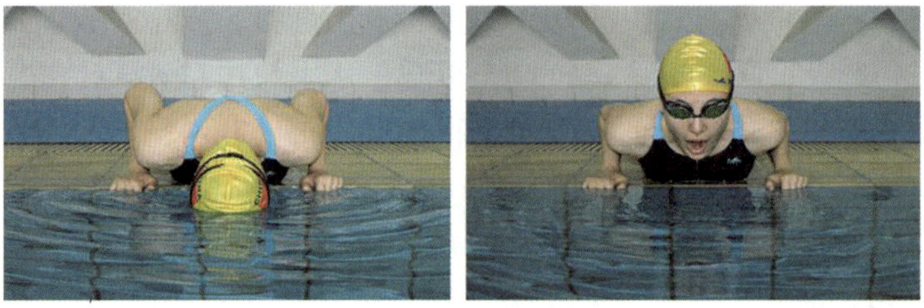

图 11–6　半陆半水呼吸练习

练习次数：10 次×4~6 组。

教学提示：仅适用于水面与池边平行的场地。不适合针对中老年教学对象。

教学重点：憋气、吐气与吸气的节奏。

教学难点：头部要浸入水中，仅有后脑露出水面。

易犯错误：

①不敢将头部没入水中，这个问题大多出现在儿童和成年女性身上。

②在水中不敢或不会用鼻子呼气。

解决方法：

①用水桶盛水，将水从头上慢慢浇下，适应头部在水中的感觉。

②用鼻子呼气是为了防止鼻子呛水，要克服不敢或不会用鼻子呼气的问题，可以在鼻子快要浸入水中的时候就开始呼气，然后慢慢浸入。反复进行练习，直到呼气自如后再进行换气练习。

(2) 扶边水中呼吸练习

教学目的：巩固并熟练掌握水中呼吸动作。

练习方法：双手扶池边站立，闭气后下蹲，将头部全部浸入水中。稍闭气再用鼻子或嘴、鼻同时呼气，吐气将尽时抬头，嘴露出水面后先用力将气呼完，再张口吸气。重复进行多次。(图 11–7)

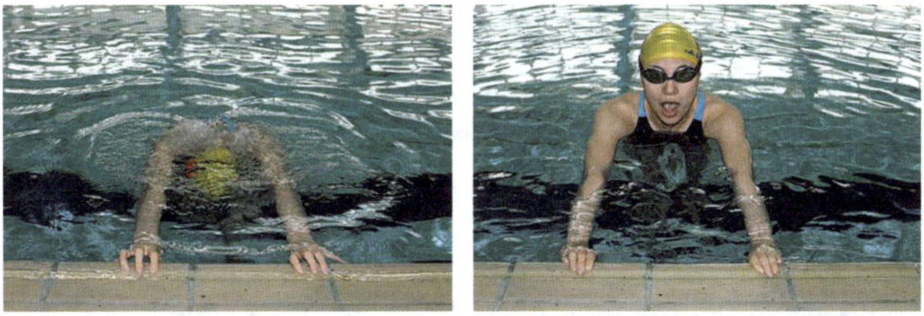

图 11–7　扶边呼吸练习

练习次数：10 次×4~6 组。

O 教学口诀

口鼻同时来吐气，
吸气抬头身体低，
用嘴快吸别用鼻，
低头憋气再吐气。

教学提示：教师示范并讲解，学生练习时教师进行个别错误动作的纠正，如错误动作普遍存在，要重新上岸进行陆地模仿练习，强调概念，在模仿练习动作正确后，再下水练习。水中呼吸练习一定要先练闭气再练换气。如果学生在身体浸入水中吐气有困难，可以先用

“水从口入又从口出”的吐水练习法，进行辅助练习，这个练习是帮助学生了解，嘴里有水时只要没有吞咽动作就不会把水喝进去。要求尽量吐得远。

教学重点：学会用鼻子呼气，防止鼻子呛水。

教学难点：连续、有节奏地呼吸。

O 学会换气的小秘方——大声喊“不——怕”

吸不进气，总是呛水是许多学生在刚开始学习换气时的感觉，吸不进气是因为在水下气没有吐干净，就像一个装满了隔夜茶的茶杯，必须先倒掉，才能装进新沏的热茶。呛水的主要原因是用鼻子吸气，或在嘴还没有露出来之前就吸气了。可以采用下面的窍门，水下吐气时嘴里大声喊“不——”，头抬出来后大声喊“怕”，再用嘴吸气，就不会呛水了。

（四）漂浮与站立

我们在陆地上习惯直立行走，而在水中的动作都是平卧的，因此需要先学习漂浮，再学习游泳动作。

1. 扶边漂浮加呼吸

教学目的：在有固定支撑的情况下体会身体漂浮的感觉。

练习方法：在扶边呼吸练习的基础上，可以进行扶边漂浮加呼吸的练习。先吸气后憋住，低头，伸肩，身体放松，腿向上自然浮起，身体伸直平卧在水面上慢慢吐气。吸气时身体不动，头颈上抬使口露出水面吸气。可以连续进行（图 11-8）。站立时抬头挺胸，两腿向前收成直立姿势。

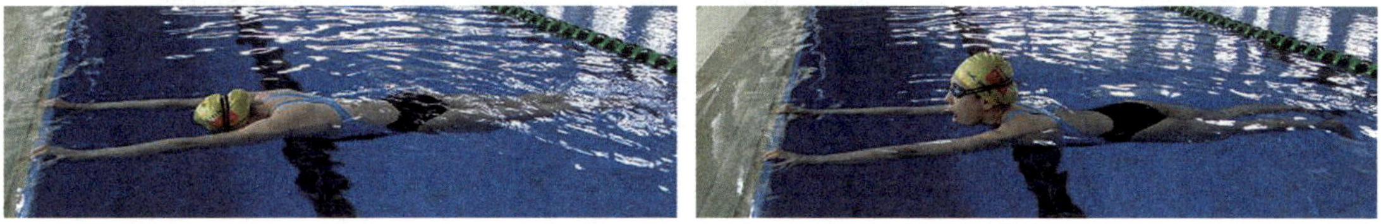

图 11-8　扶边漂浮加呼吸练习

练习次数：10 次 1 组，4~6 组。

教学重点：身体放松、伸展，不要抬头挺胸。

教学难点：身体平衡的掌握。

易犯错误：手臂紧缩，肩抬起，腿浮不起来。

纠正方法：可以轻微交替打腿，或者带浮漂协助身体漂浮。

2. 蘑菇漂（抱膝浮体）

教学目的：体会没有固定支撑的条件下漂浮的感觉。

练习方法：站立在水中，吸气后憋住，前脚掌蹬离水底，收大腿屈膝收腹，低头双手抱膝团身。眼睛一定要睁开并目视正下方，身体要尽量放松，背部露出水面自然漂浮于水中

(图 11-9)。

图 11-9　蘑菇漂

教学提示：教师先讲解动作以及动作的要点、难点及易犯的错误。教师示范后找胆子大的学生做示范，然后进一步讲解，并帮助其站立。学生练习时教师及时纠正个别学生的错误动作，对胆子小的学生要加强保护。

练习次数：6~8 次，逐渐增加漂浮时间。

教学重点：体会浮力作用下身体自然漂浮的感觉。

教学难点：初学者脚离开池底通常会害怕，应先教站立，后教漂浮。

易犯错误：站立不稳。

解决方法：可以把学生分成两人一组，一个练习，一个进行保护，教师在协助保护的同时可以纠正学生的错误动作。站立时，两臂先前伸再向下压水，同时两腿伸向池底，脚触水底站立并抬头，两臂自然放于体侧。通常学生习惯先抬头，这样就改变了浮心的位置，告诉学生在脚确定触到池底站稳后再抬头就能避免站不稳的现象了。

O 趣味游戏——超级玛丽

做这个练习时可以将学生分为两人一组，一人做蘑菇漂，即超级玛丽，另一人双手扶住练习者的肩膀，向后倒退拖“蘑菇”或者做向前推“蘑菇”，增加练习的趣味性。

3. 一字漂及站立

教学目的：增加漂浮的难度，体会实际游泳时伸展漂浮在水面的感觉。

练习方法：先做蘑菇漂，待身体平衡后两臂前伸，两腿向后伸展，头夹在两臂之间，目视正下方，呈俯卧姿势漂浮于水面。要求全身放松，充分展开。(图 11-10)

图 11-10　一字漂及站立

站立时，收腹、收腿，两臂向下压水，膝盖向腹部收回，双腿向下两腿伸直，使身体由俯卧转为垂直，脚触水底站立，然后抬头，两臂自然放于体侧。

教学提示：教师先讲解动作要点，示范后找胆子大的学生做示范，然后进一步讲解，并帮助其站立。学生练习时教师及时纠正个别学生的错误动作，加强保护。

练习次数：6~8 次，逐渐增加漂浮时间。

教学重点和难点：水中保持平衡和放松。

易犯错误：漂浮时抬头挺胸，身体下沉。站立时没站稳就抬头引起重心不稳、站不起来、呛水。

解决方法：浮力不好的学生可用腰浮漂或用腿夹住扶板作为辅助，并提示学生低头压肩压胸，眼睛看池底。站立时，脚先踩到池底再抬头，会更稳定一些。

O 伸懒腰

要想漂得伸展、平稳，可以模仿伸懒腰的动作，也就是在水中找放松伸直的感觉，双腿伸直，脚尖绷起，尽量向后伸。

（五）水中滑行

滑行练习要在掌握水中漂浮的基础上进行，目的是使学生体会和掌握游泳时的水平位置、平衡感觉和流线型姿势，为学习游泳技术做好准备。

1. 蹬地滑行

教学目的：借助蹬地的力量，结合漂浮动作，体会流线型姿势滑行动作。

练习方法：站立在水中，两臂并拢伸直夹住头，吸气后憋气，低头团身，两脚用力向后下蹬池底，使身体向前上方跃起并滑行。滑行过程中保持身体伸直，臂腿并拢。（图 11–11）

教学提示：仅适用于浅水区。

图 11–11 蹬地滑行

2. 蹬边滑行

教学目的：提高滑行及在水中的平衡能力。

练习方法：一手扶池边，一手前伸。低头团身屈膝，脚用力向后蹬池边，使身体向前滑行。滑行过程中两臂两腿均并拢伸直，身体保持一定的紧张度，当身体静止不动后站起。（图 11–12）

图 11-12　蹬边滑行

练习次数：8~10 次。

教学重点和难点：身体的姿态和平衡。

易犯错误：蹬离时不低头，两臂分开，两腿分开并下沉，造成滑距短。受波浪的影响身体不稳定，滑行时身体向一侧偏。

解决方法：低头摆正头部的位置，手腿并拢，不要过于用力，采用拖带的方法帮助学生体会流线型的身体姿势。

O 拖船和鱼雷

滑行动作教学时教师可以启发学生自己做一个“拖船和鱼雷”的小试验，即蹬边滑行两次。第一次模仿拖船，两臂和两腿分开并弯曲，蹬边滑行至身体停止前进，记住滑行的距离。第二次模仿鱼雷，两臂前伸并拢伸直，两手重叠，两腿并拢伸直，身体夹紧。看看哪一次滑行得远，并启发学生思考这是为什么。

3. 双人拖带滑行

教学目的：帮助儿童、过度怕水以及浮力较差的学生掌握水中平衡。

练习方法：两人一组，辅助练习者双手轻轻托住练习者的双手倒退，练习者将双手放在辅助练习者手上蹬地漂浮。(图 11-13)

图 11-13　双人拖带滑行

易犯错误：辅助练习者用力向上拉练习者，导致练习者腿部下沉。或者练习者手臂弯曲，肩部过于紧张，头部抬得太高使身体下沉。

解决方法：两人的双手都要放在水面上，手轻轻搭上即可。练习者身体要伸直，肩部放松，低头目视正下方，脚尖绷直向后伸。

（六）熟悉水性辅助练习

1. 水中游戏

水中游戏既可以熟悉水性，又可以活跃练习气氛，提高学习兴趣。可以根据学生的年龄、性别特点，设计不同的游戏，例如走跑接力、一网捕捞鱼、打水仗、钻山洞、跑火车、水下石头剪刀布等多种方式提高练习的趣味性。(图 11–14)

图 11–14　各种水中游戏

2. 水中健身操

水中健身操是充分利用水的浮力、阻力等特性，根据人体解剖生理特点，经过事先编排在水中进行体操类练习动作。水中健身操的基本动作采用了走、跑、跳跃等腿部动作，加上相应的划水动作编排而成，可以提高学生在水中移动的能力，改善平衡，提高学习的趣味性。(图 11–15)

关于水中健身操的详细介绍见第十四章。

图 11–15　水中健身操的部分动作

三、熟悉水性阶段教学提示

（一）安全第一

教师要把初学者的安全放在首位，除游泳课必备的泳衣、泳镜、泳帽外，备有救生圈、救生杆、漂浮板等辅助救生器材。时刻密切观察学生，掌握动作情况。在前一个动作学会后再进行下一阶段的教学，例如：学生掌握水中站立后再进行漂浮和滑行的练习。深水池教学可先进行扶板打腿练习再学习漂浮。教师在教学中还要根据不同年龄段的学生采取不同的教学手段和方法。儿童活泼好动但耐久性差，在教学中应更加注意他们的安全问题。女性学生通常胆子小、怕水、怕水凉、怕抽筋等，这类人群要让其克服这些问题就要做好充分的陆地训练及准备活动，在水中多进行辅导。男性学生胆子大，要注意别让其做冒险的动作。老年人心肺功能及心脑血管较年轻人的发病概率要高，要注意不能长时间憋气，缺钙的也比较多，容易抽筋，要注意练习的量和强度。

（二）由浅入深

按照动作难度由简到难、循序渐进地安排练习有助于消除学生怕水的心理。少儿的生理、心理及神经系统有很强的兴奋性与可塑性。因此，在教学中应根据其模仿能力强、掌握动作快的特点，在训练中注重模仿及形象化的语言提示，循序渐进地完成该阶段的教学任务。

（三）寓教于乐

根据场地条件，把技术动作通过游戏进行教学，不仅能提高学生的学习兴趣，还能有效地消除学生的怕水心理。

（四）课后作业

课后在有能力、有条件时复习课堂上所学内容，有助于在水中练习时更好、更快地掌握技术动作。同时也能减少下次课的练习时间，有更充分的时间学习新内容，纠正学生的错误。例如：在水盆中做呼吸练习。

（五）指标检查

呼吸是熟悉水性中最重要的一项练习，在熟悉水性的练习考核中要求学生能够做到熟练地正确呼吸技术，换气动作引起身体的上下起伏较小并且能够连续换气。漂浮时身体尽量伸长，保持平直。滑行路线直，通常成人 4 米以上，儿童 2~3 米。

（六）反复练习

在以后的课程中下水后可以用熟悉水性练习作为准备活动，增加学生的水感。

第二节　蛙泳教学步骤和方法

蛙泳是许多初学者学习游泳的首选泳姿。学习蛙泳要在熟悉水性的基础上进行练习，通常先从腿部动作开始，然后再进行手臂、换气和完整的动作配合。练习方法主要由陆上模仿练习、半陆半水练习和水中练习这三部分组成。

一、蛙泳腿部与呼吸配合动作教学步骤

蛙泳的腿部动作分四部分，收腿、翻脚、蹬夹水和滑行，简称收、翻、蹬夹、停。教师在教学中可以先做整体动作的示范，然后再进行分解动作的教学。在教法上要多做多角度示范，并及时纠正学生的错误动作。

教学过程中应通过讲解、示范、陆上模仿练习、半陆半水模仿练习、水中扶边、扶板、徒手练习，使学生掌握蛙泳腿的技术概念，学会正确的蛙泳腿部动作及与呼吸的配合动作，能够扶板连续蹬腿 50 米以上，为掌握蛙泳技术打好基础。

（一）陆上模仿练习

1. 坐姿勾绷翻脚练习

教学目的：蛙泳腿的翻脚动作是我们陆上不习惯的一个动作，初学者对这个动作没有概念，不好理解，加上刚下水紧张，俯卧水中时又看不到脚的动作，因此翻脚是教学难点。陆上坐撑勾绷翻模仿练习可以帮助初学者掌握动作概念，强化翻脚时的肌肉感觉。

练习方法：坐在池边地板上，双腿伸直，双手后撑，在教师的口令提示下做勾脚和绷脚练习。勾脚时要求脚尖朝上，绷脚时脚尖向前。重点体会勾脚时踝关节周围肌肉用力的感觉。动作熟练后在勾脚的基础上双脚外翻，脚尖朝外。（图 11–16）

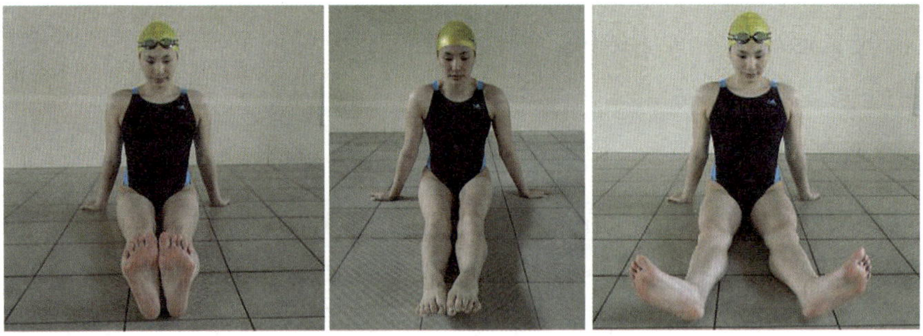

图 11–16　坐姿勾绷翻脚模仿练习

2. 站立勾绷脚练习

教学目的：在没有视觉帮助的条件下强化翻脚动作感觉。

练习方法：在上一个练习的基础上练习，站立扶墙，一条腿小腿后屈，做勾绷翻脚的练

习。(图 11–17)

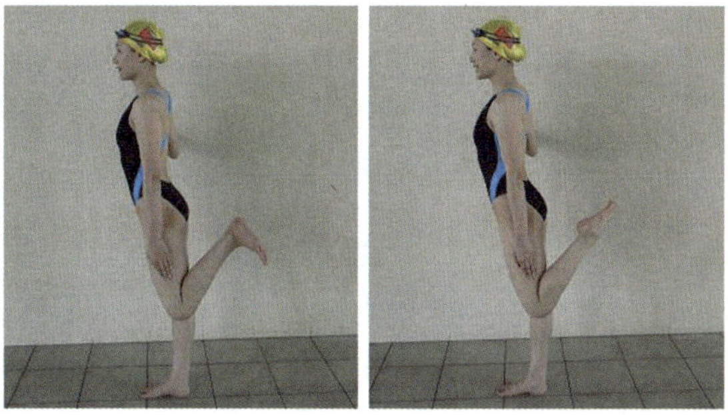

图 11–17　站姿勾绷翻脚模仿练习

教学提示：提示学生小腿前部肌肉用力收缩，再用力伸展，完成勾和伸动作。

练习次数：10 次×2~4 组。

教学重点：勾绷动作的转换。

教学难点：在不可视条件下，不易把握勾绷脚的感觉。

易犯错误：只收小腿不翻脚，或只勾脚趾不勾脚。

解决方法：做好勾脚动作后稍停顿，用语言提示学生记住肌肉用力感觉。

3. 陆上坐撑蛙泳腿练习

教学目的：用分解到完整的方法体会蛙泳腿的动作结构和用力方法。

练习方法：坐姿，双腿伸直，身体后仰，双手后撑，按照收腿、翻脚、蹬夹、停的四拍做动作。

(1) 收腿：屈膝，小腿和脚藏在大腿的后面慢慢收紧；收大腿结束时两膝与肩同宽，两脚宽于两膝，从正面看脚、小腿、大腿呈 M 形。

(2) 脚尖向外，脚掌向上。

(3) 蹬夹：由腹部和大腿同时发力，以小腿和脚、踝内侧同时蹬夹水，先向外后向内蹬水，就像画半个圆圈。向外蹬水和向内夹水要连贯，边蹬边夹，蹬夹水结束时双腿并拢伸直。蹬水动作不要过猛，要由慢到快地加速蹬夹水。蹬夹过程中双脚始终保持外翻，直到蹬夹结束后伸直。

(4) 蹬夹完成后两腿并拢做短暂滑行，为下一次动作做准备。(图 11–18)

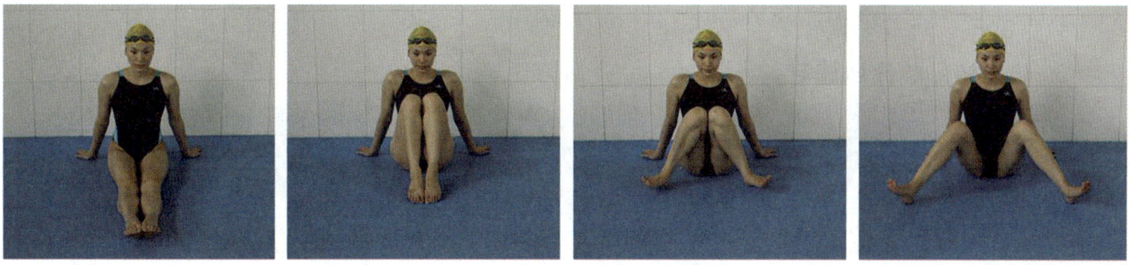

图 11–18　陆上坐姿模仿练习

O 教学口诀

边收边分慢收腿，
向外翻脚对准水，
向后弧形蹬夹腿，
两腿伸直漂一会儿。

练习次数：10 次×3~5 组。

教学提示：按“收（收腿）、翻（翻脚）、蹬夹，停”的口令引导动作，口令“收、翻”要慢，“蹬夹”要迅速有力连贯，引导和控制学生的动作速度。

翻脚时动作尽量到位，因为脚掌和脚趾的位置对后面蹬夹起到方向导向的作用。初学者在练习时，可以先进行分解练习，即每做一个动作稍停，想清楚之后，再做下一个动作，然后逐渐过渡到连贯的动作。刚开始时，可以用眼睛看着自己腿的动作是否正确。

教学重点：翻脚和蹬夹。

教学难点：蹬夹。

易犯错误：两膝分开过大，双腿蹬直后再夹水，大腿收得过多，小腿收得少。

解决方法：坐在出发台或凳子上练习，大腿不动小腿向后收。教师用帮助和限制的方法控制。

4. 跳起夹水练习

教学目的：体会加速蹬水的感觉。

练习方法：先站立，单手扶墙单腿做收、翻、蹬夹、停四拍的练习，收、翻时左手摸脚跟，可以帮助学生更好地完成收腿和翻脚的动作。动作熟练后，双脚分开站立比肩略宽，双腿弯曲，两膝之间与肩同宽，向上蹦起，两脚离地的同时双腿和踝关节迅速靠拢，靠拢的同时绷脚尖。(图 11-19)

图 11-19 跳起夹水模仿练习

教学提示：准备好场地，注意安全，避免滑倒。比较适合青少年，但不适合中老年及体重过大者。

练习次数：10 次×2~4 组。

教学重点：跳起时两个踝关节迅速靠拢。

5. 陆上俯卧蛙泳腿练习

教学目的：以俯卧姿势，在没有视觉帮助，但接近水中体位的条件下体会蛙泳腿动作。

练习方法：俯卧在长凳或出发台上，做收、翻、蹬夹、停四拍动作（图 11-20），在翻脚完成时脚跟触碰双手。

教学提示：以大腿的上 1/3 处贴近板凳或出发台成俯卧，这样既省力，又可控制大腿少收。由于动作全凭感觉进行，在动作不熟练的情况下，容易出错。可以先采用双人练习，由

辅助练习者通过手法帮助练习者，同时注意观察动作。(图 11–21)

图 11–20　陆上俯卧蛙泳腿练习

图 11–21　陆上俯卧蛙泳腿双人练习

练习次数：10 次×2~4 组。

教学重点：体会翻脚和腿蹬夹的路线及动作节奏。

教学难点：踝关节在整个动作中的变化。

易犯错误：两膝之间距离过大，双脚向内收，不翻脚。

解决方法：单人练习时可两膝之间夹浮板控制分膝，双人练习时辅助练习者控制住动作。

(二) 半陆半水练习

1. 坐撑池边蛙泳腿练习

教学目的：在巩固蛙泳腿技术动作的基础上，体会脚对水、蹬夹水的感觉。

练习方法：坐在池边，双手后撑，双腿放在水中，按照收(收腿)、翻 (翻脚)、夹 (蹬夹)、停的节奏进行蛙泳腿模仿练习。在掌握动作结构的基础上体会蹬水时水对于脚内侧和小腿的阻力。(图 11–22)

图 11–22　半陆半水坐撑腿模仿练习

教学提示：由于介质不同，在水中的练习和在陆地上的练习会有很大差距，尤其是蹬、夹的动作。蛙泳腿的整体配合，每个关节运动的时机都很关键，初学者在开始的练习中会有顾此失彼的感觉，示范和开始的练习中一定要尽量放慢速度，先分解再连贯，清晰动作概念后再加快速度进行练习。

练习次数：10 次×2~4 组。

教学重点：体会水的阻力。

教学难点：动作节奏的变化。

易犯错误：蹬夹水时用力不够、速度慢。夹水结束后双脚未并拢。

解决方法：对腿部力量差的学生，要求在练习时早夹水。夹水结束后主动并拢双脚。

2. 俯卧池边蛙泳腿练习

教学目的：在没有视觉帮助的条件下，依靠肌肉运动感觉掌握蛙泳腿动作，为水中练习做好准备。

练习方法：双手前伸，上体俯卧池边，髋关节在池边处，双腿在水中按收、翻、蹬夹、停四个步骤进行练习。(图 11–23)

图 11–23　俯卧池边蛙泳腿模仿练习

练习次数：20 次×4~5 组。

教学提示：初学者在俯卧练习中很难做到面面俱到，在练习中每一组注意一个点，逐渐完善动作。这个练习只能凭借肌肉和皮肤在水中的感觉，教师的提示和帮助很重要，应及时准确。

注意中老年人不适合做这个练习。

教学重点：身体姿势和翻脚、蹬夹动作。

教学难点：动作节奏的变化。

易犯错误：收大腿过度，不翻脚，蹬夹时两膝距离过宽，蹬夹分离。

解决方法：两人一组，利用握脚法辅助练习。单人练习时可夹浮板纠正两膝分开过宽蹬夹分离的问题。由于浮板的浮力收大腿的问题也会有所改善。

（三）水中练习

1. 扶池边漂浮蛙泳腿练习

教学目的：体会身体在水中漂浮平衡的基础上做蛙泳腿的感觉。

练习方法：双手扶池边，目视前方，双臂伸直，含胸收腹，身体平直地漂浮于水面。在保证身体平稳漂浮的条件下双腿做蛙泳腿动作。(图 11–24)

练习次数：憋气做 4~6 次后休息片刻，重复 3~6 组。

教学提示：之前的练习多为分解练习，这个练习应以完整练习为主。

教学重点：翻脚、蹬夹动作。

教学难点：身体姿势的保持以及腿部动作的连续性。

易犯错误：身体位置上身过高，腿漂不起来。

解决方法：戴浮漂或双人练习，教师或同伴扶住练习者的腰部帮助其漂起来。

图 11-24　扶池边漂浮蛙泳腿练习

2. 扶池边漂浮蛙泳腿和呼吸配合练习

教学目的：掌握腿部动作与呼吸的配合时机，为正确完成蛙泳配合动作打好基础。

练习方法：先做扶边低头俯卧的腿部动作练习，然后教师提示学生，在腿部蹬夹动作完成后，两腿并拢漂浮，同时轻轻抬头吸气，之后头没入水中缓慢呼气。反复练习，直到动作熟练。(图 11-25)

图 11-25　扶池边蛙泳腿和呼吸配合练习

练习次数：10 次，重复 4~6 组。

教学提示：动作不熟练时可以先多次蛙泳腿配合一次换气，技术熟练后再进行两次腿一次呼吸配合，最后过渡到一次腿一次呼吸配合的练习。

教学重点和难点：身体姿势和翻脚、蹬夹动作。

易犯错误：呼吸时机错误，或身体位置上身过高，腿漂不起来。

解决方法：戴浮漂，用口令控制呼吸时机。提示学生，肩部放松、低头目视下方、换气慢抬快低。

3. 水中扶板蛙泳腿练习

教学目的：体会依靠自己蹬夹水的力量推动身体前进的感觉，改进错误动作，提高耐力。

练习方法：两臂伸直，肩放松，双手扶板的边缘。含胸收腹，在保证身体平稳漂浮的条件下双腿做蛙泳腿动作，蹬夹结束后漂浮时抬头吸气。初学者最好在腰上戴上浮漂，以帮助身体上浮，使脚的蹬夹水方向正确。(图 11-26)

图 11-26　扶板蛙泳腿及呼吸练习

练习次数：25 米×多组。

教学提示：第一次脱离岸边进行练习，可能会有个别学生怕水，可以允许学生先做抬头蛙泳腿练习 4×25 米，之后再加上呼吸。

教师可以让做得好的学生先下水做，或自己下水示范，给紧张怕水的学生增加信心。开始下水时要特别注意安全，给每位学生帮助，并保证所有学生在自己的视线范围内，保障教学安全。有的学生过分紧张，动作僵硬或不往前走，教师可以拿一根长杆压住打水板的前沿，用一点力往前拖。还有的学生过分依赖打水板，手臂弯曲，拼命压打水板，教师要提醒其肩膀放松，两臂前伸，含胸收腹才能漂起来。

教学重点：身体姿势放松平衡。

教学难点：腿部动作的节奏和用力方法。

易犯错误：吸气时抬头过猛，身体下沉，或呼吸与腿的配合不好。

解决方法：慢抬头，快吸气，快低头，肩部放松，身体尽量伸直并放松。换气与腿的配合可借助半陆半水的练习来改善，如腿在水中，身体在岸上扶板，练习好动作节奏后再进水中练习。

4. 徒手滑行蛙泳腿练习

教学目的：体会无支撑条件下的蛙泳腿技术动作，巩固蛙泳腿与呼吸的配合技术。

练习方法：蹬池（岸）边或者蹬池底滑行后做蛙泳腿的练习。身体自然放松，两腿蹬水后漂浮的时间稍长，注意体会蹬腿的效果及动作的节奏，并配合呼吸。(图 11–27)

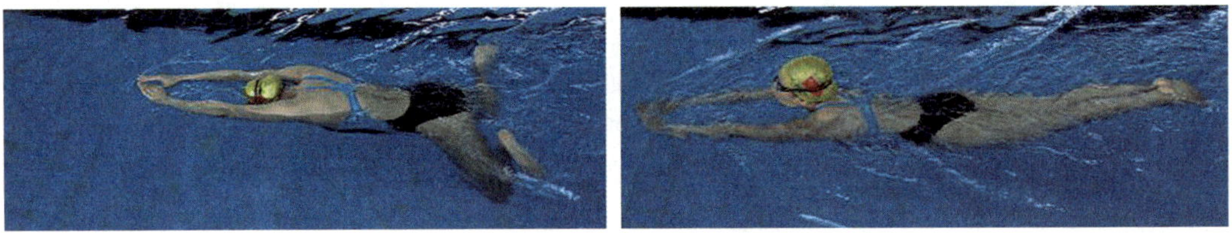

图 11–27　徒手滑行蛙泳腿练习

练习次数：25 米×4~6 组.

教学提示：没有扶板后，可能感到抬不起头，吸气困难易害怕。可以先多次蹬腿吸气一次，慢慢过渡到一次蹬腿一次呼吸。

教学重点：动作节奏与用力方法。

教学难点：身体姿势的保持。

易犯错误：翘臀及蹬夹分离。

解决办法：翘臀主要是大腿收得太多、过猛，收小腿的幅度小。通过语言提示学生展髋、收小腿，脚后跟沿水面向臀部收，或在陆上通过教师的辅助纠正。蹬夹分离可采用陆上站立式蛙泳腿模仿练习纠正。

二、蛙泳划水与呼吸配合动作教学步骤

蛙泳的划水动作主要分为外划、内划和伸臂三个部分。教师可以通过讲解、示范、陆上

模仿练习、半陆半水模仿练习使学生掌握蛙泳划水的技术概念。蛙泳划水教学通常与呼吸配合同步进行。

（一）陆上划水与呼吸模仿练习

教学目的：通过视觉的帮助和教师的直接辅导，初步掌握蛙泳划水和呼吸技术概念，陆上动作结构基本正确。

练习方法：身体前倾，双脚开立，双臂前伸。学生按照口令依次做外划、内划（收手）、前伸的动作（图 11–28）。待熟练后可以用口令“1”、“2”、“3”代替。开始只做划水，不加呼吸。随着动作熟练，加上呼吸的配合，在手臂外划时抬头吸气，手臂前伸时低头呼气。

图 11–28　站立蛙泳划水及呼吸技术模仿练习

练习次数：8 次×6~8 组。

教学提示：在喊口令时“1”正常语速，“2”加快，“3”语调拉长，停顿一下再开始，为下个动作做准备。初学者往往抬头比划手动作晚，教师在教学中可采用口令引导，先喊“抬头”，再喊“划手”。

O 教学口诀

拨开窗帘看风景（外划和吸气），
天地精华采于胸（内划到肩下），
含胸低头手前送（伸臂），
并拢伸直身体平（滑行）。

教学重点：划水动作的方向和幅度。

教学难点：呼吸与划水的配合。

易犯错误：初学者划水容易犯的错误是两臂划水过长，呼吸配合时机错误、塌肘。呼吸时常常双手划到肩的部位才抬头，没有了支撑，头抬不起来所以就吸不到气了。

解决方法：手把手地纠正错误动作，或分组互相纠正错误。采用早换气的方法，强调抬头划手要同步，手一动就抬头。

（二）半陆半水蛙泳划水模仿练习

教学目的：巩固水中呼吸与划水的配合，体会划水时手臂对水的感觉。

练习方法：胸部以下俯卧在池边，池边与腋窝齐平，手臂按照“外划、内划、伸臂”的节奏做划水动作。熟练后加上呼吸动作，外划时头抬出水面吸气，内划和前伸时头没入水中呼气。(图 11–29)

图 11–29　半陆半水蛙泳划水和呼吸模仿练习

练习次数：8 次×8~10 组。

教学提示：按照“1、2、3”的口令教学，提示学生口令“1”时划水并抬头吸气；口令“2”时伸臂并低头在水中呼气，口令“3”时双手臂前伸并拢，头没入水中略停顿片刻。

教学重点：手掌对水的感觉、小臂和手掌以肘关节为轴的转动。

教学难点：划手的幅度，两臂夹水的速度。

易犯错误：伸臂后头急于抬出水面吸气，前伸后未停顿，造成节奏紊乱。

解决方法：教师可双手握学生的双臂，边喊口令边纠正学生的错误动作。

(三) 水中有支撑蛙泳划水及呼吸配合练习

1. 浅水站立蛙泳划水加呼吸练习

教学目的：巩固水中呼吸与划水的配合，体会划水时手臂对水的感觉。

练习方法：站立在游泳池中，弯腰低头，在教师统一口令下做蛙泳划水及呼吸动作练习。动作熟练后可以边划水边向前走动，体会划水推动身体前进的效果。(图 11–30)

图 11–30　浅水站立蛙泳划水和呼吸模仿练习

练习次数：10 次×6~8 组。

教学提示：只适用于浅水池。

2. 单手扶池边蛙泳划水及呼吸练习

教学目的：在俯卧姿势下巩固水中呼吸与划水的配合，体会划水时手臂对水的感觉。

练习方法：双手扶池边，双臂向前伸直，身体伸展并漂浮于水面上。当身体稳定后，留一手扶池边，另一手臂做蛙泳划水及呼吸配合练习。(图 11–31)

图 11–31　单手扶池边蛙泳划水及呼吸练习

练习次数：10 次×6~8 组。

教学提示：两臂轮流练习，如果学生下肢下沉，难以浮起，可以戴背漂练习。

三、蛙泳完整配合教学步骤

在腿部动作与呼吸、划水动作与呼吸配合熟练后，就可以过渡到蛙泳完整配合技术教学了。

（一）陆地站姿蛙泳配合模仿练习

教学目的：初步掌握蛙泳完整配合的节奏和方法，清晰蛙泳配合的概念，为水中练习打好基础。

练习方法：教师面对学生站立，边讲解边示范，学生边观看边模仿教师做动作。两腿分开略比肩宽，双臂上举，双手并拢。用口令引导学生练习，口令为“1”划手，“2”收手，“3”伸胳膊，“4”蹬腿（图 11–32）。动作熟练后加上呼吸配合练习，动作要点是，“1”划手加抬头吸气，“2”收手并收腿，“3”伸臂并低头呼气，“4”蹬腿。

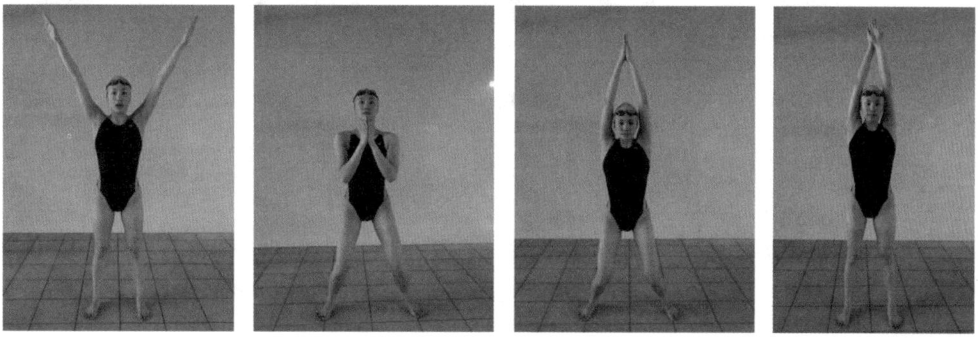

图 11–32　站立蛙泳配合模仿练习

练习次数：20 次×4~5 组。

教学提示：这是第一个将手臂、腿部和呼吸动作一起进行的练习，学生难免手忙脚乱，节奏紊乱。教师此时要耐心讲解和示范，随时观察学生的错误并及时纠正。可以让学生分两组互相观察纠错。

教学重点：臂、腿与呼吸动作的配合时机。

教学难点：手、腿配合的准确时机。

易犯错误：手、腿同时收，同时伸出。

解决方法：强化动作概念，可通过口诀帮助学生进行练习。

O 教学口诀

抬头划手腿不动，
收手之后再收腿，
伸臂低头蹬夹水，
并拢伸直飘一会儿。

（二）半陆半水蛙泳配合模仿练习

教学目的：巩固蛙泳完整配合的动作概念，根据身体与水相对位置的变化，体会腿部蹬夹水的感觉，或体会在水中划水和呼吸的感觉。

练习方法：可以分别采用两种形式。第一种是身体上半部分俯卧在池边上，髋关节在池沿处，双腿在水中，练习蛙泳完整配合动作。第二种是胸部以下部分俯卧在池边，胸部以上部位及头部悬于水面上部，池边与腋窝齐平，练习蛙泳配合动作。口令同前一个练习。（图11-33）

图 11-33　半陆半水蛙泳配合模仿练习

练习次数：20 次×4~5 组。

教学提示：这个练习不适合中老年学习者。第一种练习呼吸比较容易，难度较低。第二种在水中进行呼吸配合，更接近水中的练习。在这两个练习中口令很重要，要及时提示动作顺序和动作要点。

教学重点：腿在水中时，重点体会蹬夹水的效果。手臂在水中练习时，重点体会呼吸的时机。

教学难点：完整配合的节奏和时机。

易犯错误：配合时机错误，或伸手后没有停顿，或吸气抬头过高，抬头速度过快。

解决方法：教师提示学生慢抬头、快换气、快低头。用口令控制动作节奏，例如 1-划水抬头，2-收腿，3-伸手低头，4-蹬腿。

（三）水中蛙泳配合练习

陆上和半陆半水模仿练习熟练后应尽快在水中练习。

1. 单手扶池边蛙泳配合练习

教学目的：在一手有固定支撑的条件下练习蛙泳配合节奏，降低难度，避免因怕水造成动作慌乱。

练习方法：双手扶池边，双臂向前伸直，含胸低头，身体伸展并漂浮于水面上。身体稳定后，一手扶池边，另一手做蛙泳划水动作，同时头和腿部配合做蛙泳完整动作配合。（图11-34）

图 11-34　扶池边蛙泳配合练习

练习次数：20 次×4~5 组。

教学提示：两臂轮流扶边，如果下肢下沉，可以戴背漂练习。

教学重点：臂腿与呼吸的配合。

教学难点：身体姿势的保持。

易犯错误：臂腿完成动作后没有停顿，呼吸节奏紊乱。

解决方法：用口令控制动作节奏，或双人互相纠正错误。

2. 单手扶板蛙泳划水及呼吸练习

教学目的：在上一个练习的基础上进行，身体姿势更加接近实际蛙泳动作，体会游进中呼吸与划水的配合及手臂对水的感觉。

练习方法：先用双手扶打水板，双臂向前伸直，含胸低头，身体伸展并漂浮于水面上蹬蛙泳腿。动作稳定后，一手扶打水板，另一手臂做蛙泳划水及呼吸配合练习。(图 11–35)

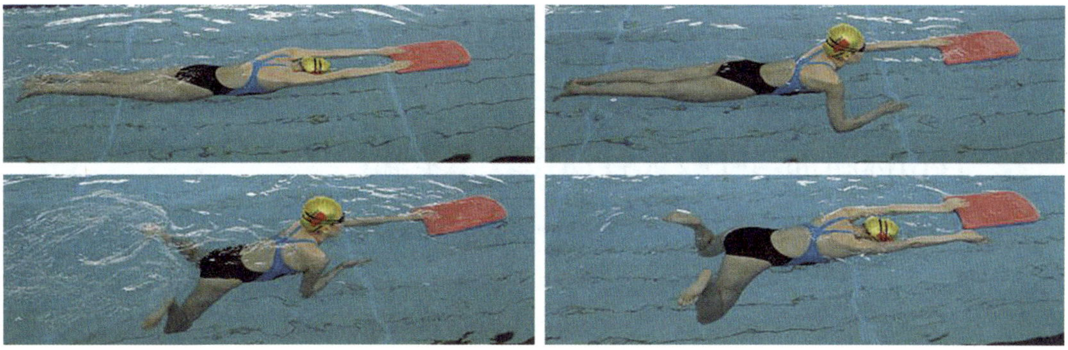

图 11–35 单手扶板蛙泳划水及呼吸练习

练习次数：25~50 米×4~6 组。

教学提示：两臂轮流练习，教师及时纠正错误动作。如果学生下肢下沉，难以浮起，可以戴背漂练习。

3. 推拉板蛙泳配合练习

教学目的：巩固蛙泳配合节奏，降低难度，提高游距。

练习方法：双手抓住打水板，俯卧水中，抬头吸气的时候肘关节弯曲，把打水板拉到胸前，然后收腿翻脚。低头吐气时把浮板推出，肘关节伸直的时候蹬夹腿。(图 11–36)

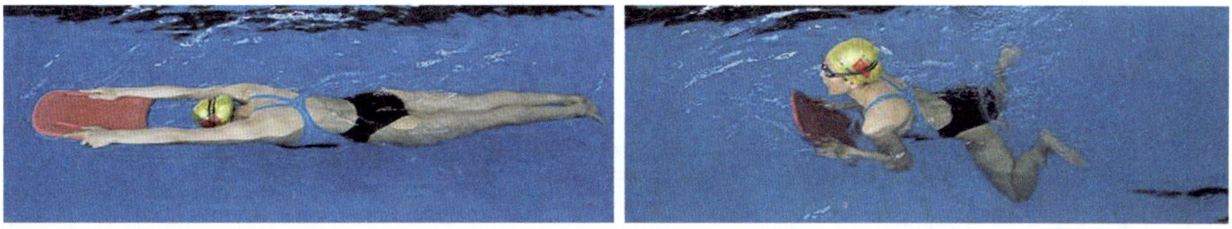

图 11–36 推拉板蛙泳配合练习

练习次数：25 米×4~6 组。

教学提示：这是蛙泳完整配合的减难方式，因为之前的练习都是有支撑的练习，当没有打水板支撑时，身体平衡不好掌握，容易造成抬头吸气困难的情况。此方法适用于比较怕水的学生。

教学重点和难点：动作的配合节奏和顺序。

4. 从分解到配合的过渡练习

教学目的：巩固蛙泳配合技术节奏，降低难度，提高游距。

练习方法：漂浮后先蹬夹腿，结束后再做划手换气。

练习次数：25 米×4~6 组。

教学提示：可先做蹬夹两次腿配合一次划手换气，动作熟练后改为一次腿、一次手。

第三节 自由泳教学步骤和方法

自由泳技术的教学应放在熟悉水性、水中呼吸、水中漂浮等动作教学之后进行。自由泳教学顺序同样是先教腿，后教划水和配合，先做陆上模仿，后下水练习。

一、自由泳腿部与呼吸配合动作教学步骤

自由泳的腿部动作相对简单，但呼吸采用人们不习惯的侧面吸气，掌握起来较难。因此在腿部动作教学中就应同时进行身体转动和呼吸的配合教学。

教学过程中应通过讲解、示范、陆上模仿练习、半陆半水模仿练习、水中扶边、扶板、徒手练习，使学生掌握自由泳打腿、身体转动与呼吸的配合动作，能够扶板连续打腿 25~50 米，为掌握自由泳技术打好基础。

（一）陆上及半陆半水模仿练习

1. 坐撑自由泳腿打水模仿练习

教学目的：在视觉的帮助下掌握自由泳腿技术概念。

练习方法：坐在地上，双手后撑身体后仰，双腿伸直，绷脚尖，双脚内扣（内八字脚）。两腿伸直，从大腿发力，带动小腿和脚交替上下打水，脚不触地。

动作熟练后，坐在游泳池边，两手后撑，两腿先慢慢地交替上下打水，打水幅度约为 30 厘米，然后逐渐加快打水速度，并逐渐放松膝关节。打水时脚趾应指向对岸，不能向上。打水的水花像烧开的水，但不要四溅。（图 11–37）

练习次数：50 次×4~6 组。

教学提示：目视自己的双腿双脚，臀部以下自大腿到脚不能碰地，连续打腿。如果已经学习过蛙泳动作，部分学生可能习惯于勾脚，脚尖向上，要提醒学生与蛙泳的勾脚区别开来，脚尖朝前，并自然放松。如果坐在池边，提醒学生身体尽量往前坐，大腿以下部分尽量都在水中，两腿伸直，脚尖朝前。

教学重点：大腿发力打水。

教学难点：腿部肌肉用力放松的转换和踝关节的放松。

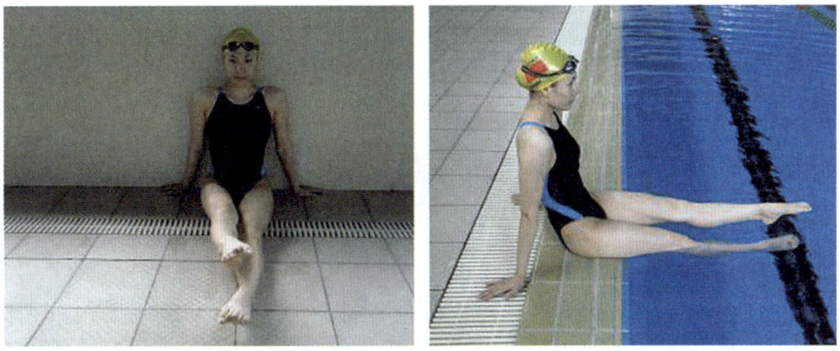

图 11-37 坐撑自由泳打水模仿练习

易犯错误：膝盖弯曲前后蹬水，或勾脚打水。

解决方法：要求学生目视自己的打腿动作，绷脚，脚趾向前，膝盖伸直。如果出现错误，教师及时提示并纠正。

2. 俯卧自由泳打水模仿练习

教学目的：在失去视觉帮助的条件下，依靠肌肉运动感觉掌握自由泳腿动作。

练习方法：双手前伸，俯卧于垫上或游泳池边。垫上练习时要求腿和脚不要碰地，上下交替连贯打水。俯卧池边时髋关节在池沿处，双腿在水中，做自由泳打水模仿动作。(图 11-38)

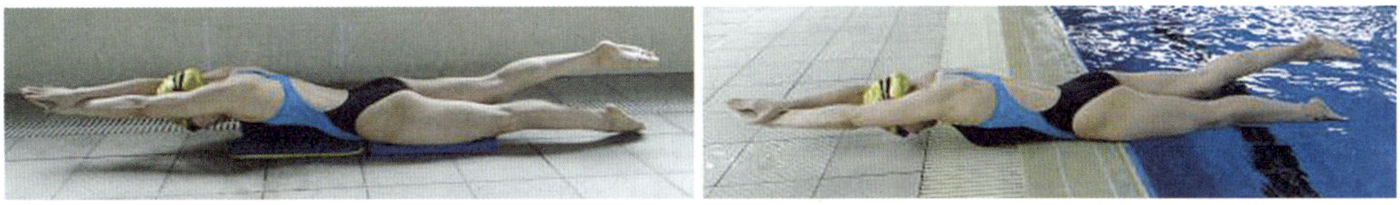

图 11-38 俯卧自由泳打水模仿练习

练习次数：50 次×4~6 组。

教学提示：提示学生从大腿发力，直腿打水，水花不要太大。可以提示学生像敲鼓一样敲打水面。可用口哨或击掌和口令配合的方法帮助学生控制打水节奏。这个练习不适合中老年人。

教学重点：髋关节展开，大腿上抬，动作幅度适中，打水动作连贯有节奏。

教学难点：展髋、直腿、绷脚打水。

易犯错误：不抬大腿，屈膝和勾脚蹬水。如果腰与池边平齐，容易产生屈髋动作。

解决方法：反复提醒直腿上抬。

（二）水中自由泳打水练习

1. 扶池边漂浮打水加抬头吸气练习

教学目的：体会身体在水中漂浮平衡的感觉。

练习方法：双手轻扶池边，两臂前伸，肩放松，身体放松而平直地俯卧于水面上，低头目视池底，头和躯干在一条直线上。两腿上下交替打水，每打水 6 次抬头换气一次，吸气时躯干仍然保持俯卧姿势，在换气时打水动作不要停止。(图 11-39)

练习次数：30 秒×4~6 组。

教学提示：如果学生踝关节柔韧性很差，或协调性较差，可能会漂浮不起来，可以系一个背漂帮助漂浮。

教学重点：身体的平衡，打腿的节奏和幅度。

教学难点：身体的平衡和腿部的放松。

易犯错误：初学者容易抬头、屈肘、缩肩、屈髋、屈膝、勾脚，身体位置倾斜。

解决方法：打开所有关节，放松，身体平直，低头目视池底。或者先用挂肩、挂肘的方式打水，身体放松后再伸肩。(图 11–40)

图 11–39　扶池边漂浮打水加呼吸练习

图 11–40　挂肘和挂肩打水

2. 扶板自由泳打水加抬头吸气练习

教学目的：体会依靠自己打水的动作推动身体前进的感觉，提高耐力。

练习方法：双手轻扶打水板，两臂前伸，在保证身体平稳漂浮的条件下双腿交替打水，推动身体前进。每打水 6 次，抬头吸气 1 次。(图 11–41)

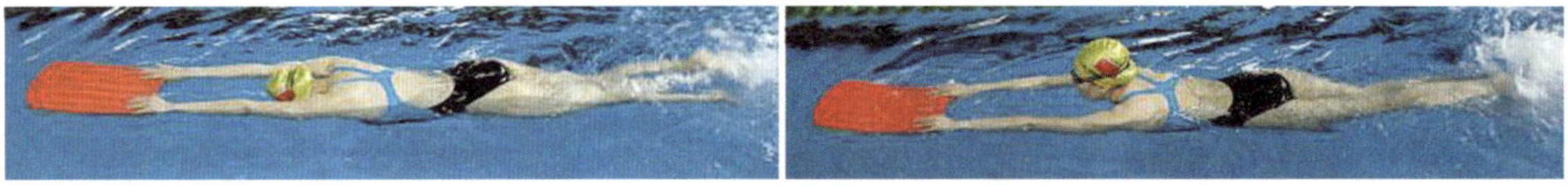

图 11–41　扶板自由泳打水加抬头吸气练习

练习次数：25 米×4~6 组。

教学提示：初学者从直腿打水开始练起，多提醒学生注意打腿的节奏，向下打水用力，由慢到快，加速打水。直腿上抬时放松，不用力。吸气时只抬头，不要挺胸收腹，肩部在水面附近，保持放松。

教学重点：髋关节发力，大腿带动小腿打腿的动作顺序。

教学难点：打腿的动作效果。

易犯错误：屈髋屈膝勾脚蹬水，或腿部僵直打水。

解决方法：先直后屈的教法比一开始就教鞭状打水对学生更容易，可以降低错误动作的概率。

3. 徒手伸臂打水练习

教学目的：增加练习难度和多样性，体会没有固定支撑掌握平衡漂浮，并通过打腿推动身体前进的感觉。

练习方法：两臂和肩前伸，身体放松平直地俯卧于水面，两腿交替打水，每打 6 次腿抬头吸气一次。吸气时只动脖颈，不要挺胸。(图 11–42)

图 11–42 徒手伸臂打水练习

练习次数：25 米×4~6 组。

教学提示：如果抬头有困难，可借助蛙泳划水帮助吸气，但吸气时打腿不能停止。

4. 扶池边身体转动打水练习

教学目的：掌握通过身体转动完成吸气动作，为完整配合打好基础。

练习方法：单手扶池边，另一臂放在体侧，身体俯卧并打腿 6 次后，整个身体向体侧手臂一侧转动，使身体成侧卧姿势，一侧肩与髋露出水面，嘴露出水面吸气。保持这种姿势再打水 6 次，再转回俯卧姿势，重复练习。(图 11–43)

图 11–43 扶池边身体转动打水

练习次数：45~60 秒×4~6 组。

教学提示：开始时通常不适应身体转动的动作，只转头，不转体，吸气困难。可以提示头与身体像旋转门一样作为一个整体一起转动，转动幅度可大一些，先把肚脐转到水面上来。等习惯身体转动后，幅度自然会减小。

教学重点：身体围绕纵轴的转动。

教学难点：呼吸随转身一同完成。

易犯错误：有蛙泳基础的学生习惯抬头吸气。

解决方法：要求吸气时耳朵贴住上臂，不要离开。

5. 扶板身体转动打水练习

教学目的：体会通过身体转动完成吸气动作，改进呼吸技术，为掌握完整配合技术做好准备。

练习方法：单手扶板，另一臂放在体侧，身体俯卧打水 6 次，然后整个身体向体侧手臂一侧转动，使身体呈侧卧姿势，一侧肩与髋露出水面。保持这种姿势再打水 6 次，然后再转

回俯卧姿势，重复练习。(图 11–44)

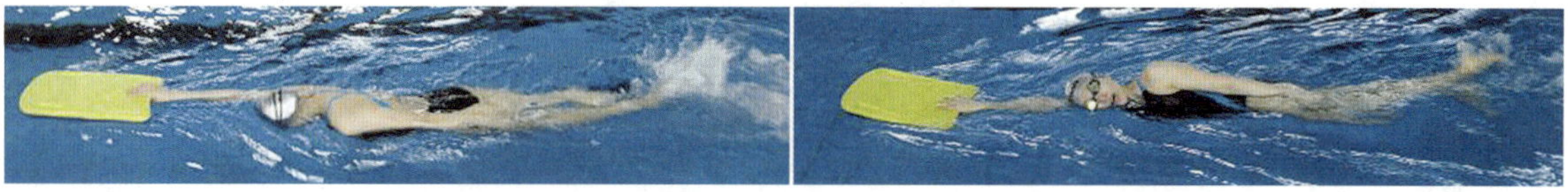

图 11–44 扶板身体转动打水练习

练习次数：25 米×4~6 组。

教学提示：这个练习在侧卧时两腿是侧向打水的，可以提示学生两腿像鱼尾那样摆动。每趟换一个呼吸的方向，每次呼吸都朝向教师所在一侧，以便教师及时用手势提示学生动作。

教学重点：身体整体沿纵轴转动，吸气后头部复原（目视池底）。

教学难点：转头呼吸时头部与身体保持一致。

易犯错误：头部和身体转动角度不够。

解决方法：教师可站在学生的侧后方，让学生转头呼吸时能看到教师。

6. 徒手身体转动打水练习

教学目的：增加打水练习的难度，提高耐力，使学生适应无支撑打水动作，为完整配合打好基础。

练习方法：一臂前伸，另一臂放在体侧，身体俯卧打水 6 次后，整个身体向体侧手臂一侧转动，使身体呈侧卧姿势，一侧肩与髋露出水面。保持这种姿势再打水 6 次，再转回俯卧姿势，重复练习。(图 11–45)

图 11–45 徒手身体转动打水练习

练习次数：25 米×4~6 组。

教学提示：这个练习难度较大，如果学生感到吸气困难，或无法保持平衡，可以不做，待完整配合学会后作为提高技术的练习手段。

二、自由泳划水与呼吸配合动作教学步骤

如果没有自由泳打水的配合，单靠自由泳划水及呼吸，难以在水中独立完成，因此这部分练习以陆上模仿为主，不要花费太多时间，尽快进入完整配合练习阶段。

（一）陆上划水及呼吸模仿练习

1. 单臂划水及呼吸模仿练习

教学目的：初步掌握自由泳划水动作概念，熟悉自由泳划水的动作结构。

练习方法：教师边讲解，边示范，通过正面和侧面示范使学生能够看清楚手臂从入水到出水的位置。要求学生站立、弓箭步，一只手撑住膝盖，另一只手做单臂自由泳划手模仿。口令为"1"手入水，"2"划水，"3"移臂。动作基本熟练后加上呼吸配合，要求划水时身体转动，头随身体转动吸气。(图 11-46)

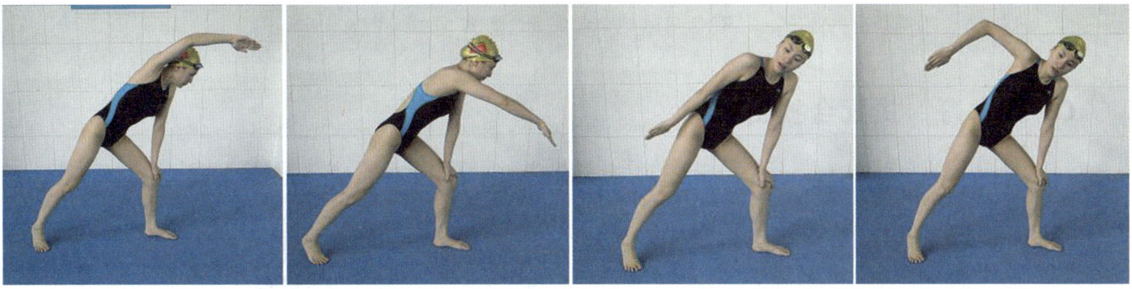

图 11-46　单臂自由泳划手模仿

练习次数：划水模仿 20 次×3~4 组，加吸气划水模仿 20 次×3~4 组。

教学提示：手在头的前方入水，手向后划水碰到大腿后再出水。移臂和划水动作可以先教直臂。

教学重点：动作的幅度。

教学难点：身体的转动。

易犯错误：划水幅度小。

解决方法：强调大拇指碰到大腿后开始移臂。

2. 陆上双臂自由泳划手模仿加呼吸练习

教学目的：体会自由泳划手时两手的配合节奏，提高动作的连贯性和流畅性。

练习方法：身体前倾 90°，双手前伸做自由泳分解划手模仿。动作要求同单臂练习，一只手划完了再划另一只手。教师可用口令或拍掌声音引导学生的动作节奏，越来越快，直至连贯起来。(图11-47)

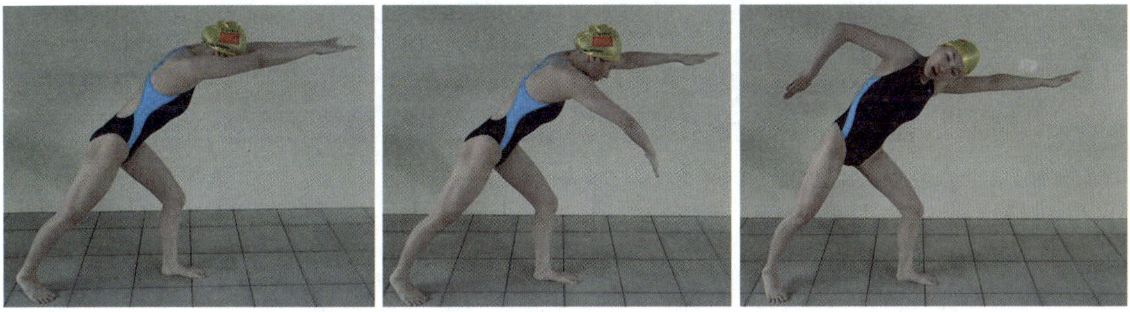

图 11-47　陆上双臂自由泳划手模仿加呼吸练习

练习次数：划水模仿 40 次×3~4 组，加吸气划水模仿 40 次×3~4 组。

教学提示：身体转动与划水、呼吸动作协调配合，不要仅依靠转头吸气，以身体的转动为主，呼吸像"搭车"，搭身体转动的车。转头吸气时眼睛看后面，耳朵紧贴上臂。如果耳朵离开上臂，就说明是抬头吸气，需要及时纠正。躯干和肩随划水动作绕身体纵轴转动，两肩的相对位置不断变化。如右臂入水，左臂出水时，右肩低，左肩高。

教学重点：两臂连贯地配合节奏。

教学难点：呼吸动作与躯干、手臂动作同步。

易犯错误：双手配合不连贯，身体没有转动，吸气时抬头。

解决方法：先抓动作节奏，不急于对划水技术细节要求过高。

O“独木舟”式配合模仿练习

教学目的：学习中交叉配合动作，体会身体和肩的转动、两臂协调连贯的配合和身体平衡的感觉。

教学提示：如果学生人数较多，最好不用这个练习，以免竹竿互相撞击，伤及学生。

（二）水中自由泳划水及呼吸练习

1. 浅水中站立单臂划水与呼吸练习

教学目的：体会身体转动与划水、呼吸协调配合的感觉。

练习方法：站在浅水中，一手扶池边或水槽，一手做划水并配合呼吸的模仿动作。动作要求同陆上模仿基本相同，只是头要没入水中呼气，随身体转动转头，使嘴露出水面吸气。体会手臂对准水，并在水中克服阻力划动的感觉。（图 11–48）

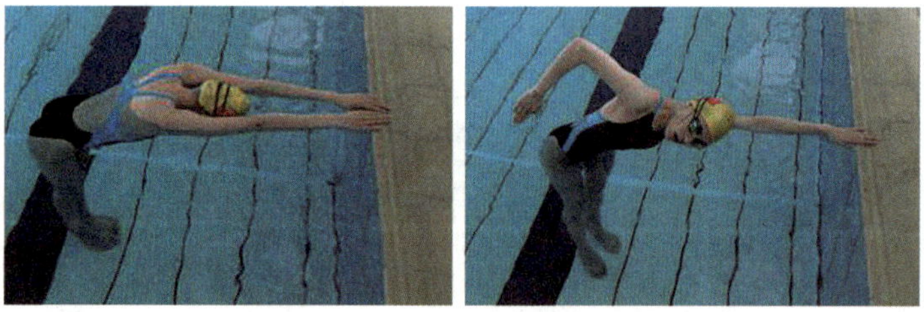

图 11–48　浅水中站立单臂划水与呼吸练习

练习次数：20 次×3~4 组。

教学提示：强调身体转动带动呼吸动作。此练习仅适用于及腰深的浅水池练习。

教学重点：划水幅度。

教学难点：躯干转动与划水、呼吸的配合。

易犯错误：手划到腰部就出水。

解决方法：提示手碰到大腿再出水。

2. 浅水走动划水练习

教学目的：体会手臂划水获得推进力的感觉。

练习方法：站在浅水中，一边做双臂自由泳划水动作，一边向前走动。体会向前走动的动力来自手臂的划水动作。(图 11–49)

图 11–49　浅水中边走动边划水练习

练习次数：25 米×3~4 组。

教学提示：用口令控制节奏，提示动作。仅适用于浅水池。

教学重点：手掌和小臂对准水。

教学难点：两臂连贯流畅的配合。

易犯错误：动作不流畅，身体扭曲。

解决方法：提示学生保持重心稳定，用口令控制迈步和划水的节奏。

三、自由泳完整配合技术教学步骤

自由泳完整配合技术教学与蛙泳配合相比，难度要大一些，主要难点是呼吸及身体平衡。应以水上练习为主，逐渐增加游进的距离和重复次数，达到提高技巧的目的。

（一）有支撑自由泳配合练习

1. 扶池边自由泳单臂分解练习

教学目的：在有固定支撑的条件下先进行单臂配合练习，降低练习难度，便于学生对自由泳完整配合形成初步感觉，同时便于及时发现并纠正错误。

练习方法：先用双手扶池边，双臂向前伸直，身体伸展并漂浮于水面上。身体稳定后打腿，一手扶池边，另一手做自由泳划水动作和身体转动配合做呼吸动作。每次划水吸气一次。(图 11–50)

练习次数：20 次×3~4 组。

教学提示：两臂轮流练习，强调头和身体一起绕纵轴转动，完成呼吸动作。单手练习熟练后，可进行双臂分解，即每划水一次，就换一次手臂。

教学重点：手部和小臂向后对水的感觉。

教学难点：身体转动及呼吸动作。

易犯错误：抬头吸气。

解决方法：头部随身体一起围绕纵轴转动，完成吸气。

图 11-50 扶池边自由泳单臂分解练习

2. 扶板自由泳分解练习

教学目的：降低配合动作难度，提高耐力，增加距离。

练习方法：动作要求基本与扶池边分解练习相同。先打腿 5 米左右，然后一手扶板，另一手做划水及呼吸配合练习。(图 11–51)

图 11-51 扶板自由泳单臂分解练习

练习次数：20 次×3~4 组。

教学提示：如果打水技术较差，身体下沉，可以带背漂练习，先把游进距离加长，再逐渐去掉浮漂。仍然要强调身体的转动，吸气时耳朵贴住扶板的手臂，以免抬头吸气。从扶边到扶板，从固定支撑到不固定支撑，难度有所增加，可以先进行单臂划水与呼吸的配合练习，然后再过渡到两臂配合练习。开始时可以单手各练习 25 米，之后可以做左手 3 次、右手 3 次的练习，最后可以做左手 1 次、右手 1 次的双臂分解练习。

（二）无支撑完整配合练习

1. 单臂分解练习

教学目的：在扶板分解配合熟练的基础上，逐渐过渡到无支撑分解，为掌握完整配合技术打好基础。

练习方法：动作要求基本与扶板分解练习相同，但徒手进行。(图 11–52)

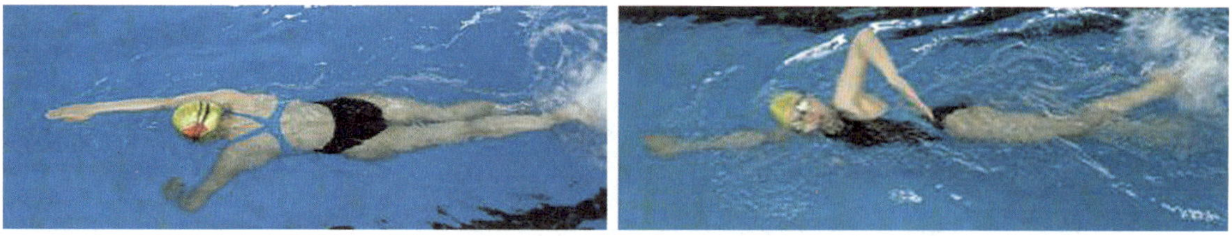

图 11-52 徒手自由泳单臂分解练习

练习次数：25 米×3~4 组。

教学提示：仍然要强调身体的转动，吸气时耳朵贴住前伸的手臂，以免抬头吸气。

2. 多种形式分解和配合练习

教学目的：初步掌握自由泳完整配合技术，提高耐力，增加游泳距离。

练习方法：做不同形式的自由泳分解及完整配合动作练习，并逐渐加长游进距离。例如，开始时可以单手各练习 25 米，之后可以做左手 3 次、右手 3 次的练习，最后可以做左手 1 次、右手 1 次的双臂分解练习，最后过渡到完整配合练习。

练习次数：每种分解各 25 米×3~4 组。

教学提示：腿部技术较差、身体下沉的学生仍然可以带浮漂练习，待学生耐力提高，身体能够浮起来后再去掉浮漂。

教学重点：身体和肩的转动。

教学难点：移臂和呼吸动作。

易犯错误：由于前面的练习中手都有支撑，练习形式都是分解练习，以前交叉配合为主，容易形成习惯，难以连贯配合。

纠正方法：及时转入连贯流畅的两臂中交叉或中前交叉配合，以免动作定型后不易再改变。

第四节　仰泳教学步骤和方法

先学仰泳的优点是呼吸容易掌握，但是如果学生不会呼吸和俯卧漂浮，当呛水或碰撞时容易慌张失措，发生危险。本节介绍仰泳教学的各种手段，可根据实际情况灵活选用。

一、仰泳腿部动作教学步骤

（一）陆上及半陆半水模仿练习

1. 池边坐撑仰泳打水模仿练习

参考第三节自由泳池边坐撑打水练习。

2. 仰卧池边打水模仿练习

教学目的：在失去视觉帮助的条件下，依靠肌肉运动感觉体会仰泳腿动作。

练习方法：水平仰卧在池边，大腿以下放在水中，两腿交替上下打水。（图 11–53）

练习次数：50 次×4~6 组。

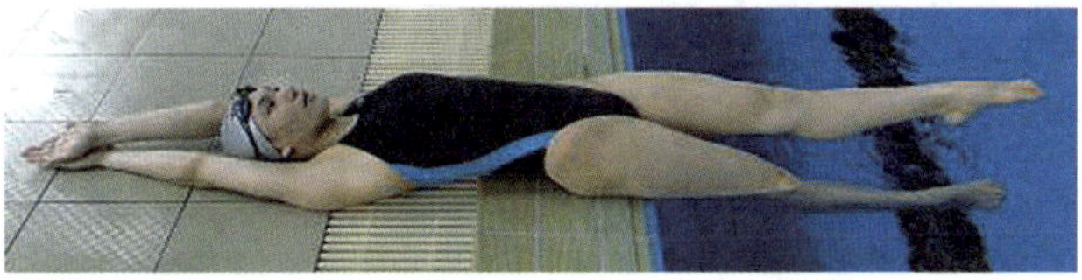

图 11–53　仰卧池边仰泳腿模仿练习

教学提示：从大腿发力，直腿打水，水花不要太大。不要抬头看自己的腿和脚，依靠感觉完成动作。此练习不适合老年人。

教学重点：大腿发力打水。

教学难点：腿部肌肉用力放松的转换和踝关节的放松。

易犯错误：膝盖弯曲前后蹬水，或勾脚打水。

解决方法：先直腿打水，要求膝关节不能弯曲。

（二）水中仰泳打水练习

1. 手抓水线打水练习

教学目的：掌握正确的身体姿势。

练习方法：仰卧在泳道线下，身体与泳道线垂直，双手抓水线，腹部贴住泳道线打腿，身体姿势保持平直。(图 11-54)

练习次数：40~60 秒×3~4 组。

练习提示：从陆上转到水中，学生对身体姿势和平衡的掌握往往比较困难，提示学生眼睛看天花板，微收下颌，提气挺腹，保持身体平直。

教学重点：身体姿势和平衡的掌握。

教学难点：鞭状发力打水动作。

易犯错误：初学仰泳时容易抬头，腹部沉在水下，腿打不出水花。

纠正方法：提醒学生头部与身体呈一条直线，眼睛看天花板，腹部紧贴泳道线，腿脚用力向上打出水花。

2. 扶板仰泳打腿练习

教学目的：巩固仰泳打腿技术，体会打腿产生的推进力，提高耐力。

练习方法：双手抓住打水板，将打水板置于下腹部和大腿上方，使腹部贴在打水板上，身体姿势保持平直，双腿交替打水推动身体前进。(图 11-55)

图 11-54　抓水线仰泳打水练习

图 11-55　扶板仰泳打腿练习

练习次数：25 米×3~4 组。

教学提示：注意正确的持板方法是打水板的下沿正好在大腿的上 1/3 处，可以避免腿部弯曲，大腿露出水面。将打水板枕在头后、伸臂在头前的持板方法都不利于保持正确的身体姿势，容易形成屈髋坐姿的身体姿势，应避免采用。

教学重点：身体姿势和平衡的掌握。

教学难点：鞭状发力打水动作。

O 正确和错误的握板姿势

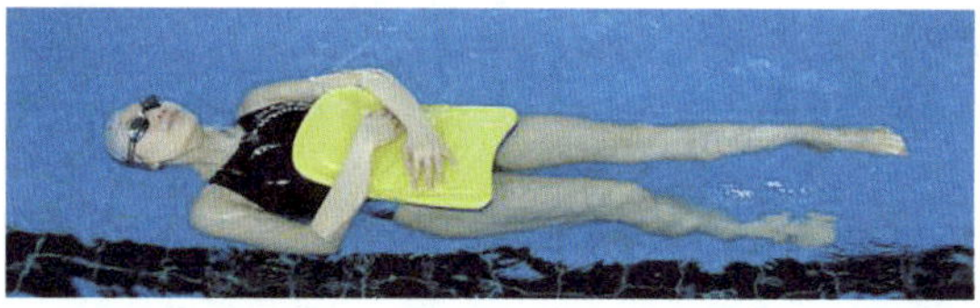

√

×

×

3. 徒手初级仰泳打水练习

教学目的：初步掌握徒手仰泳打水技术，进一步改善身体姿势，提高耐力。

练习方法：以蹬边仰浮开始，两臂置于体侧，逐渐开始打水，使身体维持在水面上前进。(图 11–56)

练习次数：25 米×3~4 组。

教学提示：没有打水板支撑后，身体可能会下沉，提示学生重心上提，挺腹，身体保持水平，打水要用力。

教学重点：鞭状打水动作的发力顺序。

教学难点：保持平直的身体姿势。

4. 单臂前伸仰泳打水练习

教学目的：改善身体的流线型姿势以及身体和头部姿势的控制能力。

练习方法：仰卧蹬离池壁，一臂前伸成流线型，掌心向外，另外一臂放在体侧。两腿交替打水推动身体前进。(图 11–57)

图 11–56　徒手初级仰泳打水练习

图 11–57　单臂前伸仰泳打水练习

练习次数：25 米×3~4 组。

教学提示：要求学生头部保持稳定。

教学重点和难点：身体流线型和平直的姿势。

5. 伸臂仰泳打水练习

教学目的：增加练习难度，巩固打水技术，提高耐力。

练习方法：仰卧蹬离池边，两臂前伸，两手相叠，头夹在两臂之间，保持这种流线型姿势并打水。（图 11–58）

练习次数：25 米×3~4 组。

教学提示：当手臂从体侧移到头前后，身体原来的平衡被打破，下肢容易下沉，提醒学生重心上提，用力打水，保持好平直的身体姿势。

6. 转体仰泳打水练习

教学目的：提高身体转动的能力，为划水和配合技术打好基础。

练习方法：身体仰卧漂浮在水面上，两臂放在体侧，两腿交替打水。在头部保持稳定的基础上身体随打腿动作从一侧向另一侧转动。（图 11–59）

图 11–58　伸臂仰泳打水练习

图 11–59　转体仰泳打水练习

练习次数：25 米×3~4 组。

教学提示：要求学生缓慢转动身体，保持两腿连续有力地打水。

教学重点：身体成一个整体转动。

教学难点：在转体的同时保持头部姿势稳定。

二、仰泳划水技术教学步骤

仰泳划水技术教学主要在陆地上进行，以模仿练习的形式完成。如果没有仰泳打水的配合，单靠仰泳划水，难以在水中独立保持身体平衡并前进，因此这部分陆上模仿不要花费太多时间，应尽快进入完整配合练习阶段。

1. 单臂仰泳划水模仿练习

教学目的：初步掌握仰泳划水的技术概念，体会划水的动作结构。

练习方法：教师边讲解边示范，学生边观看边模仿。站立在池岸上，一手置于体侧，另一手做划水模仿动作，按口令“1”移臂，“2”入水和下划，“3”上划推水和出水进行。入水时上臂要贴近耳朵，划到大腿处手出水。（图 11–60）

练习次数：两臂分别练习 20 次×4 组。

教学提示：提示学生移臂、划水过程中身体要转动，移臂时眼睛看到肩向上提，划水时肩向下压。

教学重点：划水路线。

教学难点：身体转动与划水的配合。

易犯错误：出水、入水点和姿势错误，以及划水路线错误。

图 11-60　单臂仰泳划水模仿练习

纠正方法：出水时掌心向内，大拇指向上，像是伸手与他人握手。入水时手臂贴耳，掌心向外。

2. 仰卧单臂划水模仿练习

教学目的：体会身体仰卧划水时肌肉用力的感觉，以及仰泳划水的轨迹。

练习方法：躺在长凳上，单臂做仰泳划水模仿练习。(图 11-61)

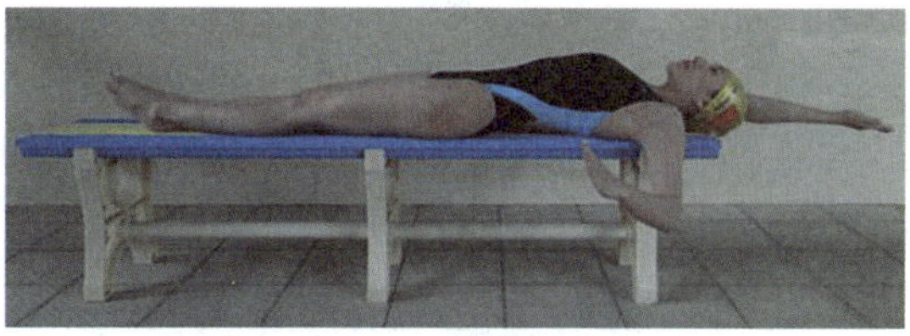

图 11-61　单臂仰卧划水模仿练习

练习次数：两臂分别练习 20 次×4 组。

教学提示：为体会身体转动与划水的配合，在安全前提下身体尽量向外躺，形成半悬空状态，眼睛观察肩的转动。

教学重点：划水路线。

教学难点：身体转动与划水的配合。

3. 双臂仰泳划水模仿练习

教学目的：改善两臂配合的连贯性和流畅性。

练习方法：站立，两臂做交替划水模仿动作，重点强化动作节奏。(图 11-62)

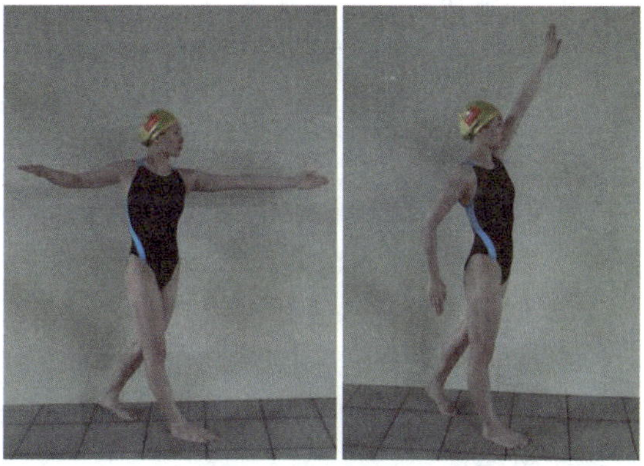

图 11-62　站立双臂仰泳划水模仿练习

练习次数：40 次×4 组。

教学提示：强调在转体的基础上做划水，两肩之间的位置要不断变化。

教学重点：转动身体及两臂的配合。

教学难点：连贯流畅的配合动作。

三、仰泳完整配合技术教学步骤

因为仰泳没有呼吸难关，只要打腿过关，仰泳配合是比较容易掌握的。但要达到较好的技术，需要较长时间的练习。可以通过多种形式的分解和配合练习逐渐增加难度，巩固技术。这部分练习以水上练习为主，需逐渐增加游进的距离和重复次数，达到提高技巧的目的。

1. 单臂仰泳分解练习

教学目的：体会划水技术路线和节奏，掌握身体转动与打水、划水的配合技术。

练习方法：仰卧打水，一臂前伸呈流线型，另一臂放在体侧，数 3 下后，前伸的手臂向后划水，当划水结束时，同侧肩快速提拉出水面，再保持这个姿势数 3 下。随后移臂、入水，另一臂的肩提出水面，完成一个完整的动作周期。(图 11-63)

图 11-63 单臂仰泳分解练习

练习次数：25 米×4 组。

教学提示：始终保持一肩提出水面，两腿保持快速有力地打水。开始时每一趟换一次手臂，之后过渡到每划 3 次手，换 1 次手臂。

2. 仰泳单臂连续划水练习

教学目的：重点体会单臂划水时的动作控制和身体的转动。

练习方法：在上一个练习的基础上，连贯进行单臂划水动作。

练习次数：25 米×4 组。

教学提示：提示学生单臂连续地划水和移臂，注意力集中于身体转动，以及稳定的头部姿势。练习时观察自己的肩部，始终保持一肩提出水面，连贯地完成动作。

3. 仰泳单臂拉水线划水练习

教学目的：体会划水时屈臂高肘技术，掌握加速划水的节奏。

练习方法：先仰卧打水，身体靠近左边的泳道线，左臂前伸，右臂放在体侧。左手抓住泳道线慢慢向后拉，然后继续向后下方推水。推水结束时提肩出水。保持这种姿势打水 6 次，然后重复下一次动作。(图 11-64)

练习次数：25 米×4 组。

教学提示：游 25 米后可以换一个方向，同时换另一臂练习，要求学生身体贴近泳道线，每个动作周期中，不划水一侧的肩部需要露出水面。

图 11-64　仰泳单臂拉水线划水

4. **仰泳双臂分解划水练习**

教学目的：掌握两臂配合的正确节奏，提高身体转动时的控制能力。

练习方法：先右臂前伸仰卧打水，左臂放在体侧，打腿 6 次后，右臂划水，左臂经空中前移，直至左臂前伸，右臂放在体侧。重复练习。(图 11-65)

图 11-65　仰泳双臂分解划水

练习次数：25 米×4 组。

教学提示：两臂的动作像跷跷板一样，同时向相反的方向移动。始终保持一肩提出水面，用较慢的速度流畅地完成动作，两腿保持快速有力地打水。

5. **仰泳完整配合练习**

教学目的：体会完整配合技术，提高耐力。

练习方法：在上一练习的基础上，两臂不再停留，连贯流畅地划水。

练习次数：25 米×4 组。

教学提示：随着技术熟练程度的提高逐渐增加游距，并及时纠正错误。

第五节　蝶泳教学步骤和方法

与其他泳姿相比，蝶泳技术的学习最困难，对学习者的水性、协调性、体能的要求相对较高，因此蝶泳教学通常放在四种姿势教学的最后。蝶泳教学顺序是先教身体姿势和腿的技术，后教划水和配合，先做陆上模仿，后下水练习。其中身体姿势和腿的教学既是教学重点，也是教学难点。

一、蝶泳腿部及呼吸配合动作教学步骤

由于蝶泳腿的重点和难点均是掌握躯干波浪动作，在其他姿势教学中常用的扶板打水练习应尽量少用或不用，以免阻碍身体形成波浪动作。练习难度由低到高，从陆到水，循序渐进。

1. 站立蝶泳腿模仿练习

教学目的：体会蝶泳身体躯干部的波浪动作。

练习方法：双手下垂，背对墙站立，臀部离墙壁约 10 厘米，两脚后跟贴墙，在教师的口令下练习。口令："1"挺腹，"2"屈膝，"3"提臀，臀部触碰墙壁，"4"伸膝。先分解做，然后再连续做。(图 11-66)

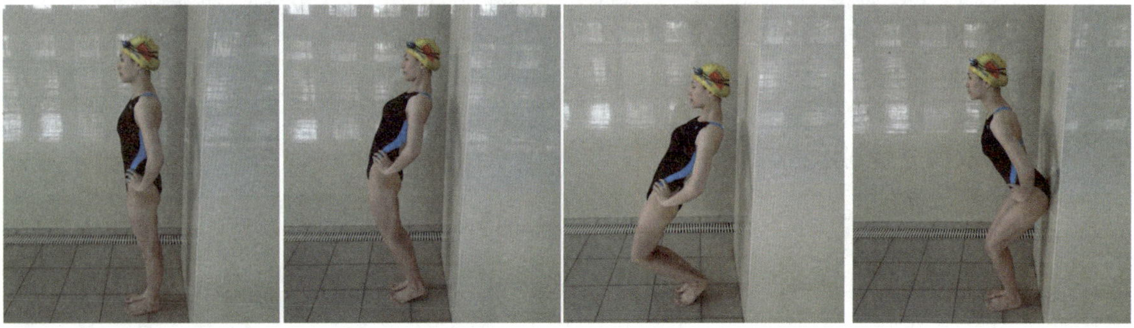

图 11-66　站立蝶泳腿模仿练习

练习次数：20 次×4~6 组。

教学提示：教师的口令逐渐简化为"挺-屈-提-伸"，然后过渡到"1-2-3-4"，并逐渐加快速度。

教学重点：躯干的波浪动作。

教学难点：连贯的打腿动作。

蝶泳打水练习小窍门："风中的小树"。

蝶泳躯干的波浪动作对很多人来说都是难点，一个小窍门是，练习时，想象自己是在风中摇摆的一棵小树，躯干随风摇摆。

2. 浅水垂直躯干动作模仿练习

教学目的：体会蝶泳身体躯干部的波浪动作和水的流动及阻力。

练习方法：与上一个练习动作相同，但在齐腰或齐胸深的水中进行。

练习次数：20 次×4~6 组。

教学提示：由于水有浮力，动作过程中学生可能感觉双脚容易漂浮游离，站立不稳，可以用手扶边练习。

3. 深水垂直扶边打腿练习

图 11-67　深水垂直打腿练习

教学目的：在双脚游离的条件下，体会躯干的波浪动作和双腿、双脚鞭状发力动作。

练习方法：在深水池中，双手扶池壁，身体直立在水中（脚离池底），躯干发力带动大腿、小腿和脚做海豚式摆动。(图 11-67)

练习次数：30~60 秒×4~6 组。

教学提示：想象自己是直立打腿的海

豚，从躯干发力，带动大腿、小腿和脚做波浪式鞭状打水动作。

教学重点和难点：躯干发力动作。

易犯错误：躯干不动，小腿弯曲较多，只用小腿发力。

纠正方法：低头看自己的腹部肌肉主动收缩。

4. 垂直蝶泳打水练习

教学目的：体会蝶泳打水的躯干动作、速度和力量，提高躯干的控制能力。

练习方法：双手将打水板抱在胸前，想象自己是一只海豚，直立在水面用尾鳍拨水。用快速而有力的蝶泳打水使头和肩保持在水面之上，身体逐渐后退。(图 11–68)

练习次数：30~60 秒×4~6 组。

教学提示：如果开始时有困难，可以戴脚蹼。当水平提高后，去掉脚蹼及打水板。体会髋部尽快、尽力前后打水的感觉。略屈膝，从髋关节发力打水，而不是从膝关节发力。

图 11–68 垂直蝶泳打水练习

5. 反蝶泳打水练习

教学目的：体会蝶泳的躯干波浪动作，提高身体控制能力。

练习方法：仰卧蹬边漂浮，手臂放在体侧。腰腹带动膝部和脚依次向上打水，形成从腹部开始的鞭状打水动作。头和手可以有略微地上下起伏。(图 11–69)

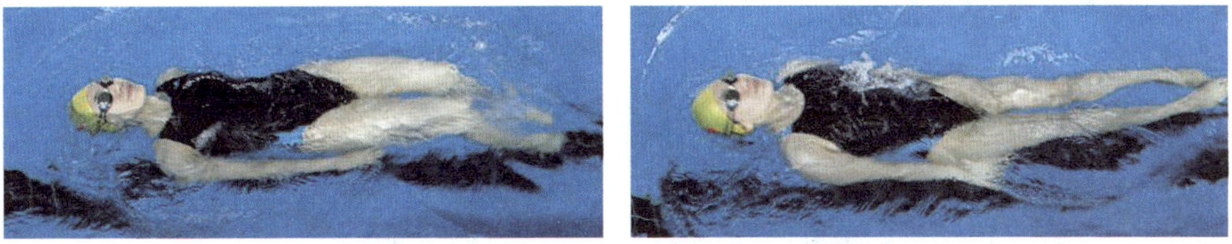

图 11–69 反蝶泳打水练习

练习次数：25 米×4~6 组。

教学提示：开始时做慢速、大幅度、有力地打水，然后逐渐加速。开始可戴脚蹼，要求学生练习时注意观察自己腹部是否参与用力。

教学重点：腰腹发力带动腿脚。

教学难点：膝关节的控制。

易犯错误：屈膝过大，腰部发力不足。

纠正方法：从髋关节发力向上打水，而不是从膝关节发力，膝关节自然弯曲即可。脚每次向上打水都要露出水面。

6. 俯卧徒手蝶泳腿练习

教学目的：巩固蝶泳的躯干波浪动作，提高身体控制能力。

练习方法：蹬边后漂浮，双手放在体侧，用腰带动大腿和小腿做向下的波浪式打腿动作。每打腿 4~6 次，吸气一次。吸气时略微抬头，借助身体的波浪动作头自然地露出水面吸气，不要因为吸气破坏身体姿势和打水节奏。(图 11–70)

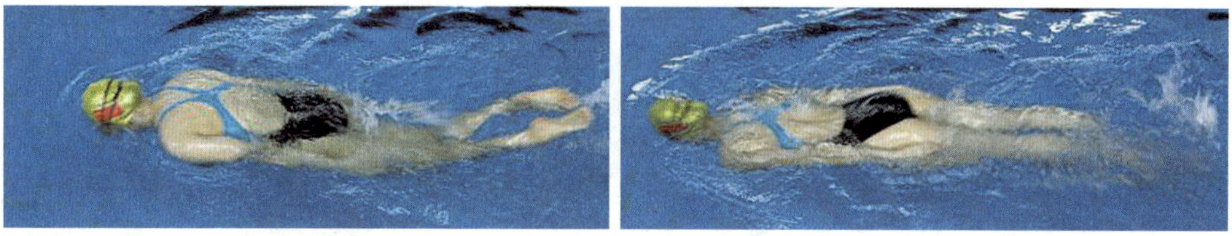

图 11–70　俯卧徒手蝶泳腿练习

练习次数：25 米×4~6 组。

教学提示：为了强调腰部的动作，开始的时候可以先直腿打水，腰部有了动作以后，再做鞭状打腿动作。可以戴脚蹼练习，增强波浪动作。

二、蝶泳划水与呼吸配合动作教学步骤

如果没有蝶泳打水的配合，单靠蝶泳划水，难以在水中独立保持平衡并前进，因此这部分练习以陆上模仿为主，不要花费太多时间，尽快进入完整配合练习阶段。

1. 陆上蝶泳划手模仿练习

教学目的：初步学习蝶泳划水动作，掌握技术概念。

练习方法：站立，腰部前屈，两臂同时做蝶泳划水模仿练习。按照“1”划水，“2”空中移臂的口令控制动作节奏，逐渐加上与呼吸的配合。(图 11–71)

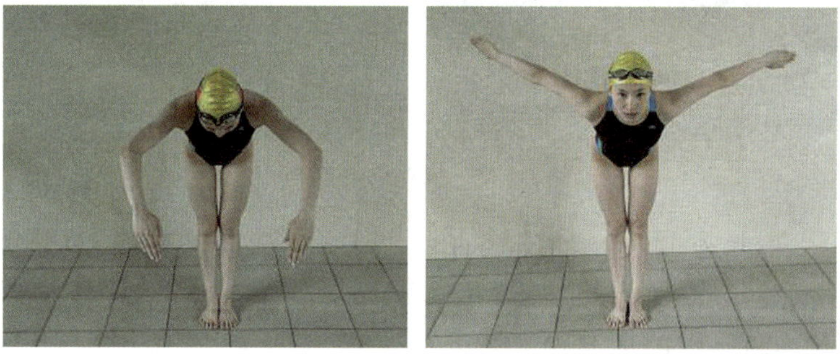

图 11–71　双臂划水模仿练习

练习次数：25 米×4~6 组。

教学提示：提示学生蝶泳划水与爬泳划水之间的区别，如蝶泳划水路线略短，在双手划到腹下时就要向外、后、上方划水，准备出水了。蝶泳的移臂动作低平，放松，与爬泳的高肘移臂不同等等。吸气的时机可以用口令控制。

教学重点：划水路线和轮廓。

教学难点：手臂与呼吸的配合时机。

易犯错误：动作路线错误或划水与呼吸配合时机错误。

纠正方法：用口令控制配合时机，手把手地纠正划水路线错误。

2. 浅水中走动划水模仿练习

教学目的：在学习蝶泳划水路线、节奏的基础上，体会水的流动和阻力，体会划水产生推进力的感觉。

练习方法：站在浅水池，双手同时做蝶泳划水模仿动作，逐渐从站立变为走动，体会通过划水使自己前进的感觉。动作熟练后加上呼吸的配合。(图 11–72)

图 11–72　浅水中走动划水模仿练习

练习次数：划水 25 米×4~6 组，加呼吸配合 25 米×4~6 组。

教学提示：用口令控制动作，例如 1–迈左腿，移臂；2–迈右腿，划水。

三、蝶泳完整配合动作教学步骤

蝶泳完整配合技术教学以水上练习为主，需逐渐增加游进的距离和重复次数，达到提高技巧的目的。

1. 陆上蝶泳配合模仿练习

教学目的：初步掌握蝶泳臂腿及呼吸配合的节奏，为水中练习打好基础。

练习方法：教师与学生面对面站立，教师边示范讲解，边喊口令。学生边观摩，边模仿，按照教师的口令做动作。“1”双手入水，同时屈膝（代表打一次蝶泳腿），“2”手划水到腹下准备出水，同时再次屈膝（代表再打一次蝶泳腿）。熟练后加呼吸配合，“1”入水–打腿–低头，“2”手向上推水–打腿–抬头换气。(图 11–73)

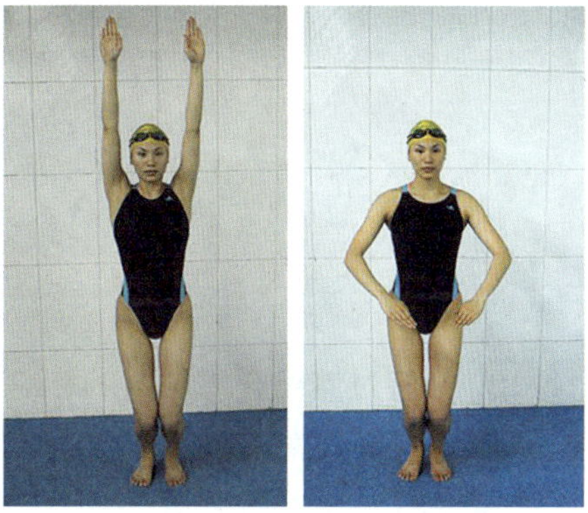

图 11–73　完整配合模仿练习

练习次数：20~30 次×4~6 组，加呼吸配合 20 次×4~6 组。

教学提示：刚开始练习时，容易节奏紊乱，教师需要边示范边讲解，将节奏放慢。待动作熟练后再加快节奏。

教学重点和难点：臂、腿、呼吸配合的时机。

2. 单臂蝶泳分解练习

教学目的：掌握打水与手臂动作的配合时机，体会配合的节奏。

练习方法：蹬边滑行后，一臂前伸，另一臂做蝶泳划水动作，同时躯干和腿配合做蝶泳打水动作，划水 1 次，打腿 2 次，吸气 1 次。(图 11–74)

图 11–74 单臂蝶泳分解练习

练习次数：25 米×4~6 组。

教学提示：开始时可以每 25 米换一次手臂，然后每 3 个动作或每个动作换一次。在一趟中也可先左 5 次右 5 次，然后左 3 右 3，最后左 1 右 1。

教学重点：臂、腿、呼吸配合的时机。

教学难点：躯干发力和动量的传递。

O 蝶泳分解进阶练习

为增加练习难度，可以变化手臂的位置，将原来前伸的手臂放到体侧，重心将下移，分解练习更接近完整配合时重心的位置。

3. 分解过渡配合练习（2+2+2）

教学目的：掌握打水与手臂动作的配合时机，体会配合的节奏，并逐渐从分解向完整蝶泳动作转换。

练习方法：身体俯卧在水面，首先用单臂做两次动作，然后另一臂做两次，最后两臂同时做两次划水动作，重复练习。两臂同时划水时向前吸气，单臂划水时向划水手臂的一侧吸气。(图 11–75)

练习次数：25 米×4~6 组。

教学提示：开始可以多做单臂分解，少配合，随着动作熟练，逐渐减少单臂分解，增加配合动作。提醒学生注意保持动作节奏，每个周期打水与划水的配合时机要准确。移臂结束时目视池底，臀部升高。

图 11-75　分解配合组合练习（2+2+2）

4. 多腿蝶泳配合练习

教学目的：这是一个过渡练习，可降低蝶泳配合的难度，帮助练习者逐渐掌握正确的蝶泳配合节奏。

练习方法：两臂前伸成流线型，俯卧，打水 3 次，第 4 次边打水边做蝶泳划水和吸气动作。也就是将蝶泳的配合节奏减慢，每划水 1 次打水 4 次。然后逐渐减少到划水一次打水 2 次，最后划水 1 次打水 2 次。

练习次数：25 米×4~6 组。第一个 25 米每划水 1 次打腿 4 次，第二个减少一次，第三个以后正常配合。

教学提示：重点是掌握第二次打水与手臂的配合时机，动作熟练后即转入完整配合练习。

5. 蝶泳完整配合练习

教学目的：体会完整配合技术，提高耐力。

练习方法：按照每划水 1 次，打腿 2 次，吸气 1 次的节奏进行蝶泳完整配合练习。

练习次数：25 米×4~6 组。

教学提示：发现技术错误及时向学生指出，随着技术熟练程度的提高逐渐增加游距。

第六节　出发和转身教学步骤和方法

出发和转身技术在初级教学中通常不会安排，因为动作相对复杂，对学生协调、灵敏等素质的要求较高，所以不容易掌握。但在中高级游泳教学中，应该根据学生情况和教学计划进行安排。在教学中要加强组织管理和保护，避免发生危险。

一、出发技术教学步骤

出发技术分为出发台出发和仰泳出发，教学中应循序渐进地设计步骤。

（一）出发台出发技术教学步骤

出发台出发的教学可以采用陆上模仿、减难练习等手段，循序渐进地进行。出发台出发教学有一定的危险性，教师一定要提高警惕，不能掉以轻心。严禁在水深低于 1.8 米的池水进行出发技术教学和训练。

1. 陆上模拟出发练习

教学目的：体会出发时重心移动、摆臂和蹬跳感觉。初步学习出发台出发技术，为后面的一系列练习打好基础。

练习方法：两脚分开同肩宽，弯腰低头模仿预备姿势，然后摆臂向上跳起，手臂和腿都伸直并拢，身体呈流线型，再轻轻落回原地。(图 11–76)

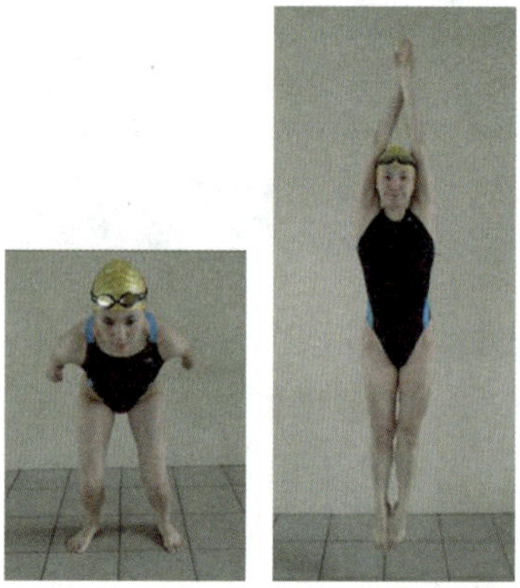

图 11–76　陆上模拟出发练习

练习次数：6~10 次。

教学提示：提示学生尽量向高处跳，摆臂后双手夹住头，双手重叠身体呈流线型，落回原地。提醒学生重心要稳，避免摔倒。如果池边湿滑，或者学生年龄较长、体重较大，则不要做此练习。

教学重点：体会重心的移动。

教学难点：身体姿势的保持。

易犯错误：初学出发时容易抬头挺胸，两脚两臂分开。

纠正方法：提示学生将头夹在两臂中间，跳起时手臂和腿脚并拢。

2. 池边垂直跳水练习

教学目的：体会出发台出发重心的移动、摆臂动作和蹬跳感觉。

练习方法：两脚分开同肩宽，双脚放在池边的前沿。弯腰低头模仿预备姿势，然后摆臂向前上跳起，两臂上摆至头上，夹住头，然后两脚领先，身体垂直落入游泳池。(图 11–77)

图 11–77　池边垂直跳水练习

练习次数：6~10 次。

教学提示：这个练习与上一个练习基本相同，只是最后落入水中，因此教学的重点、难点都与上一个练习相同。在跳起腾空的全过程中保持双手夹住头和身体绷直的姿势。

3. 池边跳远练习

教学目的：体会出发台出发重心的移动、摆臂动作和蹬跳感觉。

练习方法：两脚分开同肩宽，双脚放在池边的前沿，弯腰低头模仿预备姿势，然后摆臂用力向前跳起，两臂上摆，从池边向前跳入水中，尽量往远处跳，两脚最先入水。(图 11–78)

练习次数：6~10 次。

教学提示：提示学生头保持向前，用力摆臂，双脚用力蹬出。尽量跳得远，充分利用腿部的力量，体会双脚蹬出的动作。

图 11-78　池边跳远练习

4. 台上跳远练习

图 11-79　台上跳远练习

教学目的：体会抓台式出发的抓台动作和重心前移。

练习方法：听口令，弯腰抓台做好出发准备，身体慢慢向前移动，直到重心已经移到出发台前面，身体不能在出发台上停留时，向前直立跳出。(图 11-79)

练习次数：6~10 次。

教学提示：尝试确定身体在出发台上失去平衡的临界点。头保持向前，用力摆臂，双脚用力蹬出。尽量跳得远，充分利用腿部的力量，体会双脚蹬出的动作。

5. 坐位出发练习

教学目的：前面几个练习都是脚先入水，对腾空和入水的要求不高，从这个练习开始，要求学生体会手臂先入水的姿势和感觉。

练习方法：坐在池边，双手相握或重叠，双手夹住头，两脚底抵住池壁或水槽。身体逐渐向前倾倒，使重心前移，直到身体无法停留在原地时，两脚蹬池壁，身体向前下方落入水中。手和头先入水，入水后保持流线型姿势滑行。(图 11-80)

练习次数：6~8 次。

图 11-80　坐位出发练习

教学提示：预备姿势时提示学生两手重叠，两臂伸直夹住头，并始终保持这个姿势，直到入水滑行。

教学重点：重心前移。

教学难点：蹬出和滑行过程中流线型的保持。

易犯错误：重心不能有效前移，入水时手臂没有夹住头。

纠正方法：教师站立水中，用手拉住学生的双手，把学生拉入水中。拉的时候提醒学生低头。(图 11–81)

图 11–81　教师辅助学生练习手臂和头先入水

6. 蹲位出发练习

教学目的：重点体会身体重心前移及蹬离的感觉。

练习方法：两脚分开，蹲在池边，双手夹住头，身体慢慢前移直至身体失去平衡时，蹬离，身体伸展，两臂前摆成流线型，身体干净利落地从一个“洞”中依次入水。(图 11–82)

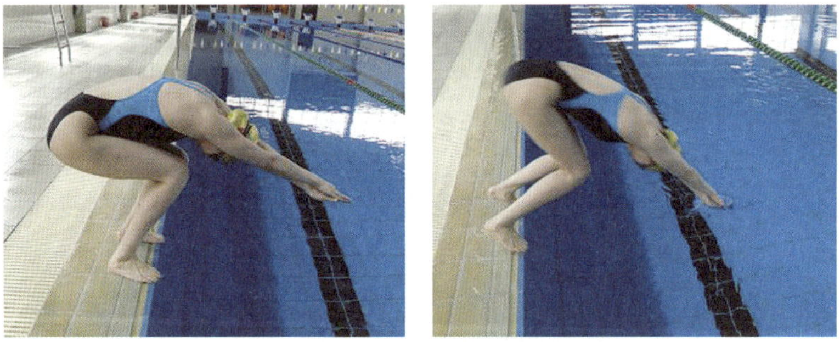

图 11–82　蹲位出发练习

练习次数：6~8 次。

教学提示：要求学生体会重心先前移，脚后蹬出。

教学重点：重心前移和脚蹬出的时机。

教学难点：头部位置的控制。

7. 池边出发练习

教学目的：从坐位、蹲位到站位，逐渐提高难度，为出发台出发做好技术准备，增强学生学习的信心和勇气。

练习方法：站在池边前沿，弯腰成准备姿势，身体慢慢前移直至身体失去平衡，此时蹬

离池边，双臂前摆，身体伸展并干净利落地从一点依次入水。(图 11–83)

图 11–83　池边出发练习

练习次数：6~8 次。

教学提示：腾空和入水时一定要将头夹在双臂的下面，不能抬头，否则就会拍水，泳镜也会脱落。开始可以由教师或学生辅助练习，一人扶住练习者的髋部，让练习者向前移到重心，同伴往回拉，体会重心前移，失去平衡的感觉。(图 11–84)

8. 台上摆臂出发练习

教学目的：体会摆臂动作与起跳的配合，初步掌握摆臂式出发技术。

练习方法：站在出发台前沿，弯腰成准备姿势，两臂放在体侧，随着手臂向前摆动，身体前移直至失去平衡，此时蹬离池边，身体伸展，经腾空后入水。(图 11–85)

图 11–84　出发辅助练习

图 11–85　台上摆臂出发练习的预备姿势

练习次数：6~8 次。

教学提示：腾空和入水时一定要将头夹在双臂的下面。

9. 抓台出发练习

教学目的：在上述练习的基础上增加抓台和摆臂动作与起跳的配合，初步掌握抓台式出发技术。

练习方法：站在出发台前沿，弯腰成准备姿势，两手抓住出发台的前缘，按照拉台、起跳、蹬离、腾空顺序完成出发动作。

练习次数：6~8 次。

教学提示：预备姿势时手臂可以放在双脚中间或者两侧。

10. 蹲踞出发练习

教学目的：在上述练习的基础上，练习预备姿势时两脚前后分开，尝试蹲踞式出发动作。

练习方法：站在出发台前沿，两脚前后开立，弯腰成准备姿势。两手抓住出发台的前缘，按照拉台、起跳、蹬离、腾空顺序完成出发动作。

练习次数：6~8 次。

教学提示：预备姿势时可以根据个人习惯选择重心向前或向后。手臂可以在双脚中间或者两侧抓台。

（二）仰泳出发技术教学步骤

仰泳出发技术比出发台出发更难掌握，需要更高的协调性和躯干力量。

1. 陆上仰泳出发模仿练习

教学目的：体会仰泳出发技术中摆臂、伸髋的感觉。

练习方法：低头团身下蹲，眼睛看地面，后背弓起，模仿仰泳出发的预备姿势。听到教师的口令后抬头挺胸伸髋伸膝，身体成背弓向上跳起，两臂向上摆动。（图 11-86）

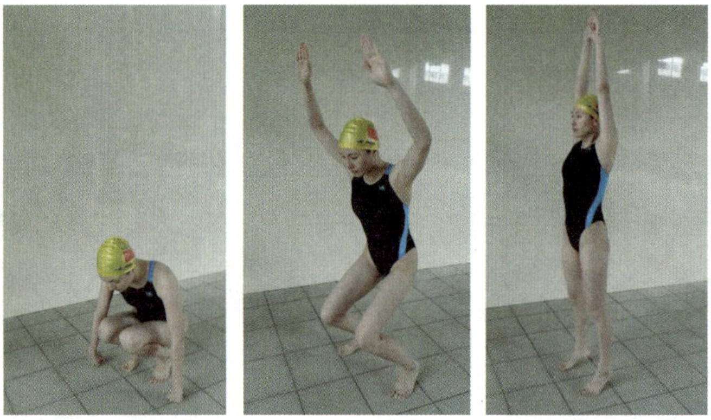

图 11-86　陆上仰泳出发模仿练习

练习次数：6~8 次。

教学提示：模仿水中出发的动作，练习手腿配合的动作感觉。

教学重点和难点：躯干从弓背到后仰的动作转换。

2. 双人仰泳出发练习

教学目的：帮助学生体会仰泳出发拉台、挺胸、伸髋的动作。

练习方法：预备时，教师或同伴站在岸上，双手与练习者相握，练习者双脚蹬在水槽或池壁上，重心上提，低头团身屈膝弓背成预备姿势。随着口令，练习者松手摆臂，头后仰、挺胸、弓背、脚用力蹬出，手、头、肩、躯干、腿依次入水。（图 11-87）

练习次数：6~8 次。

教学提示：站在岸上的教师或同伴要站稳，重心降低，如果水中的练习者在预备时重心提不起来，可以帮助向上提重心。

图 11–87　双人仰泳出发练习

3. 仰泳出发练习

教学目的：经过上述模仿或双人练习后，完成仰泳出发练习。

练习方法：双手抓仰泳出发握手器，按照出发动作出发后滑行，在水下做 5~7 次水下反蝶泳腿，身体浮出水面时开始划水、打仰泳腿。

练习次数：6~8 次。

教学提示：用手和头的姿势控制身体位置。

二、转身技术教学步骤

游泳教学通常从蛙泳教起，所以转身技术也大多从蛙泳转身开始学习。蛙泳的摆动式转身学习起来难度不大，适合已学会了蛙泳，掌握一定水性的学生。蝶泳转身与蛙泳转身很接近，学会了蛙泳转身，基本就能够进行摆动式转身。自由泳和仰泳的滚翻转身难度较大，可以晚些学习。

（一）摆动式转身教学步骤

适合于蛙泳和蝶泳转身。

1. 陆上摆动转身模仿练习

教学目的：在陆上体会身体姿势的改变，降低难度。

练习方法：距离墙壁 3 米左右开始，边走动边模仿蛙泳划水动作，用双手同时接近墙壁。双臂弯曲，肩部靠近墙壁后，推壁收腿团身，一前脚掌蹬壁。一手从“水”下，一手从“水”上摆动的同时转动身体，腹部朝向地面。双手夹头呈流线型蹬出。(图 11–88)

练习次数：6~8 次。

教学提示：教师可以将动作要点总结为：双手触壁、团身收腿、摆动敬礼、夹头蹬壁 4 句话，教师边讲，学生边做。

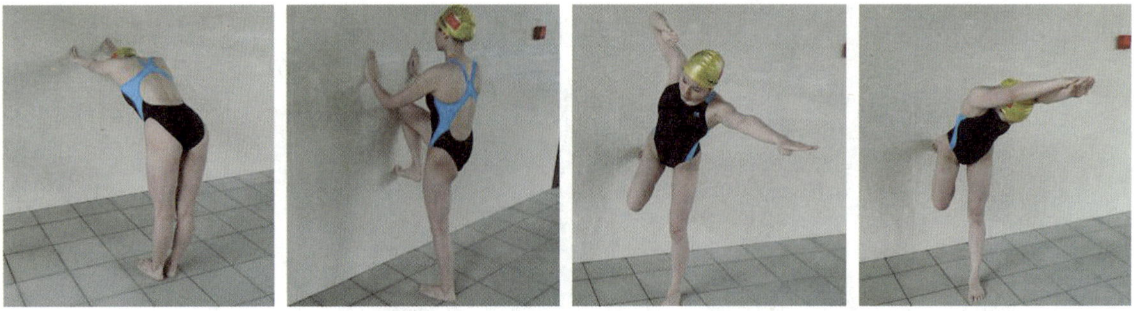

图 11-88　陆上摆动转身模仿练习

2. 水中触壁收腿练习

教学目的：将转身动作分解，先只练习前半部分，降低难度，重点体会触壁和收腿动作。

练习方法：从距离池壁 5 米左右距离开始，向池壁游蛙泳，双手触壁，同时屈臂收腹团身，用两脚掌蹬住池壁。(图 11-89)

图 11-89　水中触壁收腿练习

练习次数：6~8 次。

教学提示：强调动作要点：双手触壁、团身收腿，令学生默念要点并做动作。

3. 水中原地转身练习

教学目的：将转身动作分解，只练习后半部分，降低难度，重点体会摆动和蹬壁动作。

练习方法：面对池壁站立，双手触壁后屈臂，收腿，团身，身体向一侧转动，一手从水下，一手从水上摆动的同时转动身体，腹部朝向地面。双手夹头呈流线型蹬出。(图 11-90)

练习次数：6~8 次。

教学提示：强调动作要点：摆动敬礼、夹头蹬壁，令学生默念要点并做动作。

4. 蹬边长划臂练习

教学目的：重点体会蛙泳出发和转身后的长划臂技术，掌握滑行时身体位置、起游时机。

练习方法：先在陆地上进行长划臂模仿动作，两臂前伸呈流线型，做大划臂后贴身体前伸，同时收腿，边伸臂边蹬腿（图 11-91）。动作熟练后下水练习，从池壁下蹲蹬壁，滑行，按动作顺序做长划臂后，身体正好浮出水面，并开始正常的蛙泳动作。

练习次数：15~20 次。

教学提示：提醒学生蹬壁后利用头部姿势调节身体位置。

图 11-90 水中原地转身练习

图 11-91 蹬边长划臂陆上模仿练习

5. 完整蛙泳转身练习

教学目的：体验完整蛙泳转身练习，根据完成情况调节各个环节的动作。

练习方法：从距离池边5米左右开始游蛙泳动作，按照游近池壁、触壁、转身、蹬离、滑行、长划臂、出水起游的顺序进行完整动作。

练习次数：8~10次。

教学提示：初学者开始时动作错误会比较多，动作连接不熟练，转身蹬边后滑行的深度控制也有难度，教师需耐心指导，反复练习。

（二）自由泳、仰泳前滚翻转身教学步骤

前滚翻转身技术适用于自由泳和仰泳转身，可以同步学习。

1. 蹲池边前滚翻跳水练习

教学目的：将水中滚翻动作先在空中练习，降低动作难度，帮助学生体会前滚翻动作。

练习方法：两脚分开，团身，双手抱膝，蹲在池边，脚趾扣住池边。然后身体团紧前滚翻后落入水中。(图11–92)

图11–92 蹲池边前滚翻跳水练习

练习次数：6~8次。

教学提示：提示学生滚翻过程中身体团紧，低头抱膝。

2. 水中原地前滚翻练习

教学目的：站在浅水中，身体先下蹲没入水中，然后向下蹬地，借助蹬地的力量，团身（低头、收腹、膝盖紧贴身体）做前滚翻后站在原地。也可以以水线为轴，身体绕水线做前滚翻（图11–93）。

图11–93 水中原地前滚翻练习

练习次数：6~8 次。

教学提示：开始滚翻时利用手臂拨水动作帮助身体起动，口鼻同时吐气，避免呛水。

3. 蹬边滑行接前滚翻练习

教学目的：掌握身体前进过程中完成滚翻动作的技巧。

练习方法：身体成流线型俯卧蹬离池壁，稍滑行后腰部前屈，头向下、向后朝膝盖方向转动，同时两臂做环行划动，帮助身体快速翻转。滚翻的位置要尽量高，使大部分身体露出水面在空气中翻转。完成滚翻动作后头立即出水，检查自己面对的方向是否和滚翻前一致。(图 11–94)

图 11–94　蹬边滑行接前滚翻练习

练习次数：6~8 次。

教学提示：借助双臂向后划水的动量，快速低头团身翻滚。

4. 游进中前滚翻练习

教学目的：体会游进中滚翻的动作技巧。

练习方法：连续游 5 次自由泳动作，不要吸气，然后一臂向下划水，身体快速做滚翻动作。完成后停下来吸气，再继续游进并滚翻。(图 11–95)

练习次数：25~50 米×4~6 组，每 5 个动作滚翻 1 次。

教学提示：滚翻时不要犹豫和停顿，用快速低头引导身体的翻转。

图 11–95　游进中前滚翻练习

5. 滚翻触壁练习

教学目的：强化游近池壁过程中控制吸气的技术，并学习滚翻后脚准确触壁的技术。

练习方法：从离池壁 10 米处开始练习。用自由泳游近池壁，当距池壁 5 米时控制吸气。在距离池壁至少还需要 2 次动作时做前滚翻，使脚落在水面下约 30 厘米处的池壁上。(图11-96)

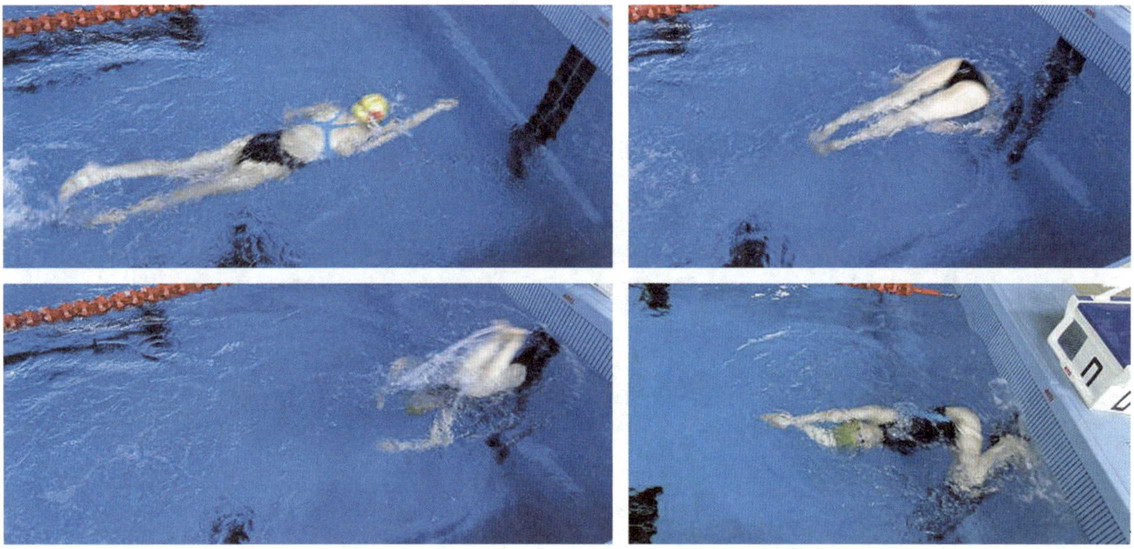

图 11-96　游近池壁滚翻脚触壁练习

练习次数：6~8 次。

教学提示：脚在正确的位置触壁时，身体在水下应该像坐在躺椅上那样（仰卧，髋关节和膝关节略屈），双手在头的上方。

如果距离太远，继续练习游近池壁，调整开始滚翻的距离，直至找到适当的开始位置。不要蹬离池壁，将脚落在池壁上即可。每次练习时注意在水下观察自己的脚触壁的位置。

6. 滚翻后蹬离池壁练习

教学目的：强化正确的流线型身体姿势，控制身体滑行和起游动作。

练习方法：在池壁前站立，原地做前滚翻后蹬出，蹬出时双臂紧夹住头，身体保持紧张。用力打腿，使身体浮上水面，当头露出水面时，开始划臂。(图 11-97)

图 11-97　滚翻后蹬离池壁练习

练习次数：6~8 次。

教学提示：可以与上一个练习结合起来进行。先练习滚翻和脚触壁，再停止，然后练习流线型蹬离池壁，重复练习。

7. 自由泳完整滚翻转身练习

教学目的：体会自由泳转身滚翻的全过程，提高熟练程度。

练习方法：从距离池壁 10 米处开始，以自由泳游近池壁，控制吸气。然后做前滚翻，用脚触壁。以仰卧姿势蹬离池壁，成流线型。一旦蹬离池壁，身体就开始转动，逐渐转为俯卧，同时保持流线型并打水。

练习次数：6~8 次。

教学提示：转身后开始的 2~3 次动作尽量不要吸气。

8. 螺旋游练习

教学目的：掌握仰泳转身滚翻之前身体转变为俯卧姿势的正确方法。

练习方法：先俯卧用自由泳划动一臂，转头吸气，继续转动头和身体直至呈仰卧姿势。然后下面的手臂做仰泳移臂，上面的手臂做仰泳划水。身体继续向相同的方向转动至俯卧姿势。这样就完成了一次完整的螺旋转动。腿始终保持交替打水。向一个方向旋转 4 次，然后向另一个方向旋转。(图 11–98)

图 11–98 螺旋游练习

练习次数：25 米×4~6 组。

教学提示：用较少的螺旋转动次数游完一定的距离，越少越好。

9. 前滚翻转仰泳练习

教学目的：学习仰泳转身从游近池壁到蹬边起游的全过程，并达到较快的速度。

练习方法：以自由泳游近池壁，控制吸气。接近池壁时前滚翻并用脚触壁。从水下仰卧蹬离池壁，身体呈流线型，并用仰泳起游。

练习次数：6~8 次。

教学提示：把准确性放在首位，在蹬离前观察脚触壁的位置，控制好完整的动作。

10. 仰泳完整滚翻转身练习

教学目的：完整体验仰泳滚翻转身的全过程，提高准确性和速度。

练习方法：从距离池壁 10 米处开始游仰泳，记住经过转身标志旗后、转成俯卧之前还需要做几次划水动作。在最后 1 次手臂入水时，身体向同侧转动，另一臂做自由泳移臂，用螺旋游的方法转成俯卧姿势。然后进行前滚翻、触壁、蹬离、滑行、起游等一系列练习。

练习次数：根据需要和时间安排。

教学提示：保持稳定的动作节奏、强有力的打水和连贯的动作，反复练习调整俯卧转仰卧的时间点。

思考题

1. 熟悉水性教学的作用有哪些？
2. 水中呼吸教学的重点、难点是什么？学生在学习中容易出现哪些错误，如何纠正？
3. 简述蛙泳腿部动作教学的步骤。
4. 说明蛙泳划水和呼吸教学的步骤和方法。
5. 蛙泳完整配合教学的易犯错误有哪些？如何纠正？
6. 自由泳和仰泳腿部教学步骤的区别有哪些？
7. 为什么说自由泳呼吸是教学难点？如何克服？
8. 蝶泳腿部动作教学步骤是什么？
9. 简述蝶泳完整配合教学的方法和步骤。
10. 出发台出发教学中怎么贯彻循序渐进原则？
11. 摆动式转身教学的难点是什么？
12. 简述自由泳滚翻转身的教学步骤。

推荐读物

1. 李文静，温宇红.现代游泳技术教程 [M]. 北京：北京体育大学出版社，2001.
2. 李文静.游泳学练问答 [M]. 北京：北京体育大学出版社，2003.
3. 东岛新次等.教你玩中学游泳 [M]. 赵振平译.北京：人民体育出版社，2003.
4. 艾里斯·科玛.儿童蛙泳技术训练 [M]. 北京：人民体育出版社，2002.

参考文献

[1] 日本游泳联盟编.安全游泳 [M]. 沈立仙译.台湾：新雨出版社，1999.

[2] 鲁本古斯曼著.温宇红译.游泳技法练习 [M]. 北京：人民体育出版社，2000.

[3] 温宇红，许琦.图解游泳技巧 [M]. 福州：福建科学技术出版社，2005.

[4] 温宇红，李文静.蛙泳技术图解 [M]. 北京：北京体育大学出版社，2007.

[5] 温宇红，李文静.自由泳技术图解 [M]. 北京：北京体育大学出版社，2007.

[6] 温宇红，李文静.仰泳技术图解 [M]. 北京：北京体育大学出版社，2007.

[7] 温宇红，李文静.蝶泳技术图解 [M]. 北京：北京体育大学出版社，2007.

[8] James E.Counsilman.Competitive Swimming Manual for Coaches and Swimmers [M]. Counsilman CO.，inc.，Bloomington，Indiana，1977.

[9] Samual James Freas.Aquatic Games−Water Fun at Pools，Spas，Beaches and Lakes[M]. ISHOF Publications，1995.

[10] YMCA Lessens.Teaching Swimming Fundementals [M]. Human Kinetics，1999.

[11] Emmett Hines. Fitness Swimming [M]. Human Kinetics，1999.

第十二章 高水平游泳训练基本理论

O 概述

要想使一名游泳运动员的运动成绩达到巅峰，就要从心理、技能、体能三个方面使运动员做好准备。训练的目的一是提高有氧代谢能力的耐力，二是提高无氧代谢能力和爆发力的速度。

有氧能力训练主要分三个水平，即比无氧阈值速度低的“基础耐力训练”“阈值耐力训练（无氧阈训练）”和超过阈值速度水平的“超负荷耐力训练（最大摄氧量训练）”。无氧能力训练包括耐乳酸训练、乳酸生成训练和爆发力训练；游泳训练按照相应的比例，配以各种游泳训练手段就构成了游泳训练一个整体。

本章主要介绍游泳训练的原则、主要训练内容、训练方法和手段，以及不同类型训练计划的制定等内容，特别介绍了一些简便易行、效果较好的陆上体能训练方法手段。通过本章学习和训练实践，学生应掌握游泳训练的基本理论和方法。

O 关键术语

游泳训练原则、训练内容、有氧训练、无氧训练、耐力训练、速度训练、训练方法、训练手段、持续训练法、间歇训练法、短冲训练法、陆上身体素质练习、多年训练计划、年度训练计划竞技能力是运动员参加训练和比赛所必须具备的本领，是运动员技能、体能和心理能力的综合，亦被称为运动能力。要想使一名运动员的运动成绩达到巅峰，就必须要从这三个方面具体做起，游泳也不例外。

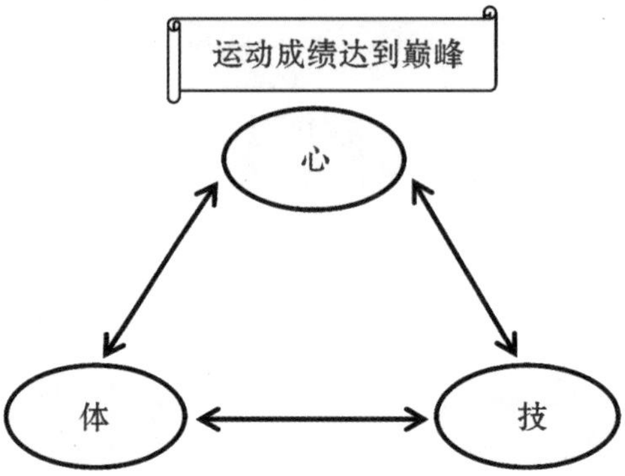

游泳项目在这三要素的具体体现为：

心：为提高精神面的锻炼。例：培养训练动机；心理、精神锻炼；印象、映像、形象练习等。

技：为提高技术水平的锻炼。例：水感练习、技术练习。

体：为提高体能的锻炼。例：间歇训练、力量训练等。

第一节　竞技游泳训练原则

一、适应性原则

训练的目的是使运动员在能量代谢、生理、心理上产生变化，从而在比赛中表现本人最好成绩。适应指运动员身体因训练而发生的变化。当运动员身体各器官、组织以超正常水平活动时，会发生适应性改变。

适应过程至少应包括下述3个步骤：

1. 采用适当训练，满足各类适应变化的需求。
2. 为各类组织生长、修复提供营养。
3. 在这些组织生长和修复过程中有充分的休息时间。

运动员结束一个适应过程之后，只有保持住这一适应和已达到的竞技能力，训练产生的适应变化才能发挥作用。要进一步提高竞技能力，必须进一步增加训练时间或训练强度，以进一步产生适应变化。

二、全面性原则

相对于游泳项目竞技特性（竞技时间、肌肉力量发挥水平、能源机能水平等）的体能，即专项能力是非常重要的。但是，只锻炼发展专项能力，会使得受锻炼的部位产生极端化偏差，造成过度使用症候群（Over use）等运动性障碍。因此，不能只练习特定的身体能力或身体部位，其他能力和部位也应该得以重视并加强锻炼。这种全面发展的练习原则就是全面性原则。如少年儿童时期，不能只练习游泳，其他的运动项目也应该同时进行练习，使体能得以均衡地发展。又如发展小肌肉群和协调性能力练习等。

三、渐进性原则

生理学的机能大部分是顺应普通日常生活的机能要求。为了使训练效果提高，需要顺应正常身体机能水平以上的负荷。因此，在持续的训练中为提高身体机能能力，训练负荷强度必须要同时增强。

但是必须注意，不要突然急剧加大负荷强度。急剧提高负荷强度会使身体机能无法适应，相反会使机能倒退。因此，在制订训练计划的时候要结合运动员的身体机能情况，负荷强度随着身体机能的提高而逐渐提高。

例如，在训练周期之初应进行低强度的训练，之后强度要渐渐提高，练习量也逐渐增加。

四、合理负荷原则

通过训练要使某些生理机制超出其正常要求，否则就不会产生适应改变，但又不能因伤或因其他原因使适应变化消退，训练能力下降，造成过度训练。如果超负荷练习量超过某一生理系统的承受能力，该系统马上会出现故障，导致组织受伤，训练水平下降。为修复受伤的组织，必须改变训练方法。

如果训练负荷安排失当，或训练安排操之过急，训练性质可能发生变化。例如，安排提高有氧能力练习时，如果间歇时间太长，或游得过快，则这类练习会变成无氧性质的练习。同样，安排提高无氧能力练习时，如果练习距离过长，间歇时间过短，很容易变成提高有氧能力的练习。即训练的作用方向往往与期望值相左。因此，必须合理安排训练强度，循序渐进地增加运动量，使运动技术水平不断提高。

五、个性化原则

集体练习中，相同的训练内容可能对有些运动员比较合适，但对有的运动员负荷可能会较低而达不到训练效果；对另一部分运动员可能负荷又过高容易造成过度训练。

因此，要根据运动员比赛项目的特点、体能水平、技术水平等分成若干个组来进行各种不同内容的练习。例如，长距离项目的运动员训练时，就不能以速度练习为中心，应以耐力练习内容为主。

六、自觉性原则

不同的训练内容有不同的目的，训练中应激励运动员清楚各种训练目的并自觉地进行训练。例如，发展最大速度的训练时，运动员要用短距离、超出比赛速度的游速，集中精力完成；而发展耐力训练时，游速过快却难以获得很好的效果。

七、持续性原则

通过训练身体机能会得到提高，这种训练效果要通过持续不断地训练来实现。另外，身体机能训练效果和技术的练习效果不同，具有可逆性。例如，游泳的技能掌握后，即使长期不游泳，技术也不会全部丧失；而身体机能的训练效果在训练中止后，在很短的时间就会丧失。因此，要使身体机能获得一定的水平就要进行反复的训练，而且要维持身体机能水平，也必须持续不断地训练。

第二节　游泳训练的主要内容

根据训练的特性，将运动员的训练大体分两种类型，这两种类型对所有运动员的训练来讲都是非常重要的，一是提高有氧代谢能力的耐力训练，二是提高无氧代谢能力和爆发力的速度训练。

一、耐力训练

耐力训练的目的是改善有氧能力。耐力训练对 100 米以上的所有项目的运动员来讲都是非常重要的。

耐力训练基本分三个水平或是类型，即比无氧阈值速度低的“基础耐力训练”“阈值耐力训练”（无氧阈训练）和超过阈值速度水平的“超负荷耐力训练”（最大摄氧量训练）。这三种类型在本教材中用以下名称表示：

基础耐力训练（End-1）

阈值耐力训练（End-2）

超负荷耐力训练（End-3）

（一）基础耐力训练（End-1）

基础耐力训练的特点是，通过这种强度能够使脂肪和肌糖原再合成 ATP 供能。在练习中与阈值以上强度的耐力训练相比，脂肪代谢率增高，肌糖原的消耗降低；运动中的能量来源主要靠脂肪供给，占总能量 50%~60%。有研究表明，通过 12 周每日 1~1.5 小时的基础耐力训练后，脂肪消耗率提高了近 2 倍，肌糖原的枯竭率减少了 42%。因此，基础耐力训练作为提高有氧能力的一部分，与保持训练强度相比，更能够达到恢复在阈值和超负荷耐力训练中

消耗掉的糖原的效果和目的。（表 12–1）

表 12－1　基础耐力训练的作用

主要作用	次要作用
·增加每搏输出量和心输出量 ·增加血量 ·增加肺毛细管容量 ·改善血液分流状况 ·增加慢收缩肌纤维周围毛细管数量 ·增加慢收缩肌纤维中肌红蛋白和线粒体数量 ·加快乳酸从慢收缩肌纤维中的排出速度 ·加快乳酸从血液中的排出速度	·可为快收缩肌纤维中的肌糖原置换提供更多时间 ·可为慢收缩肌纤维中的肌糖原置换提供更多时间 ·进行各类极限下强度的练习时，有利于脂肪提供更多的能量

（二）阈值耐力训练（End–2）

这一强度水平的耐力训练目的是在不过于放松的前提下，尽可能地以较快速度游，从而改善有氧能力。无氧阈强度（AT）是发展有氧耐力训练的最佳负荷强度，既能使呼吸和循环系统机能达到较高水平，最大限度地利用有氧供能，同时又能在能量代谢中使无氧代谢的比例减少到最低限度，减少乳酸的产生。无氧阈速度的效果是使肌群中的快肌（FT）和慢肌（ST）双方都得到使用，使得两方面肌纤维群的有氧能力得到改善。（表 12–2）

表 12－2　阈值耐力训练的作用

主要作用	次要作用
·增加最大摄氧量的利用率 ·加快乳酸从肌肉和血液中的排出速度 ·增多慢收缩和快收缩肌纤维周围的毛细管数量 ·增加慢收缩肌纤维和快收缩肌纤维内的肌红蛋白和线粒体数量	·增加每搏输出量和心输出量 ·增加血液总量 ·增加肺毛细管数量 ·改善血液分流状况 ·增加最大摄氧量，特别可增加快收缩肌纤维的最大摄氧量

（三）超负荷耐力（最大摄氧量）训练（End–3）

这种类型的耐力训练组合，要求运动员要超出个体 AT 速度来完成。此形式的训练非常接近实际比赛的代谢状态，这类训练属较深度的无氧训练，并会产生严重的酸中毒。也是最适合提高最大摄氧量的训练，因此也称之为最大摄氧量训练。

O 超负荷耐力训练的作用

- 增加所有受到训练的肌纤维，包括 FTb 型肌纤维的最大耗氧量。
- 增加所有受到训练的肌纤维，包括 FTb 型肌纤维周围的毛细管数量。
- 增加所有受到训练的肌纤维，包括 FTb 型肌纤维内的肌红蛋白和线粒体数量。
- 增加所有受到训练的肌纤维，包括 FTb 型肌纤维内的乳酸排出速度。
- 增加所有三种类型肌纤维的缓冲能力。

（四）3 种耐力训练的区别和应用

根据以上 3 种强度的说明，在游泳耐力训练中应以无氧阈（AT）速度为基准，上下各两级强度的区分和具体应用情况如表 12–3 所示。

表 12 –3　游泳耐力训练的基本类型及应用

类型	End –1	End –2	End –3
目的	基础耐力训练	阈值耐力训练	超负荷耐力训练
重复距离	50 ~4000 米	50 ~4000 米	50 ~2000 米
总距离	1000 ~4000 米左右	1000 ~4000 米左右	1000 ~3000 米左右
速度	依 100 米 AT 速度增加 2 ~4 秒	AT 速度或 1500 米比赛速度	依 100 米 AT 速度减去 2 ~4 秒或 400 ~800 米比赛速度
血乳酸水平	3 毫摩尔/升以下	3 ~5 毫摩尔/升	4 ~6 毫摩尔/升或以上
心率	150 次/分以下	150 ~180 次/分	Max
休息时间	5 ~30 秒	10 ~30 秒	30 ~120 秒

注：mmol/L：毫摩尔/每升，Max：最大心率

除以上 3 种耐力训练的基本强度等级外，在热身、整理放松和基础技术练习中动用并产生两种较低的强度等级，本教材中以 A1 和 A2 表示（表 12–4）。

表 12 –4　低于基础耐力训练强度的等级区分和使用

强度	内容与训练目标	运动强度，组的总时间，一次的游距	总距离
低强度有氧训练（A1）	热身、整理与放松游	心率 100 ~130 次/分，5 ~15 分，可用各种距离。	根据需要 100 ~800 米
中强度有氧训练（A2）	低速的打腿、划手、技术和持续游	心率 120 ~140 次/分，20 ~60 分，可用各种距离，长距离项目采用较长距离重复为宜。	1000 ~3000 米

二、速度训练

速度训练不仅有助于短距离，而且也有助于中距离，甚至长距离运动员竞技能力的提高。提高短冲和爆发力能力有利于提高短中距离运动员的轻松快速游的能力，即比赛时，以较少的力量、较快速度的游进能力。同时，这种能力也可提高中长距离运动员终点冲刺时的打腿能力，即提高比赛进入终点段的快速冲刺能力。

（一）耐乳酸训练（Spr-1）

耐乳酸训练的目的是提高乳酸生成而产生肌肉疲劳时的耐受能力，训练效果是提高速度耐力，加强比赛的后半程能力。

耐乳酸组合的举例：

1. 组合距离：500~1500 米。
2. 重复距离：50~200 米；重复 2~12 次，25~60 秒。3~6 组为宜。
3. 休息：长距离重复游，5~15 分钟；短距离，5~30 秒或速度与间歇 1:2 为宜。
4. 速度：全力或 100 米、200 米比赛速度。

（二）乳酸生成训练（Spr-2）

乳酸生成训练的主要目的与耐力训练的目标正好相反。耐力训练的第一目的是减少乳酸堆积率；而乳酸生成训练的目标是提高乳酸堆积率。

乳酸生成组合的举例：

1. 距离：200~1000 米、1~3 组。
2. 重复距离：25、50、75 米。
3. 休息：1~3 分钟。
4. 速度：最大速度；或 50~100 米比赛速度。

（三）爆发力训练（Spr-3）

爆发力训练能够增加肌肉爆发力，提高运动员高速游的能力。速度练习是以提高最大速度为目的的训练。

1. 距离：50 米以下（10~50 米不等）短距离为宜，总距离 200~300 米。
2. 速度：比赛速度或者比赛速度以上的速度游。
3. 休息：30 秒~5 分钟。
4. 周总距离：1500~2000 米。

以上三种无氧代谢能力训练的差异性参见表 12-5。

表 12－5　三种无氧能力训练的差异

类别	目的	重复距离（m）	休息时间	总距离（m）
耐乳酸训练（SP1）	耐乳酸	50～200	30 秒～5 分钟	500～1500
乳酸生成训练（SP2）	乳酸生成	25～100	1～3 分钟	200～1000
爆发力训练（SP3）	爆发力	10～50	30 秒～5 分钟	200～300

O 游泳训练中 RPE 的应用

游泳训练中，可以利用 RPE 作为评价强度等级的参考标准。RPE 最早是为那些有健康障碍的人设计的一种用于运动处方的自我感觉程度量表，它是练习者对自身练习过程中外周的运动肌肉和关节、心血管系统与呼吸系统，以及中枢神经系统等发出的各种信号综合起来而形成的一种用力程度的自我感觉和评价。在游泳训练中，这种自我感觉量表可以间接评价负荷强度，并可以取得与实验室测试相似的反馈信息。

RPE 量表

标度（Scale）	体感强度	训练效果	训练级别
10	极度吃力	改善无氧代谢	耐乳酸
9	非常吃力	改善无氧能力及最大摄氧量：阈值水平以上	耐乳酸
7～8	吃力、较吃力	超负荷的有氧代谢；阈值水平或比阈值水平稍低	最大摄氧量
5～6	比较轻松	改善有氧能力	阈值耐力
3～4	轻松	保持有氧耐力	基础耐力
1～2	非常轻松	准备活动及放松	基础耐力

三、游泳训练内容的平衡搭配

在游泳训练中，各种训练内容的合理搭配是取得成功的关键，特别是在周训练中，耐力训练、速度训练的比例至关重要，表 12–6 列举了周训练中各种训练内容的一个参考标准。

表 12-6 周训练中各种训练内容与负荷的比例表

训练类型	距离（米）/周	占总距离的比例%
准备活动、放松	6000～12000	12～15
打腿	6000～12000	12～15
耐力训练	22000～58000	50～60
超负荷（End-3）	4000～6000	5～10
阈值（End-2）	6000～10000	10～15
基础（End-1）	12000～40000	30～40
速度训练	4000～8000	8～12
耐乳酸（Spr-1）	1500～3000	3～5
乳酸生成（Spr-2）	1500～3000	3～5
爆发力（Spr-3）	1000～2000	2～3

第三节 游泳训练的主要方法和手段

游泳运动员的常用训练方法和手段有各种不同的分类方法（表 12-7），各种训练方法均可分别在陆地上或水中进行。

表 12-7 游泳常用训练方法

	训练方法	目的	常用手段
陆上	循环训练	根据手段不同可发展各种能力，多用来发展一般素质。	多站式循环，可采用持续、间歇或循环形式，例如仰卧起坐+引体向上+拉力+……
	持续或静力训练	根据手段不同可发展各种能力，多用来发展一般耐力或柔软性。	长跑、静力肌肉牵拉。
	间歇训练	根据手段不同可发展各种能力，多用来发展耐力或速度耐力。	拉力、腹肌练习等，控制次数和间歇时间。
	重复训练	根据手段不同可发展各种能力，多用来发展速度、速度耐力、力量等。	多采用负重方式，例如举重。
水上	持续训练	多用来发展一般耐力。	长距离游泳、打腿、划手分解等。
	间歇训练	多用来发展耐力或速度耐力。	配合游、打腿、划手、分解游等。
	重复训练	多用来发展速度、速度耐力、水中专项力量等。	配合游、打腿、划手、分解游、负重牵引等。
	短冲训练	多用来发展速度和爆发力。	配合游、打腿、划手、分解游、负重牵引等。

此外，游泳训练方法以手段的组织形式划分，可以分为持续训练法、间歇训练法、重复训练法和短冲训练法等；如以能量代谢来划分又可以分为有氧训练方法和无氧训练方法等；由完成形式来判别有缺氧训练法、以环境来区分有高原训练法等。

游泳水中训练方法的组成要素主要包括练习距离、重复次数、练习强度、间歇时间、完成练习的形式以及间歇形式等。其中一个或多个要素的变化可使练习的性质产生相应的变化，形成不同的训练方法。

一、主要游泳训练方法

竞技游泳训练主要是以持续游和间歇游的方法为主，采用各种训练手段来发展运动员的有氧和无氧能力。

（一）持续游练习法

持续游练习法大体分为两种，一种为匀速持续游，一种为变速持续游。匀速持续游大多数情况下是以脂肪代谢为主，进行较低强度的长时间练习。变速持续游是在轻松游之间插入距离较短的提速游，是从以脂肪代谢为中心的强度水平，短时内增加糖质代谢比例，从而产生乳酸，再转为脂肪代谢强度水平的一种练习方法。

（二）间歇训练法

间歇训练法是在游泳强化训练中最为普遍采用的，该训练方法能够有效控制运动强度，从而达到训练目的。

间歇训练法有很多种训练手段，见表 12-8。但基本原则是为保证强度质量，强度越高相对应的间歇时间也要延长。因为强度的提高，需要时间来恢复运动所消耗的 ATP，反之，间歇时间短的话则很难维持强度要求。但是，人的身体是具有适应性的，通过科学的训练可

表 12－8　间歇训练方法举例

目　的	具体手段
1. 保持相同的重复距离、速度和间歇时间	30×100 米 1 分 30 秒包，如：以 EN1 速度完成。
2. 保持游速，逐渐缩短间歇时间	3 组 5×100 米（1 组：1 分 30 秒包，2 组：1 分 20 秒包，3 组：1 分 10 秒包）
3. 逐渐提高游速并延长间歇时间	3 组 5×100 米（1 组：1 分 20 秒包，EN1 速度完成；2 组：1 分 30 秒包，EN2 速度完成；3 组：1 分 40 秒包）
4. 逐渐提高游速	① 8×50 米 1 分包，每 2 个提速，最后 2 个游到 200 米比赛速度。 ② 8×50 米 1 分包，1～4 提速，第二个循环最后一个游到 200 米比赛速度。
5. 负分段游（后程比前程快）	8×200 米 3 分包，后 100 米游到主项分段比赛速度。

以达到提高身体机能的效果。例如保持游速缩短间歇时间的训练方法，是要求运动员不断地适应恢复身体机能时间减少的基础上，保持较高游速。通过几周反复的训练之后运动员的机体会产生适应性变化，在同样的强度下短间歇也能够获得氧分，促使损失的 ATP 再合成的能力提高。那么在此基础之上，再应用逐渐提高游速并延长间歇时间的训练方法，与之前相比，有可能生产出更多的 ATP；对游速的提高会有一定的帮助。

（三）短冲训练法

短冲训练有两个主要目的，一是提高短冲的最大速度，使运动员在比赛中游得更快；二是提高缓冲能力，使运动员比赛的速度接近最大速度。因此这部分的主题是能够导致提高冲刺速度的能量代谢过程和缓冲能力。

短冲训练的类型

1. 耐乳酸训练，目的是提高缓冲能力和肌肉无氧耐力；
2. 产乳酸训练，目的是提高糖酵解速率；
3. 爆发力训练，目的是提高肌肉力量和爆发力。

耐乳酸训练和产乳酸训练也可以通过较短距离、较高强度、较长间歇时间的间歇训练法实现，这里重点介绍爆发力训练。

爆发力训练是指用超短的距离和时间提高游泳需要的肌肉力量和速度的训练。(表 12–9)

制订爆发力训练计划的原则：

1. 总距离：50~300 米，一次课中可以重复 3~6 组。

2. 重复距离：10~12.5 米，或者 4~8 次全力配合动作。陆上可以进行游泳凳、VASA 拉力器或力量练习器，重复 4~12 次，3~6 组。

3. 间歇时间：水中训练间歇 45 秒到 2 分钟，陆上训练组间间歇 2~3 分钟。

4. 速度：最大速度，划频不低于 50 米比赛的划频，并保持一定的划幅。

表 12－9　爆发力训练组合手段示例

主项训练	混合距离、混合姿势训练	陆上力量训练
4 组 8×12.5 米，包干时间 1 分 15 秒，每组之间放松游 3 分钟。 10×6 个划水动作快冲，包干时间 1 分钟。 3 组 8×25 米，包干时间 1 分 30 秒。先 10 米冲刺，剩下的距离放松游。每组之间放松游 5 分钟。	例 1：混合距离 10×50 米，2 分钟包干。 6 次划水周期的冲刺；然后放松游游完剩下的距离。 例 2：混合姿势 16×25 米，1 分钟包干。 12.5 米主项冲刺，剩下的距离任意姿势。	3 组 6 次模拟划水拉力练习。 4 组 8 次模拟划水拉力练习；计时，尽量减少 8 次划水所需时间。 3 组 10 次纵跳。

二、游泳训练常用手段

游泳训练最终是由各种各样的训练手段表现出来的，我们可以根据训练的需要及目的，灵活并有效地利用下面的训练手段制订丰富的训练计划。（表 12–10）

表 12－10　常用游泳训练手段

代　码	名　称	详　述
W－up	Warming－up 热身（准备活动）	热身，为训练做最初的身体准备。使身体适应于水中感觉的同时，确判当日的身体状态。
C－down	Cleaning－down 放松	为缓解当日练习的疲劳，而最后进行的慢游、放松游。
S	Swim 配合	正常的游泳配合练习。
K	Kick 打腿	腿部练习。通常是扶打腿板进行。练习内容不单单是四种泳姿的打腿，还可以进行海豚式打腿等。
P	Pull 划手	使用夹腿板和划水板进行的臂部练习。也有不使用划水板进行划手练习的情况。
SKPS	Swim→Kick→Pull→Swim 配合－打腿－划手－配合	配合－打腿－划手－配合（Swim→Kick→Pull→Swim）的顺序游。400 米 SKPS，就是每 1/4 段的距离（100 米）使用 S/K/P/S 的方式游。也可以使用 KPS 等手段。
K&S	Kick and Swim 打腿和配合	打腿和配合（Kick→Swim）以 1/2 的比例分割游。100 米 K&S，就是打腿和配合各游 50 米。也可以制定 25 米等距离进行练习。
P&F	Pull and Fins 划手和脚蹼	同时使用划水板和脚蹼进行配合游。多应用于速度练习时。
LS	Loosen 放松	练习当中为缓解身体疲劳的慢游。调整脉搏，为下面的练习调整状态。
Dr	Drill 技术练习	技术练习。为掌握相对正确、有效的游泳技术，而反复进行的分解游等基础练习。感受流线型、水感等技术练习。
T	Times 次	游的个数、次数。例如：8t＝8 个。
S	Set/Sets 组	组
′″	minute/second 分、秒	单位时间，几分几秒的意思，限制时间时使用。表示包干（Cycle）或间歇（Interval）时间。

表 12－11 常用游泳训练手段的应用类型

代 码	名 称	详 述
3/4 Swim	3/4 游	所游距离的前 3/4 全力游。如果游距为 50 米的话，37.5 米全力游。
All－Out	全力	100% 全力游。
Broken	切割游	50 米切割成 25 米＋25 米，100 米切割成 50 米＋50 米或 75 米＋25 米等。总成绩达到个人最好成绩或比目标成绩快，休息时间设定在 10 秒以内。提高速度能力。
Build－up	提速游	按照规定的距离或次数提速游，最后阶段竭尽全力加速游（可以比喻成开车时的由一挡提速到五挡）。
Des	递增速度游	一个一个地加速游，最后一个游到全力。例如 Des，1to3，就是从第一个到第三个，一个比一个快。
E	Easy 慢游	慢游，边游边使身体得到放松、缓冲，调整脉搏。
Even	Even pace 匀速游	规定的次数，用一样时间的游速（如：最好成绩＋2～5 秒）持续地完成练习。或者，中长距离练习时，前后程速度保持一样。
Forming	身体姿势练习	矫正或控制身体姿势游练习。身体不可以摇摆。
H	Hard 全力游	85%～90% 以上的速度，接近全力地快游。
HR	心率	对运动员要求的目标心率。例如："HR＝17↑"的意思是 6 秒钟心律在 17 次以上。
Hypo	控制呼吸	控制呼吸练习法。例如"Hypo 3，5，7，9"的要求是，在保持速度的前提下，3 次一换气、5 次一换气……，变换循环。
Locomotive	火车头式练习	分割成一定的距离，自己调整游速的练习，是最后冲刺练习的一种金字塔式练习（Pyramid）。
Neg	Negative 负分段游	后程比前程游速快（out slow－back hard），前程并非很慢地游，要达到 70%～75% 以上速度；体会比赛配速感觉。
No－board	徒手打腿练习	打腿练习时，不使用打腿板，注意保持身体的流线型姿势。
No－bre	憋气游	憋气游，例如："last 10 no－bre"，要求某一距离的练习时，最后 10 米不呼吸。达到强化心肺机能，提高耐力的目的。
No－pad	无掌划手练习	划手练习时，不使用划手掌游，使身体体会实实在在的对水感觉。
Pyramid	金字塔式练习	保持游速，将一定的距离分割成金字塔状进行练习。例如 400 米 Pyramid：50×8t/100×4t/200×2t/400×1t/200×2t/100×4t/50×8t
SD	Swim Dive 跳出发游	出发和速度练习。要求每一个都集中注意力，完美地起跳、出水、全力游。
Simulation	模拟比赛练习	与实际比赛状况相同的练习手段。为达到比赛准备的目的，需要进行比赛速度和比赛配速等方面练习。
T－10	T－10 游泳法	10 分钟游泳。10 分钟快速游，尽全力保持速度，最后不带有冲刺。此成绩可以掌握队员的 AT（无氧阈）水平速度。一般情况下使用 T－30（30 分钟游）方法进行。
T. T	成绩测验	用全力游来测定现水平成绩。或者设定目标成绩，进行测验。
UWK	水下腿	强化打腿练习。要求潜入水中进行打腿练习，只有换气时才能出水。潜水不宜勉强，打腿时注意控制好身体姿势。
Vo_2max	最大摄氧量练习	有氧系、乳酸练习，强化速度耐力。总成绩尽可能超出所设置的目标。休息时间与速度比 1:1 左右。
Sprint 1	Sp－1 耐乳酸练习	无氧系、乳酸练习。强化高乳酸下的耐受力、缓冲能力及成绩预测和监控的目的。要求从第一个开始就竭尽全力，使乳酸快速升高，尽最大努力保持成绩，完成设定的目标成绩。休息时间与速度比 2:1 左右。

表 12－12　常用游泳技术训练手段

代　码	名　称	详　述
2K1P	2 次腿 1 次手	蛙泳/2 次腿 1 次手练习。要点是身体保持良好的流线型，注意划水实效和节奏感。
4K1P	4 次腿 1 次手	蛙泳、蝶泳/4 次腿 1 次手练习。要点是身体保持良好的流线型，注意划水实效和节奏感。
BOB	反蛙泳腿练习	蛙泳/身体呈仰卧姿势进行蛙泳腿练习。要求膝关节不要露出水面，纠正蛙泳腿的技术动作。
BOF	海豚腿式蛙泳	蛙泳/海豚腿式蛙泳练习。要点是注意力集中在强有力的划手及打海豚腿时身体的波浪起伏和节奏感。
C－up	抱水练习	自由泳/两手前伸交替进行划水动作。抓水划水时，有意识地打腿配合。
Change－over	变换旋转练习	右侧侧打腿 8 次做 1 次划手，摆动到左侧之后再做 8 次侧打腿，反复变换游。重点体会身体左右旋转。
Fist swim	握拳游	握拳游，由于手不能充分地抓水，从而练习整个手臂的划水感觉。
Hand up	举手游	仰泳、自由泳/一只手前伸，另一只手与水面垂直上举，保持住身体姿势，做自然并强有力的打腿练习。
Head up	抬头游	头尽可能地上抬，游时注意移臂和入水。以纠正身体姿势、高肘抱水和练习深而有力的打腿为目的。
Quarter－Kick	1/4 打腿练习	打腿的技术练习。要求将一定的距离分割成 4 段（如 100 米，分成 4 个 25 米），每段按照正、侧、仰、侧的顺序滚动旋转练习。
Recovery－S	控制还原练习	以躯干滚动、屈肘移臂和抱水练习为目的，练习方法①～③。①大拇指贴两侧肋骨提肘移臂游。②手指尖贴水面游。③一只手以肘关节为轴做摇橹式抱水，注意高肘；另一只手提肘，放松自然地触肩；充分体会到高肘抱水之后，躯干旋转发力划水，两手交替进行。
Scooter	单臂划水练习	一只手臂放在体侧，另一只手臂做“抱水→划水→推水→空中移臂→入水”各部分动作。应用于仰、蝶、自（Ba/Fly/Fr）。
Sculling	摇橹式水感练习	摇橹式水感练习是游泳划水技术的根本。因为四种泳姿的划水准备部分，也就是抱水，都是以肘关节为轴旋转产生的，同时也产生升力推进力。练习时，动作幅度要尽可能地大，充分体会攻角变换产生的升力推进力和手对水的感觉。
Side－K	侧打腿练习	身体侧向打腿练习。打腿要求自然、有力，尽量地保持住身体姿势，抬高身体位置。
SLD	身体流线型练习	身体做出最佳流线型，潜入水中打腿；浮出水面换气后，再潜入水中练习。

第四节　游泳运动员陆上训练手段简介

游泳运动员同样需要陆上练习来提高专项能力和一般能力。专项能力包括速度、耐力、力量、灵敏等与比赛能力密切相关的素质。游泳运动员的陆上训练可以在专门的综合训练房进行，也可以在池边利用简单的器材进行。重点是将训练与游泳技术和比赛需要的能力紧密结合。

一、徒手支撑练习手段

这部分练习主要提高核心部位的力量和平衡能力，对水中控制身体姿势有主要作用。包括单人练习和双人练习。（图 12–1）

这类练习可以在水上训练前在池边进行，重点是身体姿势的控制。可以根据运动员的水平设置支撑时间或重复次数，也可以编排为成套操，重复练习。

二、实心球练习手段

实心球是一项以力量为基础，以动作速度为核心的投掷项目。经常练习实心球，可以发展爆发力，特别对上肢力量及腰腹力量帮助较大。

实心球练习通常以双人采用不同姿势抛接为主，练习时主要以躯干发力传递到手腕，加速掷出。（图 12–2）

三、瑞士球练习手段

健身球是 20 世纪 50 年代由瑞士人发明的，因此也叫“瑞士球”，当时它主要用于帮助那些运动神经受损的人进行平衡训练，以恢复运动能力。20 世纪 80 年代以来，一些运动队也将其发展为提高运动员平衡稳定能力、预防运动损伤的训练工具。（图 12–3）

当练习者站、坐、跪或躺在球形松软的表面上时，身体的空间感、肌肉的动作都会大大不同，练习者会本能地保持身体平衡，这就会“激活”平常很少运动的“负责稳定的”肌肉，从而使身体得到锻炼，所以它也叫“平衡球”。生理学家介绍，健身球可以训练胸、腹、背、臀、腿等处的肌肉群，它们在保持身体平衡、改善身体姿势以及预防运动损伤等方面发挥着重要作用。

四、小肌肉群力量练习手段

所谓小肌肉群是指大肌肉群下深层的肌肉。而游泳项目中主要运用到的小肌肉是肩袖上的小肌肉群。所谓肩袖是指冈上肌、冈下肌、小圆肌和肩胛下肌这 4 块肌肉，因为它们像肩部的袖子一样包裹肩部，又叫肩胛旋转袖，对肩部的功能和稳定起着极其重要的作用。肩部

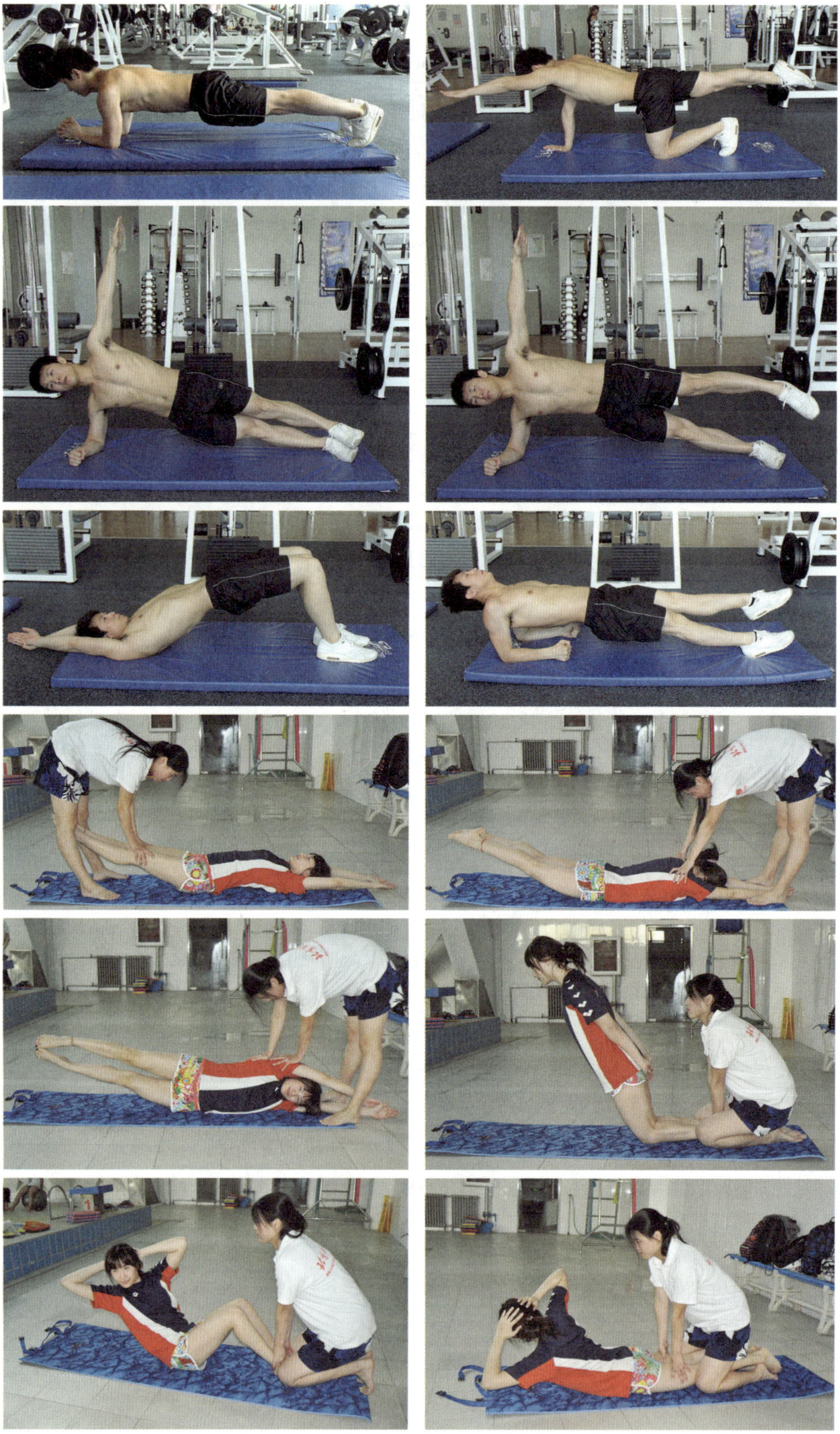

图 12-1 常用支撑平衡练习手段示例

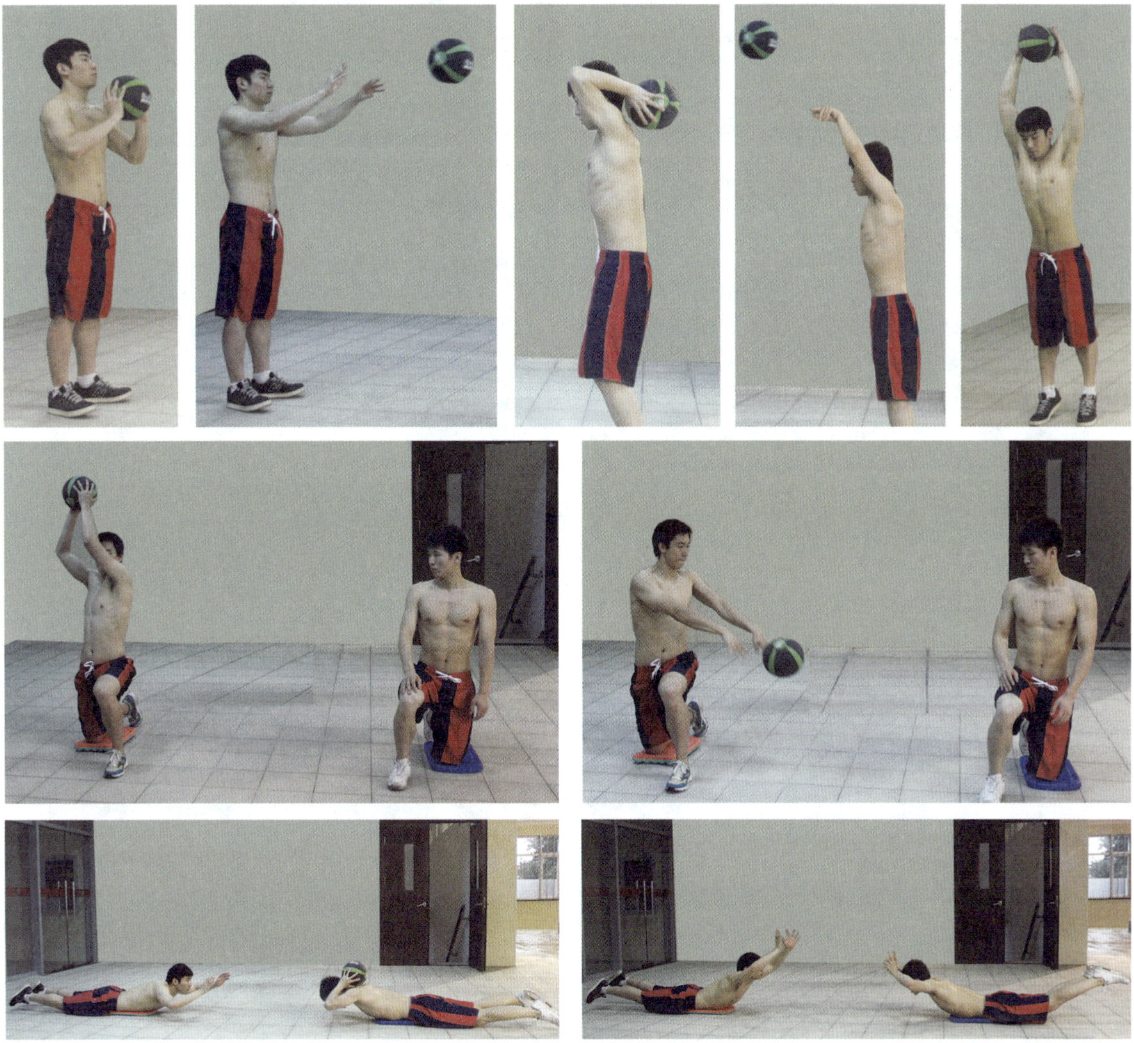

图 12-2　常用实心球练习手段示例

图 12-3　部分瑞士球训练手段示例

图 12-4　部分预防肩肘损伤的橡皮筋练习手段示例

又是游泳中最重要的关节之一，所以它周边小肌肉群力量的发展可以起到保护肩关节的作用，还可以提高肩关节整体的力量。

小肌肉群的训练可以借助橡皮筋的弹力进行。图 12–4 是部分预防肩、肘关节伤病的练习手段示例。

第五节　游泳训练计划的制定

优秀游泳运动员训练是一个长期的过程，需要很多年的时间。游泳运动员的训练计划包括多年计划、年度训练计划、赛季训练计划、周训练计划以及日训练计划。

一、多年训练计划

多年训练计划可以从儿童时期延伸至成年时期，也可以有针对性地为某几项重大赛事而准备，例如每隔 2 年或 4 年进行一次的世界锦标赛和奥运会。

高水平游泳教练员的特征是根据运动员的自身特点、生长发育规律和竞技能力形成规律，对运动员的运动生涯进行细致地规划。如表 12–13 是美国著名游泳运动员菲尔普斯的多

表 12－13　奥运会冠军费尔普斯（Michael Phelps）全程性多年训练过程

阶段	亚阶段	年龄	每周次数	每次时间	说　明
基础训练	初学游泳阶段	7～8 岁	开始 1 次，后增加为 3 次	60 分钟	熟悉水性、初步学习四种姿势技术，同时参加棒球、橄榄球活动。
	提高技术阶段	9～10 岁	开始 4 次，后增加为 5 次	开始 75 分钟，后增加为 90 分钟	改进和提高四种姿势技术，同时参加棒球、橄榄球活动。
	转换阶段	11～12 岁	开始 5 次，后增加为 7 次	120 分钟（一半陆上一半水上），后增加为 150 分钟	教练发现他的天分，开始认真计划。重点改进蛙泳和自由泳技术，以蝶泳为突破口。
专项提高	突破阶段	13～15 岁	冬季水上 7 次，陆上 2 次；夏季 10 次	冬季 150 分钟（陆上 30 分钟）；夏季 120～150 分钟	青春突增期，身高和体重明显增长。
最佳竞技	高水平阶段	16～17 岁	9～12 次	120～180 分钟	转为职业运动员，在一系列国际大赛中所向披靡。
竞技保持		18 岁～	9～12 次	120～180 分钟	获得多项奥运会冠军。

年训练规划，由其教练员鲍曼计划和总结。好的训练计划需要在运动员早期时打好各项基础，有针对性地提高运动员的弱点，随着年龄和水平的提高，在大型赛事来临的时候，集中提高运动员的耐力和速度能力。

二、年度训练计划

多年训练由多个年度训练计划组成。根据比赛的需要，大多数教练员将年度训练计划划分为 2 个或 3 个赛季（周期）。美国教练员通常将一年划分为 2 个赛季，主要根据游泳运动员的学业特点、比赛日程（每年 2 次重大的比赛时期分别于春节早期和夏季末期进行）。也有一些国家和地区每年通常有 3 次重要的比赛时期，分别于 12 月、春季和夏季末期进行，那么年度训练计划就可以分为 3 个赛季。

在传统训练周期理论的影响下，游泳运动员过去通常将一年分为 2~3 个大周期。但随着世界和各国游泳竞赛体制的改革，高水平游泳运动员年度周期安排也越来越呈现个性化的特点。美国原亚利桑那大学游泳队男队主教练约翰逊（Ron Johnson）认为没有绝对正确的训练安排，由于运动员比赛次数增加，过去那种一年只能出现 1 次到 2 次高峰的训练安排已经难以完全满足竞赛的需要。目前一个大周期的安排通常有三种不同的模式（表 12–14）。

表 12－14　一个赛季（大周期）训练安排的三个主要模式

模　式	内容特点	负荷特点	训练理念	比赛成绩
1（传统型）	准备期以大量有氧训练为主，在此基础上逐渐引入速度和无氧训练，后期在保持有氧的基础上大量增加速度、比赛能力训练。赛前进行专门调整减量。	在大周期内负荷量从大到小，强度从低到高，赛前急剧减量。	超量恢复原理，即运动员需要大量超负荷训练，在减量后得到超量恢复。	在准备期由于身体承受大负荷训练而积累疲劳，平时比赛成绩较差或一般，只在专门减量后可能出现较好成绩。有过度训练的危险。
2（低负荷型）	始终以比赛能力训练为主，准备期、赛前训练、比赛期训练内容的差别不显著。	负荷量始终不大，强度虽高但通常间歇比较充分，运动员容易接受。	以赛带练，针对性原则，即比什么，就练什么。	始终没有较深的疲劳，平时也可能出现较好成绩，但也不容易出现大幅度的超量恢复，最后的比赛中水平可能不高。
3（高负荷型）	开始以有氧为主，但很快就逐渐引入速度、最大摄氧量、比赛速度、甚至高于比赛速度的训练。	每周都有高强度和低强度，但准备期高强度训练较少，之后逐渐增多。	介于上述两种之间，既希望有大的超量恢复，又希望平时比赛中也能出现较好成绩。	赛季中和赛季结束时都可能发挥出较好成绩，总体发挥稳定，可持续作战能力较强。

上述三种大周期安排模式并不是绝对的，在运用的过程中还可能根据运动员的具体情况适当调整变化。这三种方式分别适合不同的运动员。

三、赛季训练计划

赛季训练计划需要将不同的训练内容按照一定的周期划分方法安排到不同的时间。

O 赛季训练计划中应该包括的训练内容

- 有氧能力
- 无氧爆发力
- 有氧和无氧肌肉耐力
- 技术训练
- 柔韧
- 水中力量
- 比赛节奏和战术
- 心理训练

赛季训练计划推出分为四个时期：一般准备期、专门准备期、竞赛准备期和赛前调整期，之后进行休息。

（一）一般准备期

主要目的就是调整身体状态，为随后的大强度训练做好准备，通常持续 8~12 周。训练重点是发展有氧能力。运动员需要用不同泳姿，在水中和陆上进行不同类型的、大量的基础耐力训练。

在一般准备期，短距离运动员和划水技术较好的运动员应该进行大量的耐力打腿练习。此外，所有运动员还应该在此期间重点进行产乳酸和力量训练。

一般准备期还需要投入大量的时间改进游泳技术、出发和转身技术。陆上训练要集中提高运动员的总体肌肉力量，适合进行中等组数、每组中等重复次数的基础负重训练，涉及身体各个部位的主要肌群。

（二）专门准备期

一般准备期结束后，进入到专门准备期，集中发展基础耐力、有氧和无氧肌肉耐力、肌肉力量和速度能力。较为理想的时长为 6~8 周。这个阶段训练目的主要取决于运动员所要参加的比赛，以及运动员的生理优势和弱点。所有运动员在此期间都要进行大量的主项泳姿练习，或者有助于提高肌纤维能量代谢功能的泳姿练习。

技术训练的重点转移至确定划频和划幅之间的平衡点上。陆上训练的重点从发展总体力量转移至发展针对性力量。可进行多组，但每组重复次数较少的大负重陆上练习。陆上力量练习应该更有针对性，包括更多专门发展与游泳项目相关的肌肉力量的练习，而且力量练习有时也能够刺激游泳的动作。

（三）竞赛准备期

竞赛准备期的主要目标是提高有氧和无氧肌肉耐力，为即将到来的各项赛事做好准备，较为理想的时长为4~8周。在此阶段每周的主要练习都应该由接近竞赛节奏的主项泳姿练习所组成。

这个阶段产乳酸训练的耗时应减少，训练次数也不能过多。短距离运动员继续进行水中力量训练，但减少训练次数。竞赛准备阶段的训练强度较大，训练较为密集，因此需要增加恢复训练量和训练次数，以帮助修复身体组织。

技术训练的重点转移至在疲劳条件下保持和优化划频和划幅组合。陆上力量训练重点发展肌肉力量。可以采用游泳练习凳、橡皮拉力和VASA训练器等接近游泳技术的练习手段。这个阶段还要重点进行比赛节奏和比赛战术的学习和训练。

（四）赛前调整期

调整期一般为期2~4周，安排在重大比赛之前进行，比赛结束后运动员还需要休息1~2周。在调整期，运动员需要减量提质，针对比赛进行专门性准备。

四、周训练计划

每个赛季计划都由若干阶段组成，每个阶段的训练单位就是周训练计划。周训练计划的制订主要包括两个方面。首先就是要包括所有必要的训练类型，并确定各类型训练适当的训练量。其次本着让运动员从这些不同类型的训练中得到最大收益的原则，周训练计划要确定好各训练类型在一周内进行的先后顺序。

O 制定周训练计划的原则

- 每一周的训练计划都应该包括所有类型的训练：耐力，爆发力和恢复训练。各类型训练的训练量和训练强度取决与所属大周期和中周期训练。
- 在针对耐力或爆发力训练时期，每周安排3~4次主要的强度耐力训练或爆发力训练；在非耐力或爆发力针对训练时期，每周至少安排2次主要的强度耐力训练或爆发力训练。这些主要的训练应该贯穿于整个星期进行，以保证有足够的时间用来恢复糖原和修复组织。

典型的周计划是从星期一到星期五每天训练2次，星期六训练1次。安排周计划有两种方法，一种是交替法，每隔24~36小时安排一次速度耐力或较长的无氧训练。另一种为组合法，即连着安排两个这种练习，之后安排36~48小时的恢复时间。

（一）用交替法安排周训练计划

表 12–15 是交替法安排的周训练样例。因为速度耐力训练和无氧训练需要消耗更多的肌糖原，所以首先安排。速度耐力训练安排在星期一下午、星期三上午和星期四下午。星期六上午安排一次较长的无氧训练，另一次安排在星期五下午，因为星期六上午训练后就可以休息一天。这样安排就可以有 36 小时使肌糖原得到补充。其他时间安排了较短的速度训练、基本技术训练和基础耐力训练。4 次速度训练分别安排在肌糖原得以部分恢复时，即星期一和星期五上午、星期二和星期三下午，这样可以保证速度。这些内容对机体刺激不是太大，对肌糖原的消耗也不多，因此，也可以安排在其他时间。

表 12 – 15　以交替法安排的周训练计划（每天训练 2 次）

	星期一	星期二	星期三	星期四	星期五	星期六
上午	基础耐力 短冲	基础能力	速度耐力	基础耐力	基础耐力 短冲	比赛能力
下午	速度耐力	基础耐力 短冲	基础耐力	速度耐力	基础耐力	

这样安排主要训练内容，就不会影响在其他时间安排短冲训练或中等数量的基础耐力训练。一些特殊的速度练习手段，如顺势速度牵引或抗阻速度牵引等也可在每周安排 2~3 次。

（二）用组合法安排周训练计划

表 12–16 是采用组合法安排的一种周训练计划。速度耐力训练和比赛能力训练安排在两次连续进行的训练课中，之后有 36~48 小时的时间可以补充肌糖原。速度耐力训练和比赛能力训练分别安排在星期一的上午、下午，星期三下午和星期四上午，以及星期五下午和星期六上午。短冲训练安排在星期二、星期四和星期五下午。基础耐力训练安排在星期二上午和下午、星期三和星期五上午以及星期四下午。

表 12 – 16　以组合法安排的周训练计划（每天训练 2 次）

	星期一	星期二	星期三	星期四	星期五	星期六
上午	速度耐力	基础耐力	基础耐力	比赛能力	基础耐力	比赛能力
下午	速度耐力	基础耐力 短冲	速度耐力	基础耐力 短冲	短冲 速度耐力	

O 奥运冠军菲尔普斯是怎么炼成的？

高水平运动员的周训练计划极具个性化。这是奥运冠军菲尔普斯在 2003—2004 年度采用过的一周计划。他的训练特点是每周训练 7 天，共 10 次课，陆上训练每天都安排，高质量训练隔一天安排一次。

	星期一	星期二	星期三	星期四	星期五	星期六	星期日
早晨	爆发力		技术	爆发力		混合 陆上循环练习	技术
下午	质量 陆上实心球	耐力 陆上循环	质量 陆上腰腹/伸展	耐力 陆上实心球	技术 陆上腰腹		

五、日、课训练计划

周训练计划确定后，就要着手安排每天、每课训练计划中各类型主要练习，同时也要包括一些辅助练习和其他练习活动。

O 每课训练计划中主要内容

- 陆上训练
- 水中热身练习
- 技术训练
- 提高有氧能力，有氧和无氧肌肉耐力，无氧力量的主要练习，或以上三种能力的组合训练
- 局部训练，例如划手或打腿练习
- 提高重要比赛技术的额外练习，例如水下蝶泳打腿
- 提高有氧能力，有氧和无氧肌肉耐力，以及无氧力量的若干额外辅助练习
- 恢复训练
- 调整练习

如果每天训练 2 次，通常上午（早餐）训练课的强度要低于下午。上午训练课应该包括基础耐力训练、技术训练、划水和打腿练习。偶尔安排一些快速耐力训练和爆发力训练，帮助运动员适应经常在上午进行的预赛。

任何训练课的训练计划都应该首先从热身开始入手。高质量的热身应该能够充分地让氧气运输至全身各个肌肉，提高肌肉的弹性和活动范围，同时为陆上训练恢复。热身练习至少要维持 10~15 分钟。

技术训练通常出现在训练课开始阶段，此时运动员还没有进入疲劳状态，而且心理动机和注意力水平较高，技术练习中应使用比赛游速。

主要训练内容通常应该在训练课临近结束时进行，之后可能会出现乳酸中毒和糖原耗竭的情况。因此主要训练内容结束后，应该安排长距离的恢复练习。

提高速度或力量的辅助练习，应该安排在训练课开始阶段，运动员此时没有出现乳酸中毒或糖原耗竭，可以更好地全力投入此类大强度练习。

可以将若干组恢复训练穿插在主要训练内容之间，以及辅助高强度练习之间进行，以缓解运动员在大强度练习后出现的肌肉乳酸中毒。每次训练课即将结束之前，都应该进行10分钟，甚至更长时间的调整和恢复练习，加快乳酸从肌肉中移除的速率，并将营养更快地输送至肌肉。

提高柔韧和技术的陆上练习，最适宜安排在水上训练之前进行。

表12–17是一堂训练课的训练计划范例。这堂训练课的主要目的是提高中长距离运动员的有氧和无氧耐力，包括基础耐力水平（En–1）和产乳酸训练（SP–2）。

表12－17　课训练计划范例（适合中长距离运动员，总量8450米）

	内容	负荷量	手　段
1	热身	800米	300米配合 300米划手 4组50米1分钟包干
2	技术练习	1000米	10组100米2分钟包干 25米右臂，25米左臂，100米双臂
3	产乳酸训练	300米产乳酸练习； 750米恢复练习	6组50米3分钟包干 每组50米练习结束后，进行150米放松游
4	基础耐力游速 打腿练习	1200米	6组200米4分钟包干
5	基础耐力划手练习	2000米	2组1000米12分钟包干
6	超负荷耐力练习	1600米	8组200米2分45秒包干
7	恢复练习	800米	4组200米2分45秒包干（越来越慢）

训练开始阶段，首先进行由不同练习组成的800米热身练习，依次为2×300米重复练习（一个配合练习，另一个为划手练习）和4×50米1分钟包干练习。300米重复练习为基础耐力训练速度，热身练习也有助于提高有氧能力。50米重复练习为递增强度练习，为随即进行的更高强度的练习做好准备。

接下来的内容为划水技术练习，以低强度基础耐力速度完成。这个练习的目的是在不造成疲劳的前提下，提高划水技术和耐力。将这个练习安排在训练课开始阶段，而不是在临近结束阶段进行，是因为运动员可以更集中划水技术，而且可以避免以恢复速度进行练习。如果将这个练习安排在一组或多组高强度练习之后进行，运动员很容易分散对划水技术的注意力，而且容易以恢复速度进行练习。

产乳酸练习紧随其后进行，运动员可以在严重疲劳产生之前以全速进行这个练习。接下来为 1200 米基础耐力打腿练习，目的为提高腿部肌肉耐力。再接下来为 2000 米基础耐力划手练习，目的为在快肌纤维过大负荷的前提下，提高有氧能力。

本堂训练课的主要训练内容为超负荷耐力（En–3）游速 8×200 米练习。将这个练习安排在训练课后期，以避免乳酸中毒和疲劳对之前的练习产生影响。也可以将这个练习时间提前，但一定要在结束后进行恢复练习，以帮助运动员在随后的快速练习之前，缓冲乳酸中毒。训练课最后的内容为 800 米放松恢复练习。

O 思考题

1. 游泳项目训练有哪些要素？
2. 你是怎么理解循序渐进原则的？
3. 耐力（有氧耐力）练习主要分哪几级强度？
4. 无氧阈强度的主要特点是什么？
5. 请举例说明如何掌握游泳运动员的无氧阈速度。
6. Spr–1 与 Spr–2 是以发展何种能力为主的练习强度？区别有哪些？
7. 间歇训练法的特点是什么？在游泳训练中如何应用？
8. 游泳运动员为什么要进行陆上训练？不同项目运动员陆上训练方法有什么区别？
9. 游泳运动员的年度训练通常分为几个赛季？为什么？
10. 分别以交替法和组合法制订一个周训练计划。对象为男子 200 米蝶泳运动员，20 岁，健将水平，赛前 10 周时。

O 推荐读物

1. 田麦久.运动训练学 [M].北京：人民教育出版社，2000.
2. 王瑞元.运动生理学 [M].北京：人民教育出版社，2002.
3. 胡声宇.运动解剖学 [M].北京：人民教育出版社，2000.
4. 全国体育院校教材委员会审定.游泳运动 [M].北京：人民体育出版社，2001.
5. 温宇红.游泳教学和训练双语教材 [M].北京：北京体育大学出版社，2009.

O 参考文献

[1] 日本水泳連盟.水泳コ一チ教本 [M].大修馆書店，2006.

[2] Ernest W.Maglischo.Swimming Fastest [M].Human Kinetics，2003.

[3] 李桦.游泳年龄组教学训练大纲 [M].北京：人民体育出版社，2005.

[4] Bill Sweetenham.Championship swim Training [M].Human Kinetics 2003.

[5] Rainer Martens.Successful Coaching [M].Human Kinetics.2003.

[6] Dave Salo.The Swim Coaching Bible [M].Human Kinetics Publishers，2001.

[7] J.Olbrecht.The Science of Winning –Planning，Periodizing and Optimizing Swim Training [M].SWIMSHOP，Luton，England，2000.

[8] 温宇红.高水平游泳训练的个性化需求与组织方略 [D].北京：北京体育大学，2006.

第十三章
游泳竞赛组织与裁判法

○ 概述

游泳比赛能有效地促进群众性游泳活动的开展，推动全民健身计划的实施。游泳竞赛有三种组织形式，第一种是大型赛事组织，例如奥运会、世界锦标赛、全运会等大型综合类的游泳比赛，以场馆运行方式进行筹备和举办。第二种是较高级别的竞赛，主办单位提出基础方案（如大会名称、竞赛、规模、规程、经费来源等），承办单位具体组织比赛；另一种是基层游泳比赛，主要由单位主管领导统一指挥，竞赛工作由本单位主管部门负责。

本章主要介绍游泳竞赛的筹备、组织机构、赛前工作的情况，以及总裁判、技术检查、转身检查、发令、计时、终点、编排记录、检录、报告等裁判员的职责及相关操作规范。通过学习和实践，应掌握游泳竞赛的组织和裁判法的基本知识，学会制定游泳竞赛规程、编排竞赛日程和竞赛分组表，为以后组织游泳竞赛和担任游泳裁判员工作打下基础。

○ 关键术语

场馆运行、竞赛、组织委员会、竞赛规程、竞赛日程、裁判员、编排记录、总裁判、技术检查、检录、计时、转身检查、发令、宣告、自动计时

第一节　场馆运行模式与竞赛组织

“场馆运行”的赛事组织管理模式始于2000年悉尼奥运会，已经被国际奥委会确定为举办奥运会的基本形式。此后的2004年雅典奥运会、2008年北京奥运会和2012年伦敦奥运会仍然采用了这种模式。在这种运行模式下开展竞赛组织工作，与单项体育赛事是不同的。

一、场馆运行的概念和特点

场馆运行组织管理模式是指在组委会领导下，按照场馆设立赛事管理机构，综合管理场馆内的全部事务。北京奥运会借鉴了往届奥运会举办国组织管理模式的先进经验，以及国内竞赛委员会式竞赛组织工作经验，并根据国情和具体情况有所创新，取得了巨大成功。

“场馆运行”是指奥运会期间所有比赛各项服务、各种活动都集中在场馆中运行，绝大多数问题和矛盾在场馆中解决。场馆管理团队作为指挥赛时场馆运行的管理服务主体，在奥运会前负责组织编制运行计划，配置管理赛事资源，提供场馆运行保障，赛时负责按计划组织指挥场馆运行工作、按照国际单项体育联合会章程和规则实施竞赛组织工作。

北京奥运会场馆运行的基本理念是“以竞赛为核心、以场馆为基础、以属地为保障”。(图13-1)

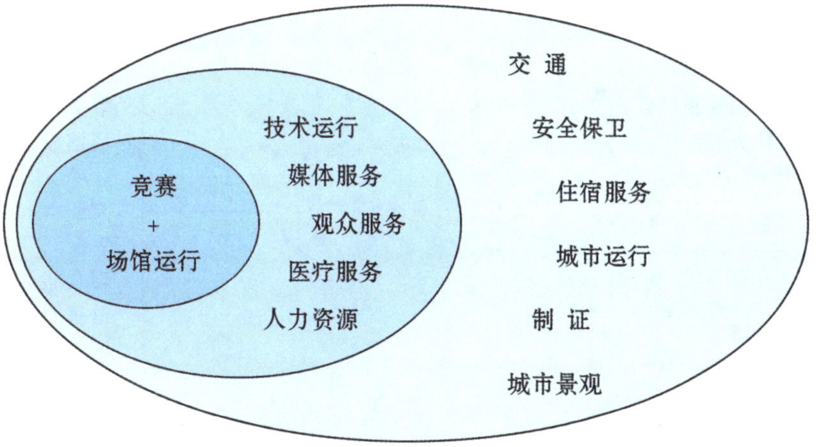

图13-1　北京奥运会“以竞赛为核心，以场馆为基础，以属地为保障”示意图

北京奥运会的场馆运行模式特点可以概括如下：

(一) 场馆主责

场馆是奥运会、残奥会组织工作的主战场，竞技比赛在场馆中进行，是来自世界各地的客人观赛、休闲、娱乐、体验奥运会气氛的“第一现场”。因此必须实现场馆团队运行责任制。

（二）属地管理

属地是指场馆所属的“地界”，属地单位包括区县、大学、国家体育总局下属单位及其它场馆业主单位，充分动员这些属地单位的资源和能力，为场馆运行工作做好保障，是我国的体制优势的重要体现。

（三）权责一致

奥运会整体组织工作的重心下移到场馆，具体表现为赛时场馆内出现的90%以上问题由场馆团队负责解决，为此应当赋予场馆团队相应的权力，以形成权责一致。

（四）标准统一

场馆运行是一项整合了众多业务领域的综合性工作，国际奥委会反复强调，应保证各项赛事、各个场馆的服务标准与工作流程基本一致。要求各个场馆团队按照统一的服务标准、运行模式、运行政策等落实筹办任务。

二、场馆运行模式下竞赛组织的概念、特点及任务

竞赛组织在场馆团队中是一个较为特殊的业务口，它既是场馆团队中众多业务口的其中之一，也是场馆运行中的重要核心部门。

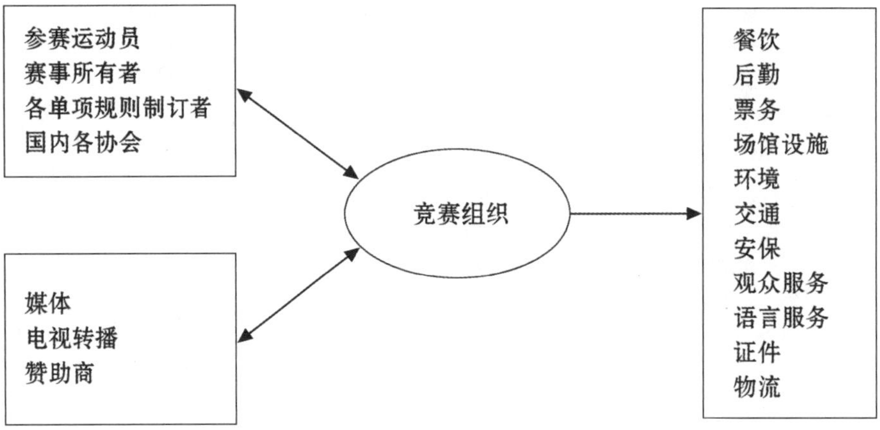

图 13-2　北京奥运会竞赛组织实施场馆运行核心工作的示意图

竞赛组织根据各项目赛事的需要，来组织实施场馆运行的核心工作，根据客户群的需求与各单项规则制订者的要求，向场馆团队内的其他业务领域介绍竞赛相关的需求。

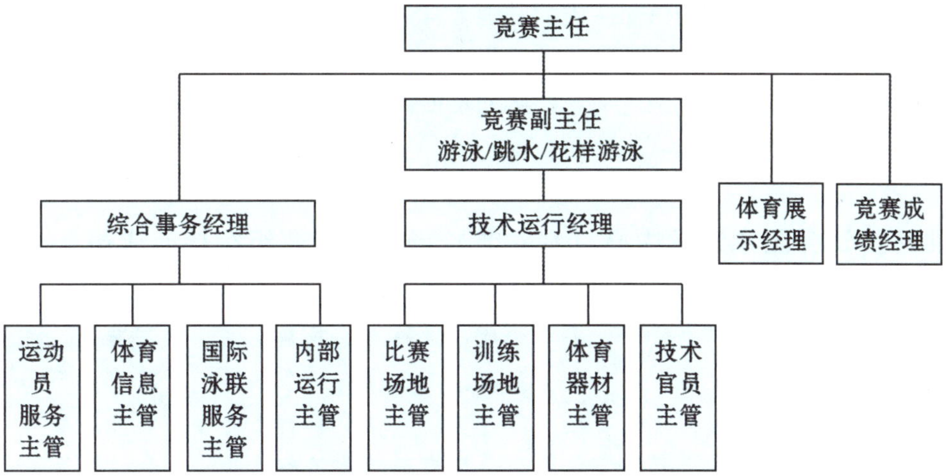

图 13-3 北京奥运会国家游泳中心运行团队竞赛组织业务口结构图

三、场馆运行与竞赛组织之间的关系

（一）场馆是运行工作的基础

场馆是运行工作的基础，所以竞赛组织工作的顺利进行离不开场馆对其的基本保障，场馆运行模式实行了场馆统配资源原则，负责场馆运行综合保障，并与所在属地密切结合，保证竞赛组织者专心安排比赛。

（二）竞赛组织是运行工作的核心

竞赛组织作为场馆运行的核心业务口，在运行工作中处处体现它的核心位置，在场馆各项运行计划的制定中，所有业务口都紧紧围绕竞赛组织来开展工作，以此确保赛事的顺利进行，运动员和国际单项体育联合会（IF）是场馆运行的核心客户，竞赛主任是与 IF 和技术代

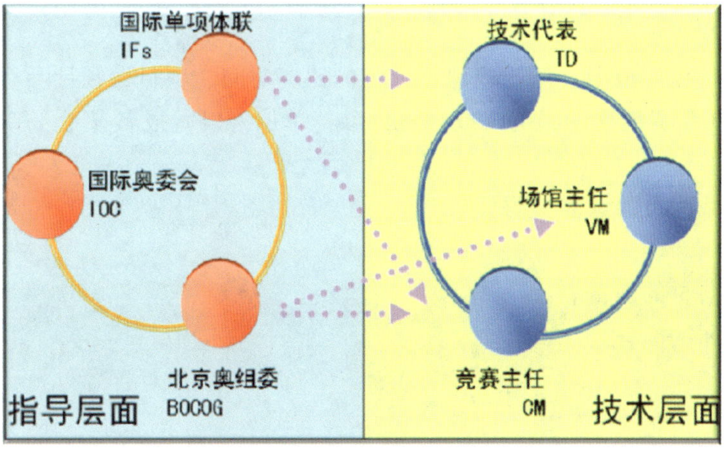

图 13-4 北京奥运会相关机构运行关系图

表联系的唯一通道，然后向场馆团队内的其他业务领域介绍竞赛相关的需求，所以各场馆要以竞赛为中心，协调满足的工作需求，按照规则和要求筹备和组织竞赛工作，竞赛组织工作的顺利开展离不开场馆运行中整个场馆团队的全面配合支持与保障，场馆运行也不能忽略竞赛组织的重要核心位置。

O 北京奥运会国家游泳中心（水立方）场馆内竞赛组织核心成员

北京奥运会国家游泳中心（水立方）要承接游泳、跳水和花样游泳三个分项的比赛。除游泳大项竞赛主任外，每个分项各设一名竞赛副主任。包括游泳、跳水和花样游泳三名竞赛副主任，每个竞赛副主任下各设有一个工作小团队，每个小团队内的岗位设置基本相同，都设有技术运行经理，在竞赛副主任领导下开展工作。综合事务经理领导下的是竞赛综合小团队，设有运动员服务主管、体育信息主管、内部运行主管和国际单项协会官员的服务主管，综合小团队从头至尾参与负责所有三个分项的运行工作。

第二节　游泳竞赛的组织流程

除奥运会、全运会等大型综合运动会外，每年各级机构都会主办多个不同级别的单项游泳赛事。

一、游泳竞赛的筹备

（一）赛前准备

1. 成立领导机构，确定组织方案。
2. 设立组织机构，明确分工。
3. 制定游泳竞赛规程。
4. 编排竞赛日程。根据（竞赛规程）规定的比赛时间、项目，预计参赛人数，编排竞赛日程。竞赛日程随竞赛规程一起电邮或邮寄给参赛单位，以做报名参考。
5. 组织报名。
6. 总裁判及裁判员的选派、聘任。
7. 编印秩序册。
8. 比赛场地器材的准备。
9. 住宿、交通的准备。

O 编排竞赛日程的原则

(1) 先安排自由泳项目。因游泳竞赛中自由泳项目最多，长、短距离，接力要兼顾，分散安排。

(2) 把可能有运动员兼项的项目排开，例如同一姿势的 100 米和 200 米不要安排得太紧。

(3) 在安排场次时各种姿势和男女项目应交错安排。

(4) 同项目预、决赛不要排在同一场，也不宜间隔太远。

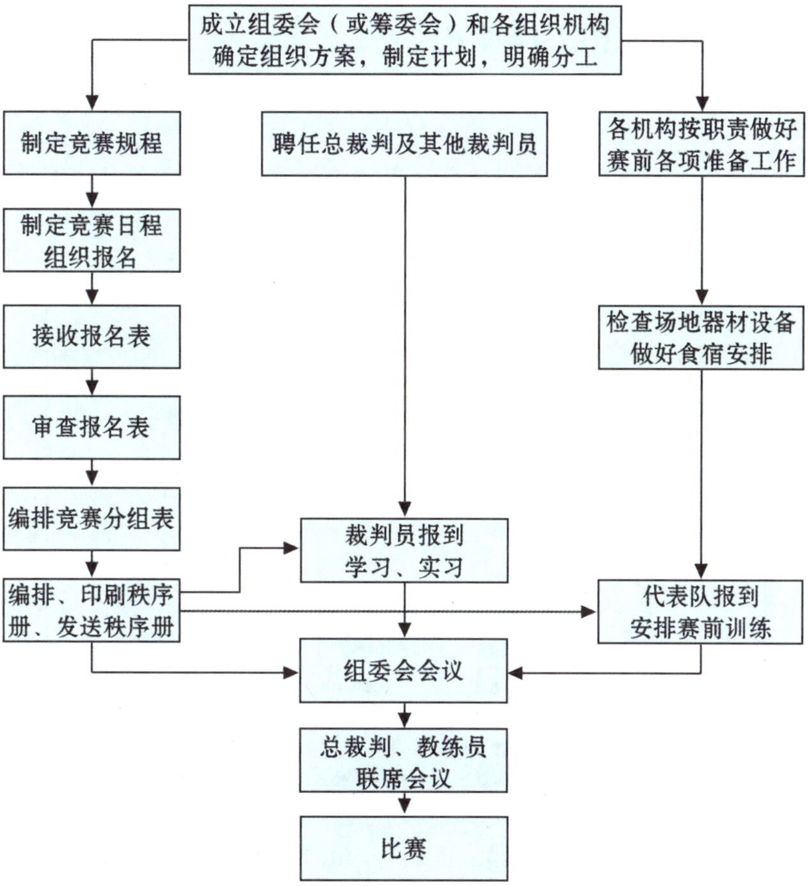

图 13-5　游泳竞赛前工作流程表

(二) 竞赛期间

1. 根据大会报到日期，做好工作人员、裁判员和参赛队接待工作。
2. 召开各类会议，如组委会会议、裁判员动员大会、总裁判和教练员联席会等。
3. 开幕式。
4. 组织比赛。
5. 比赛期间，大会各部门应经常与裁判及各参赛队联系，深入参赛队听取意见，不断改进工作，使竞赛顺利进行。

（三）赛后工作

1. 闭幕式及团体颁奖。
2. 整理成绩资料，印发成绩册。
3. 各部门总结。
4. 安排和办理各队级裁判员离会事宜。
5. 组委会总结，向上级汇报工作的情况。

二、裁判员的职责和工作流程

O 小贴士

游泳运动员从准备参加比赛到完成比赛，有多少裁判员在为比赛的公平和流畅工作？

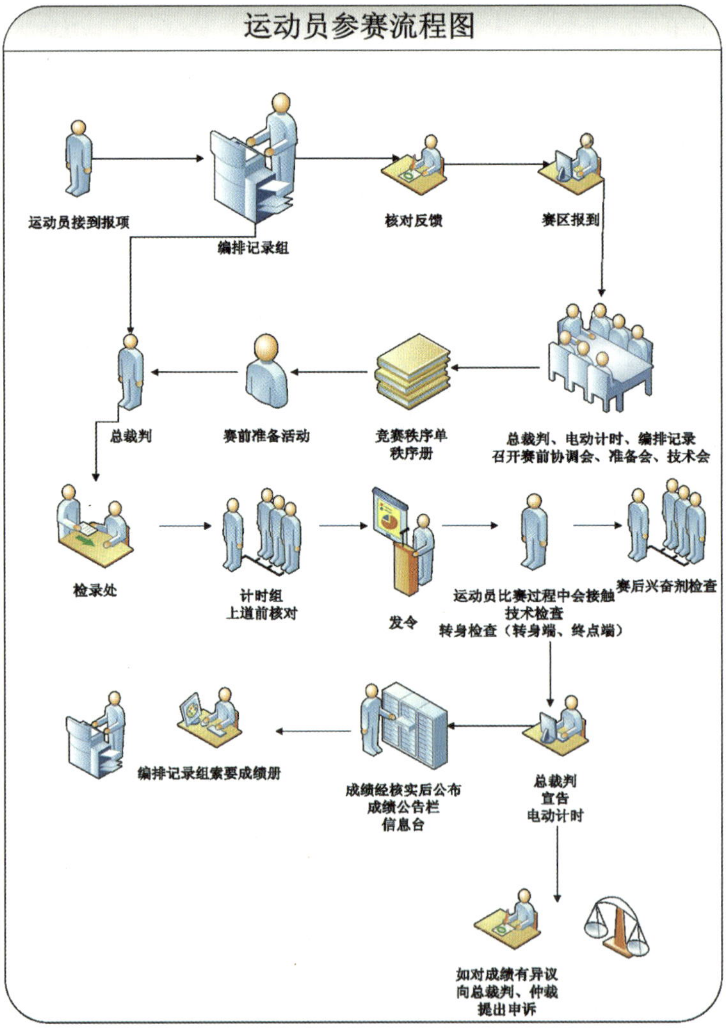

（一）编排记录

当运动员看到竞赛规程后会从竞赛规程当中得知相关信息，运动员首先需要报名报项，因此运动员所接触的第一个竞赛裁判岗位就是编排记录组。填写报名表后电邮或邮寄指定地址，由编排记录组进行赛前编排工作。（图 13–6）（表 13–1）

O 游泳竞赛规程需要包括的内容

- 大会名称
- 竞赛日期和地点
- 竞赛项目
- 参加单位
- 参加办法（包括年龄分组的方法、每队限报人数、每人限报项数及参加比赛的资格等）
- 竞赛办法（比赛所采用的竞赛规则以及有关的特殊规定）
- 录取名次与奖励的办法
- 报名时间、报名办法及报到时间和地点
- 其他有关要求和注意事项

图 13–6　编排记录组赛前编排工作

表 13－1　编排记录裁判员岗位职责及操作方法

裁判员职责	操作方法		
	赛前	赛时	赛后
编排记录裁判的职责是于比赛前，根据规则、规程、报名单、大会日程及有关材料，编制秩序册；比赛开始后，准确地记录和及时公布每项、每组比赛成绩；预赛后，按成绩编排决赛秩序；比赛结束后，尽快编印成绩册。编排记录工作是保证比赛按计划、有秩序地进行的关键。要求编排记录员做到周密、细致、准确、及时、认真负责。全国性比赛可设编排记录长 1 人，副编排记录长 1 人，编排记录员若干。	1. 熟悉规程，审理报名单，填写竞赛卡片 2. 编排竞赛分组表 3. 编排秩序册 4. 准备各种表格	1. 临场记录工作内容 2. 现场工作步骤 3. 成绩册的编印	1. 每场赛后，及时印制成绩公报（含决赛名单）并分发给各有关单位。 2. 每场赛后，及时填写比赛成绩证明书。待全部比赛结束后，尽快分发给各有关单位。 3. 全部比赛结束后，准确、及时地统计出团体总分与团体名次，送交总裁判。 4. 尽快编印出成绩册并及时分发给各有关单位。 5. 整理好全部竞赛资料，送交竞赛主办单位存档备查。

（二）总裁判

当教练员和运动员到达赛区报道后，办理相关住宿、训练等问题之后，就要准备参加赛前技术会。技术会由总裁判主持，总裁判应该先期抵达赛场，并对赛前准备工作进行检查和指导。（图 13-7、图 13-8）（表 13-2）

图 13-7　总裁判组织裁判长会议

图 13-8　总裁判在赛时执裁

表 13－2　总裁判岗位职责及操作方法

裁判员职责	操作方法		
	赛前准备	临场	赛后
总裁判在竞赛大会的领导下全面领导和分配全体裁判员的工作，是竞赛裁判工作的组织者和领导者，根据规则和规程精神，解决比赛中的有关问题。总裁判必须首先做到严肃、认真、公正、准确，保证规程、规则的正确执行。	1. 了解大会概况和组织机构，明确大会对裁判工作的要求。 2. 提前报到：检查编排工作、了解秩序册的编印情况；各组裁判长及裁判员分工。 3. 召开裁判长会议，使各裁判长了解大会情况及明确自己的任务。 4. 召开全体裁判员动员会，宣布裁判分工，组织好赛前的裁判学习。 5. 深入各裁判组了解情况，指导学习。 6. 熟悉比赛场地，带领各组裁判长检查场地、器材。 7. 组织全体裁判实习。 8. 开好裁判长、教练员联席会议，提出执行规则、裁判法及有关问题的说明。 9. 在每场赛前，受理接力比赛第一棒或单项比赛分段成绩的破纪录申请，并及时通知检录长。	1. 每场提前 40 分钟到场，检查赛前工作，处理破纪录申请及有关问题 2. 要求裁判员提前 30 分钟到场做好赛前准备。 3. 每场赛前约 10 分钟，该场执行总裁判召集全体裁判员按入场队形集合，简要地提出要求。 4. 赛前约 5 分钟，带领裁判员入场，走到各自的岗位处。在报告员介绍执行总裁判和发令员后，全体裁判员依执行总裁判的手势落座就位。 5. 每组比赛运动员上道后，按照比赛时间，执行总裁判用短哨声示意运动员脱外衣做好准备。 6. 每组比赛结束，执行总裁判应首先注意技术检查员和转身检查长是否有犯规情况报告。执行总裁判应根据本人的观察或检查员的报告，判定运动员是否犯规。 7. 如判定运动员犯规，执行总裁判应在检查表及竞赛卡片上写上处理意见并签名。 8. 每组比赛结束，执行总裁判要审核计时长交来的竞赛卡片，然后交报告员宣布成绩。 9. 每项预赛、半决赛结束，执行总裁判要审核由编排记录组呈送来的重赛和半决赛、决赛名单。 10. 一场比赛结束，执行总裁判带领裁判员按预定路线退场。	1. 每场比赛后，总裁判应召集裁判长会议，交流情况，研究工作中的问题并提出改进意见。 2. 全部比赛结束后，做裁判组工作总结。 3. 督促编排记录组及时完成成绩册的编制，审核成绩册并签名。 4. 签发比赛成绩证明书，为裁判员证书签名。

（三）检　录

运动员参加比赛时首先到达的是检录处，游泳项目设第一检录处、第二检录处，第一检录处进行初点名和泳装检查，第二检录处赛前点名、验证、核对，带入比赛场地等工作，须严格按照时间点进行以保证比赛顺利完成。（图 13–9、图 13–10）（表 13–3）

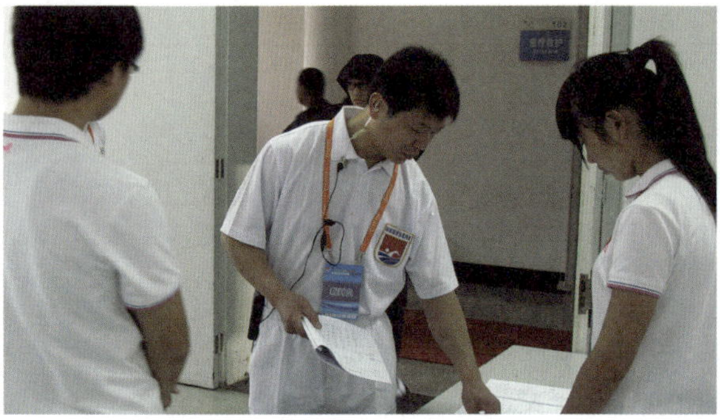

图 13-9 检录员核对项目次序、参赛人员名单

图 13-10 检录员带领运动员进入比赛场地

表 13-3 检录组岗位职责及操作方法

裁判员职责	操作方法		
	赛前准备	临场	赛后
检录员的工作主要是赛前负责点名，并带领运动员入场，是保证比赛按计划进行的重要环节。要求检录员态度诚恳热情、和蔼可亲，工作认真细致、积极主动、有条不紊。	1. 根据赛场条件布置好第一、第二检录处和内场候赛席。 2. 每场比赛前，如有运动员申请分段成绩破纪录或接力第一棒破纪录并获总裁判批准，应将申请表贴在竞赛卡片的背面，并在将该组卡片交给副计时长时口头通知副计时长。接力比赛，应将每队运动员的名单按棒次顺序抄（贴）在竞赛卡片的背面。	1. 外场检录员在每组比赛前 10 ~ 15 分钟第一次点名，检查竞赛证，检查运动员服装是否符合规则要求。在每组比赛前约 5 分钟第二次点名；运动员带入内场候赛席并将比赛卡片交内场检录核对竞赛卡片和运动员。 2. 内场检录员在上一组运动员到达终点后将下一组卡片交给副计时长；当报告员开始宣布上一组成绩时将运动员带入泳道。 3. 运动员入水后将衣物移至候赛席。 4. 督促运动员起水。 5. 负责召集和引导发奖仪式。	

（四）计　时

1. 人工计时

在大型比赛中人工计时、自动装置计时与半自动装置计时，均被承认为正式的计时方法。当使用三个数字秒表，由 3 名计时员计时，运动员的正式成绩是名次的依据，不设终点裁判。（图 13-11）（表 13-4）

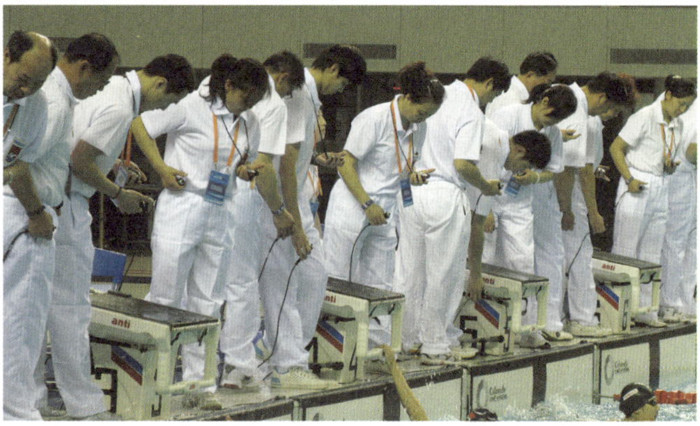

图 13-11 运动员到达终点计时员操作

表 13－4 计时组岗位职责及操作方法

裁判员职责	操作方法		
	赛前准备	临场	赛后
游泳规则规定，人工计时、自动装置计时与半自动装置计时均被承认为正式的计时方法。计时工作是客观反映运动员成绩的重要环节。因此要求计时员必须具备高度的工作责任感、熟练的业务和实事求是的工作态度，准确计取运动员的成绩。	计时长、副计时长在赛前完成。	1. 每组比赛开始前，副计时长将检录组交来的竞赛卡分发给各泳道计时小组长。如有申请分段成绩破纪录的情况，应及时通知计时长，并提醒该道计时员做好计时工作。 2. 在执行总裁判发出长哨声信号时（仰泳项目为第二声长哨），全体计时员立即起立，集中注意力听出发信号。听到发令员发出出发信号后立即按动计时表。开表后立即坐下，查看计时表走动情况。 3. 在100米以上距离项目的比赛中，运动员在终点一端每次转身前10～15米时，或接力比赛交接棒时，一表和三表计时员应同时起立走到池边，一表计时员计取分段成绩，三表计时员执行转身检查员的职责。二表计时员随后将分段成绩填入卡片。 如有运动员申请分段成绩破纪录或接力第一棒破纪录，在该分段，小组3名计时员应同时计取分段成绩。二表计时员要将3个成绩填写在破纪录申请表上。 4. 在运动员抵达终点前15米时，计时小组3人应同时起立走到池边，找好池端垂直面，当运动员抵达终点后立即按停计时表。 5. 停表后立即返回坐下。3人出示计时表，由二表计时员将成绩填入竞赛卡片，并确定正式成绩。在记写成绩时，小组长要认真检查，防止记错。 6. 在3名计时员中，有两个以上的计时表所计取的成绩相同时，此成绩应为正式成绩。如3个计时表所计取的成绩都不相同，应以中间的成绩作为正式成绩。 7. 随后，即填写“计时存查表”。 8. 运动员到达终点后，计时长开始收集卡片。计时长应认真检查核实计时员计取的成绩、填写的内容、方法、字迹是否准确、清楚，发现错误或不清楚时要及时更正，同时将卡片按正式成绩的优次顺序排好。 9. 计时长收齐卡片后，交总裁判。 10. 在计时员秒表出现故障时，计时长的秒表可替补。 11. 当执行总裁判组织下一组出发发出短哨声信号时，计时员应及时回表。没有得到规定信号，计时员不得擅自回表。 12. 一场比赛结束后，二表计时员要根据“计时存查表”及时做好统计工作，然后将“计时存查表”交计时长汇总、备查。	

计时组设有计时长、副计时长，计时长全面领导计时组工作。负责做好计时组的分工和组织好赛前学习；检查、校对秒表；组织计时员进行现场实习，与发令员配合提高计时员听枪声开表的能力，抓好各种泳式到达终点停表的练习。

副计时长协助计时长工作，负责领取、分发、保管计时组所需的各种裁判用具。

计时组位于距终点池端后约 3 米的位置。每条泳道的 3 名计时员分别称为一表、二表、三表计时员。一表计时员为小组长，负责计时小组的全面工作，除计取最终成绩外，兼计取 100 米以上距离项目的分段成绩。二表计时员为记录员，除计取最终成绩外，负责小组的成绩记录和统计工作。三表计时员由本端本泳道的转身检查员兼任，除履行转身检查员的职责外，兼计取最终成绩。

2. 自动计时

目前大型赛事都采用电子计时装置完成计时工作，其中被广泛采用的电子计时计分系统有科罗拉多、精工、欧米茄等品牌。

O 正确的开表姿势

身体直立，两眼平视前方，右手持表靠在右侧腰部，听到“各就位”口令后，将拇指第一指节按在开表钮上，听到枪声立即开表。

O 正确的停表姿势

两脚前后开立，上体稍前倾，找好池壁垂直面，右手持表靠在右侧腰部，拇指第一指节按在停表钮上，运动员触及池壁时立即按停计时表。

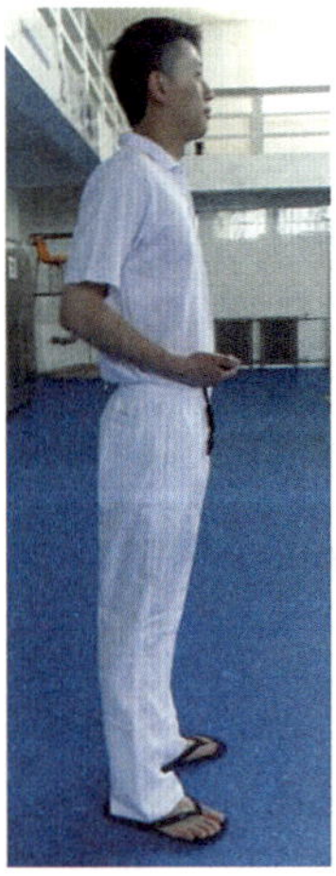

(五) 发　令

在总裁短哨声催促下，运动员上道准备比赛，出发命令将由发令员发出。发令工作对各裁判组和对运动员创造优异成绩都有直接关系。发令员应具有较高的观察能力和判断能力。(表 13–5)

发令员应站在游泳池的侧面，离出发池端 5 米以内发令，要能全面观察到 8 条泳道的运动员。(图 13–12)

表 13 –5　发令岗位职责及操作方法

裁判员职责	操作方法		
	赛前准备	临场	赛后
发令员的职责主要是为运动员出发发令，保证公平开始比赛，发令员应具有较高的观察能力和判断能力，在工作中要果断、准确。	1. 准备好发令器材，熟悉使用方法。 2. 深入现场了解场地和运动员技术，研究并统一发令的要领和尺度。 3. 与计时组配合进行裁判实习。 4. 准备好检查表及发令正、误及运动员犯规统计表	1. 发令员见到执行总裁判向外伸展手臂动作后，发令员右手举枪，左手拿哨靠近口下，发出“各就位”（“take your mark”）口令。当所有运动员都处于静止状态时，立即发出“出发信号”。 2. 如出发信号已经发出但发现有运动员抢码，则应继续比赛，由执行总裁判在该组比赛结束后取消犯规运动员的录取资格。 3. 如发令枪发生故障，发令员应立即鸣哨，终止比赛，将运动员召回，不判作是一次抢码犯规。 4. 如发现运动员延误比赛、蓄意不服从命令或在出发时有任何（除出发抢码犯规外）犯规行为，发令员可报告执行总裁判，待执行总裁判做出处理后再行发令，这一次不算出发抢码犯规。	

图 13–12　总裁判与发令员之间的配合

（六）技术检查

运动员在比赛过程中会受到池岸两侧技术检查的监督，技术检查员共计 4 人，在总裁判的直接领导下进行工作，负责检查运动员在游进中的泳式和动作是否符合规则，协助转身检查员观察运动员转身犯规、到达终点犯规和接力交接棒犯规情况。（图 13–13）（表 13–6）

图 13–13　技术检查在比赛中观察运动员

表 13－6　技术检查岗位职责及操作方法

裁判员职责	操作方法		
	赛前准备	临场	赛后
主要负责检查运动员在游进中的泳式和动作是否符合规则，协助转身检查员观察运动员转身、到达终点和接力交接棒犯规情况。	1. 认真学习竞赛规则，重点理解规则中的比赛通则和各泳式的比赛规定。深入赛场实习，熟悉各种犯规动作，统一判罚尺度。做好检查员的分工。 2. 编印各种犯规用语填写示例，以保证临场处理犯规时能迅速、准确、清楚、扼要地填写检查表。	1. 技术检查员在听到哨声信号时迅速起立，前往距出发池端 5 ~ 10 米处，仔细观察运动员出发后的水下动作是否符合规则。自由泳、仰泳和蝶泳比赛，两侧各 1 名技术检查员应在距池端 15 米处观察运动员的水下潜游动作是否超出 15 米。 2. 在比赛进行中，技术检查员应按分工认真巡视，检查所负责的泳道运动员的技术动作是否符合规则。 （2）技术检察员必须巡到距池端 5 米以内处，协助转身检查员观察运动员转身、接力交接棒和到达终点是否犯规。 （4）如发现运动员犯规，应在全部运动员到达终点后，举手向总裁判示意，并迅速填写检查表，然后到总裁席向执行总裁判报告犯规情况。	每场比赛后都应进行小结，分析情况，提高观察判断能力。全部比赛结束后进行全面总结。

（七）转身检查

转身检查裁判负责检查运动员出发、转身、接力交接棒和到达终点是否犯规。

转身检查设转身检查长 2 人（终点端、转身端各一人）分别位于游泳池两端的池边，距池端 1–2 米处。负责领导本端转身检查员的工作。

赛前负责本端转身裁判员学习规则和裁判法，分配本端裁判员的工作；准备各种裁判用具。（图 13–14、图 13–15）

临场工作：每组比赛开始前，当执行总裁发出长哨音时，终点端的转身检查长应起立，运动员完成第一个动作后坐下；每组比赛中，当运动员游到距离池端 20~15 米时应起立，观察运动员转身、接力交接棒和到达终点是否犯规，发现问题马上联系有关转身检查员；转身检查长看到有转身检查员报告犯规时，应先向执行总裁判举手示意，然后到发现犯规的检查员处了解情况，审核检查表。在做出确切的判断后，在检查表上签名。然后立即将检查表交给执行总裁判并报告犯规情况。（表 13–7）

表 13 –7　转身检查员岗位职责及操作方法

裁判员职责	操作方法		
	赛前准备	临场	赛后
每条泳道两端各设 1 名转身检查员，负责检查本泳道运动员的转身动作是否符合规则。	转身检察长主责： 1. 检查场地准备情况。 2. 准备好所需的器材包括：报趟牌、铃铛等。	1. 终点一端的转身检查员在仰泳、蛙泳和蝶泳出发时，应起立走到本泳道出发台的侧后方，在按动秒表后，检查运动员出发后至第一次划水动作结束的动作是否符合规则。 2. 当运动员距转身池端 10 ~ 15 米时，转身检查员应起立走到本泳道的池端，仔细观察运动员从触及池壁前的最后一个手臂动作起，至转身后完成第一个手臂动作止这一过程的动作是否符合规则。 3. 终点一端的转身检查员在接力项目中，应检查出发运动员是否在前一名运动员触及池壁后离开出发台。 4. 终点一端的转身检查员在 800 米和 1500 米个人项目中，运动员到达终点前 105 米（25 米长的游泳池为 55 米）时，用铃声或哨声向运动员发出信号。 5. 转身一端的转身检查员在 800 米和 1500 米个人项目中，运动员在转身一端转身的前后，用报趟牌向运动员报所剩的趟数。	

图 13-14　转身端转身检查员

图 13-15　终点端转身检查员

(八) 宣　告

运动员在比赛结束后，项目成绩在得到总裁判确认后进行发布，宣告员现场播报，运动员通过宣告得知现场的比赛动态。（表 13-8）

表 13-8　宣告岗位职责及操作方法

裁判员职责	操作方法		
	赛前准备	临场	赛后
宣告员在总裁判领导下，将比赛项目和进行情况及时向观众介绍，并宣布比赛成绩。	1. 熟悉广播器材的使用方法。 2. 准备有关游泳的宣传材料和音乐资料（入场、退场曲、颁奖曲等），了解和熟悉比赛分组和各单位运动员的情况。 3. 准备好各种情况的广播用语：赛前准备活动起水用语、入场用语、介绍裁判用语、介绍项目和运动员用语、宣告成绩用语、宣告破纪录用语、宣告决赛名单用语、颁奖用语、退场用语等。	1. 每场比赛前 30 分钟到场，检查和试用音响器材。 2. 每场赛前 15 分钟，广播通知在水中做准备活动的运动员起水，然后介绍本场比赛项目。 3. 赛前 5 分钟，根据执行总裁判的手势，用音响设备引导裁判员入场。当所有裁判员都在各自岗位前站好时，介绍本场执行总裁判和发令员。 4. 每组比赛的运动员上泳道就坐后，介绍该组项目，并按泳道顺序介绍运动员姓名、单位。预赛项目可以在出发后再介绍运动员。 5. 在某组运动员都抵达终点后报告前一组比赛成绩。在某一项预赛结束后，及时宣告决赛或重赛名单。 6. 最后一项比赛结束并报告成绩后，在当值总裁判示意下用广播引导裁判员退场。	

第三节　游泳比赛裁判员整体布局及裁判组间配合

一、赛时裁判员整体布局

游泳比赛场地条件基本相同，各竞赛岗位位置相对固定（图 13–16）。

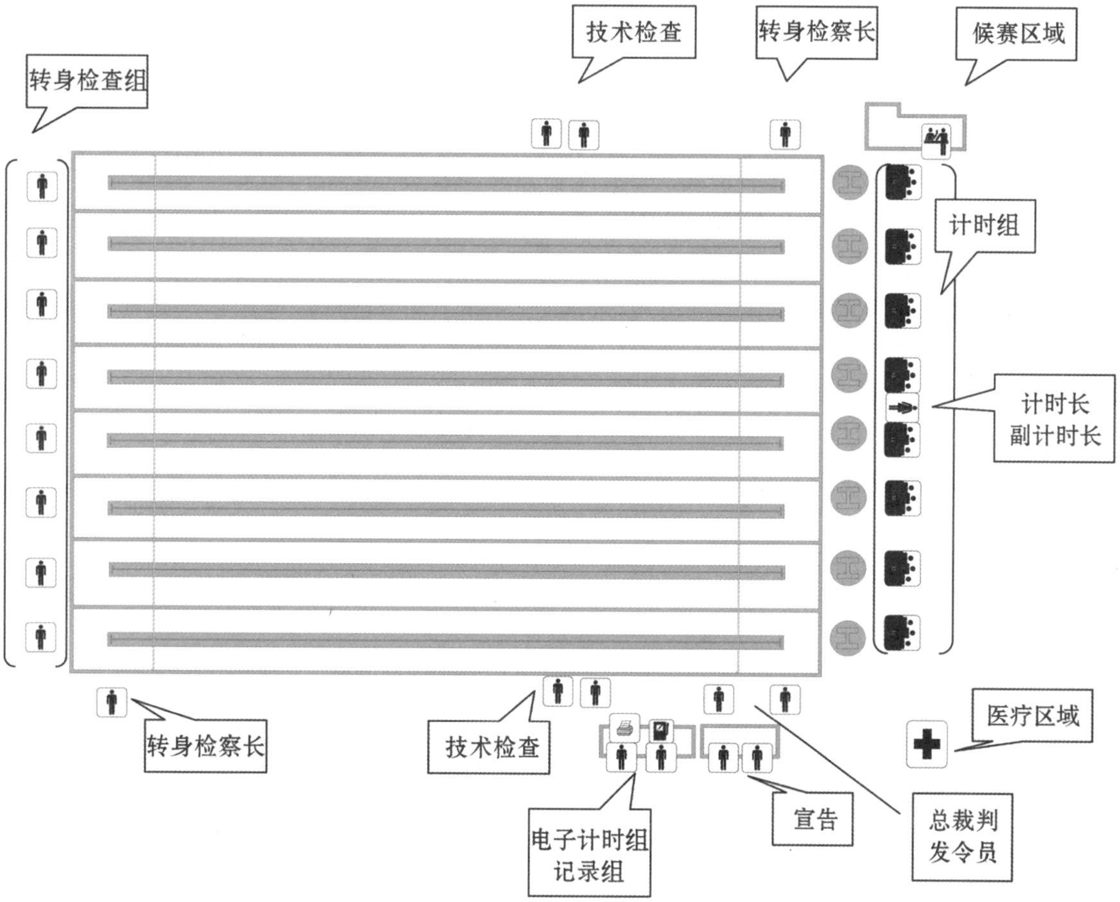

图 13–16　赛时裁判员布局图

二、临场各裁判组之间的配合

1. 每场比赛开始前 40 分钟，执行总裁、检录、自动计时、编排记录到场做好准备，其他裁判提前 30 分钟到场。

2. 每场比赛开始前15分钟，报告员广播通知运动员起水，检录组开始点名。

3. 执行总裁判在每场赛前10分钟集合全体裁判员，赛前5分钟带领裁判员入场，在各自的位置前站好。

4. 报告员介绍本场执行总裁判和发令员（姓名、裁判级别）。

5. 检录员将第一组竞赛卡片交给副计时长，并带运动员上泳道就座。

6. 副计时长将卡片分发给各计时小组。

7. 报告员介绍比赛项目，然后介绍各泳道运动员姓名、单位。

8. 执行总裁判吹短哨声示意运动员脱外衣做好准备；然后吹长哨声示意运动员上出发台，仰泳项目的运动员入水。在仰泳项目中，执行总裁判再发出第二声长哨，示意运动员游回池端做好出发准备。

9. 所有运动员都做好出发准备时，执行总裁判用手势通知发令员开始发令。

10. 发令员组织该组出发。

11. 比赛当中，计时组、技术检查、转身检查等各组执行任务。每场赛前到编排记录处领取竞赛卡片，核对后妥善保管。熟悉秩序册，并按竞赛分组表进行检录。

12. 运动员抵达终点后，检录员引导运动员退场；计时长收集竞赛卡片，然后交执行总裁判；转身检查长和技术检查员用手势与执行总裁判联系。

13. 执行总裁判审核成绩和处理犯规，然后将竞赛卡片交给报告员。

14. 报告员报告成绩（采用人工计时，报上一组成绩；采用自动计时，报当组成绩）。

15. 检录员听到报告成绩时，将下一组运动员带上泳道。

16. 最后一组比赛结束，在报告员的引导下，全体裁判员依执行总裁判的手势统一起立，按预定路线退场。

思考题

1. 奥运会场馆运行模式与单项比赛的组织有什么区别？
2. 游泳竞赛组织的核心是什么？请举例说明。
3. 请结合实际案例说明编排记录组工作流程。
4. 临场各裁判之间配合的注意事项是什么？
5. 某市要组织一场中学生游泳比赛，请拟一份竞赛规程。

推荐读物

1. 中国游泳协会裁判委员会.游泳竞赛组织与裁判方法［M］. 北京：人民体育出版社，2005.

2. 中国游泳协会.游泳竞赛规则2010—2014［M］. 北京：人民体育出版社，2010.

推荐网站

中国游泳协会裁判委员会：http：//www.swimming.org.cn/referee/index.html

O 参考文献

[1] 杨树安.北京奥运会场馆运行和测试赛整改 [R]. 北京：北京奥组委，2007.

[2] 王烨.应用场馆运行模式组织大型体育赛事中竞赛组织的特征 [D]. 北京：北京体育大学，2009.

[3] 闫浩，齐美玲.2008 年奥运会新建场馆对北京市观光型体育旅游的影响分析 [J]. 赤峰学院学报：自然科学版，2011.12.

第十四章 水中其他项目介绍

O 概述

水上运动是指全部过程或主要过程都是在水下、水面或水上进行的各种形式的体育比赛和活动。它是根据所处的运动环境而命名的。水上运动可分为水上竞技项目、船类竞技项目、滑水运动、潜水运动。水上竞技项目包括游泳、跳水、水球和花样游泳4项。

随着全民健身计划纲要的推行，参加公开水域游泳、水中健身和铁人三项运动的群众越来越多，跳水、水球和花样游泳也开始走进普通人的生活。本章将分别对水球、跳水、花样游泳、公开水域游泳、水中健身及铁人三项这6个水上项目进行介绍。通过学习与实践应了解这些项目的起源与发展、项目发展现状、主要赛事、竞赛规则和场地设备需求等基本知识。

O 关键术语

水球、跳水、花样游泳、公开水域游泳、水中健身、铁人三项、起源、发展现状、主要赛事、竞赛规则、场地器材

第一节 水 球

一、水球的起源与发展

（一）水球的起源

水球起源于19世纪中叶的英国。最初是人们在水中传掷足球的一种娱乐活动，所以有“水上足球”之称，后逐渐形成两队之间的竞技水球运动。1869年英国出现用小旗标定边线和球门的水球比赛。伦敦游泳俱乐部为了吸引更多的人来从事游泳运动，决定组织一个委员会将足球的规则改用到水中。

（二）水球的发展现状

水球运动在20世纪20年代传入中国的香港及广东一带。目前加拿大、荷兰、美国、澳大利亚、德国等国家开展得比较好，水平较高。中国水球队曾在第8届、第9届、第10届亚运会上连续获得冠军，在第23届奥运会上获得了第9名。

在女子水球项目成为2000年悉尼奥运会的正式比赛项目之后，我国的北京、广西、广东等地陆续组建了女子水球队，国家体育总局也于2003年首次举办了全国范围内的女子水球比赛。中国女子水球队用了7年的时间成为了世界亚军。

二、水球主要赛事介绍

（一）组织机构

国际泳联的任务是确定奥运会和其他国际比赛中游泳、跳水、水球和花样游泳的规则，审核和确认世界纪录，指导奥运会中的游泳比赛。中国游泳协会是中国游泳运动的全国性群众组织，是中华全国体育总会领导下的单项运动协会之一。中国游协下设游泳、跳水、水球3个项目的裁判委员会和教练委员会，分别负责竞赛、裁判、组织和技术、训练、科研等具体工作。

图14–1 水球比赛中运动员的防守动作

（二）水球项目主要赛事

水球项目的主要赛事有：世界杯水球赛、世界游泳锦标赛水球比赛、奥运会水球比赛等。目前，奥运会水球比赛设有男、女两枚金牌。

三、竞赛规则及参赛方法简介

（一）参赛规则简介

水球运动是同场对抗类项目，比赛激烈，具有很高的观赏价值。水球比赛在两支队伍之间进行，参赛人数为每队 7 人。在比赛过程中，运动员要保持游动或踩水，不得触池壁或池底。比赛分为 4 节，每节实际比赛时间 7 分钟。第 1 节和第 2 节、第 3 节和第 4 节比赛之间休息 2 分钟；第 2 节和第 3 节之间休息 5 分钟。通常一场比赛要持续 65~70 分钟。

只有守门员可以双手持球。防守队员可以抱住对方持球队员，如果被抱住的队员不论有意或无意将球压入水下都将会被判犯规。

进攻方有 35 秒时间射门，球员射门时若球的整体越过了两个球门柱之间的连线，就算射门得分。球员不能握拳击球，在比赛场地的任何地方都可射门。如果 35 秒内没有形成一次射门，则由对方发球或掷边线球。

O 思考与探索

如果比赛出现了平局怎么办？

如果在规定的比赛时间内双方比分相同，则两个队在休息 5 分钟后开始上下半场各 3 分钟的加时赛，加时赛中间双方互换场地。如果加时赛结束后双方比分仍然相同，则再进行一个没有时间限制的突然死亡加时赛。

图 14-2　水球比赛中运动员准备射门

（二）参赛方法

根据国际泳联规定，按照相关比赛成绩和东道主队决定参赛队伍。每队的选手人数为13人。

男子和女子水球比赛都包括预赛、1/4决赛、半决赛和决赛。资格赛结束后，预赛之前将进行整个水球比赛顺序的抽签。预赛采取单循环淘汰制。奥运会女子水球资格赛结束后，进行奥运会女子水球比赛的抽签。

四、训练及比赛需要的场地设施和器材

（一）比赛场地

水球比赛通常使用一个标准的50米游泳池，水深超过2米，用水线标出比赛区域。男子比赛场地是30米×20米，女子比赛场地是25米×20米。

（二）球门和球

球门用一根坚固的横梁和两根门柱构成，门柱和横梁的正面为面对场地0.075米×0.075米、涂上白色的方柱。端线和球门线之间的距离为0.30米。两门柱内缘间的距离为3米，水深达到或超过1.50米时横梁下缘距水面0.9米。球应为内有气胆（可自动封闭的球门嘴）的可防水圆形体，表面无突出的缝线，且不得涂抹油脂或类似的物质。球的重量不少于400克，不大于450克。

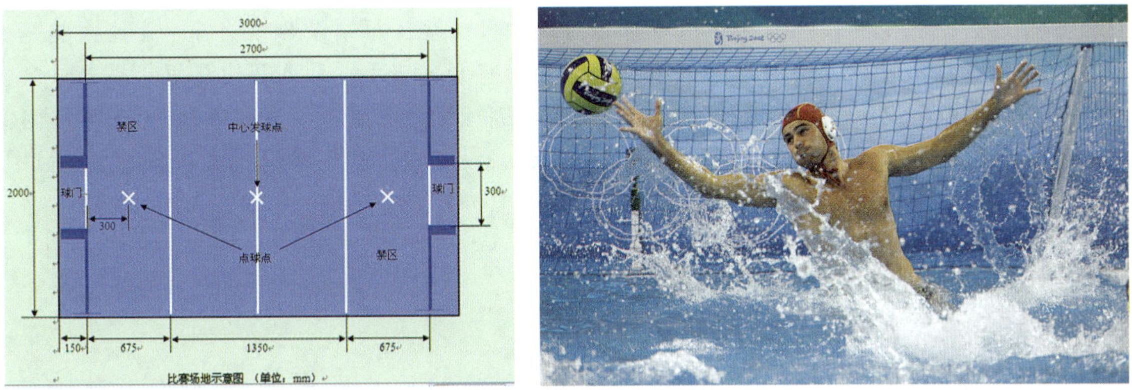

图14-3　水球、球门、守门员和比赛场地

第二节　跳　水

一、跳水的起源和发展

（一）跳水的起源

跳水是从高处用各种姿势跃入水中或是从跳水器械上起跳，在空中完成一定动作姿势，并以特定动作入水的运动。

跳水运动的历史非常久远。人类在掌握了游泳技能之后，就开始有了简单的跳水活动。早在公元前 5 世纪，古希腊的一个花瓶上就有描绘一群可爱的小男孩正头朝下作跳水状的图案。我国在宋代出现了名为“水秋千”的简单跳水器械。

（二）跳水的发展现状

现代竞技跳水始于 20 世纪初。1900 年，瑞典运动员在第 2 届奥运会上做了精彩的跳水表演，一般公认这是最早的现代竞技跳水。1904 年第 3 届奥运会上，男子跳水被列为正式比赛项目。1908 年正式制定了跳水比赛规则。到 1912 年第 5 届奥运会时，增加了女子比赛项目。

二、跳水的主要赛事介绍

跳水的主要赛事有：国际泳联跳水大奖赛、国际泳联跳水系列赛、世界游泳锦标赛跳水比赛和奥运会跳水比赛。国际泳联每年都举行跳水大奖赛，每站设 8 枚奖牌。相比大奖赛，系列赛的参赛门槛较高，要求是上一年世界大赛的前 8 名选手。系列赛也是每年举办一次，每个赛季设站数量不定，每站 8 枚奖牌。世界游泳锦标赛跳水比赛每两年举办一次，共设 10 块金牌。奥运会跳水比赛是每 4 年举办一次的盛会，设 8 块金牌。中国跳水队在跳水项目中占据强大优势。

三、竞赛规则及参赛方法简介

（一）竞赛规则简介

跳水比赛分男、女 10 米跳台跳水和男、女 3 米跳板跳水 4 个项目，并分成双人和单人进行比赛，共 8 块金牌。不论是跳板还是跳台跳水，完成动作的过程都包括助跑、起跳、空中技巧和入水四个阶段。跳水的主要规则有：男子个人项目和男子双人项目进行 6 个动作的比赛。女子个人项目和女子双人项目进行 5 个动作的比赛。上述 6 个或 5 个动作中不允许有重复的动作。代码相同的动作视为同一个动作。

O 跳水动作代码的含义

1~4 组动作的号码均采用 3 位数。第一个数代表动作组别；第二个数代表飞身动作，如果第二位数是“0”，则表示没有飞身动作；第三个数代表翻腾周数，如“1”为半周，“2”为一周，“3”为一周半，依此类推。

第 5 组转体动作采用 4 位数。第一位数表示第 5 组（特指转体跳水）；第二位数表示翻腾的方向；第三位数表示翻腾周数；第四位数表示转体周数，计算方法同前。

第 6 组臂立动作也采用 3 位数。第一位数表示第 6 组（特指臂立跳水）；第二位数表示臂立跳水的方向；第三位数表示翻腾周数。

图 14-4 女子双人 10 米台跳水

（二）参赛方法

低于 B 组年龄（14 岁）的运动员，不能参加奥运会跳水比赛（比赛年 12 月 31 日前）。双人比赛中，每个国家或协会最多可以选派一对选手；单人比赛中，每个国家或协会最多可以选派两名选手参赛。

国际游联跳水技术委员会规定，凡是奥运会和世界杯跳水比赛都必须进行预赛、半决赛和决赛。预赛中选手的出场顺序将在技术会议中根据计算机随机抽签决定。在决赛中如不采用淘汰制，运动员应按总分排列名次的颠倒顺序进行比赛；在决赛中如果采用淘汰制，运动员应按预赛总得分排列名次的颠倒顺序参加下面的比赛。如出现比分相同，比分相同运动员的比赛顺序由抽签决定。

在奥运会中，双人比赛没有预赛，直接进行决赛。决赛中共有 8 对选手（其中之一来自东道主国家）。出场顺序由计算机随机决定。

图 14-5　跳水比赛的裁判员

四、训练及比赛需要的场地设施和器材

(一) 场　地

跳水池面积为 25 米×25 米，池深为 5.4 米。

(二) 跳台和跳板

跳台跳水在离水面 10 米高的坚硬无弹性的平台上进行。10 米跳台按国际泳联规定，应最少长 6 米，宽 3 米，并在表面覆盖防滑材料。

跳板跳水在一条离水面 3 米高的有弹性的板上进行。3 米跳板按国际泳联规定，跳板应最少长 4.8 米，宽 0.5 米，并在表面覆盖防滑材料。

第三节　花样游泳

一、花样游泳的起源和发展

(一) 花样游泳的起源

花样游泳起源于欧洲，1920 年花样游泳创始人柯蒂斯（Katherine Curtis）将跳水和体操的翻滚动作编排成套在水中表演，在原有的基础上又逐渐配上舞蹈、音乐和节奏，起初仅作为两场游泳比赛的场间娱乐节目，后来逐渐融入舞蹈和音乐，成为一项优美的水上竞技项目。

花样游泳 20 世纪 20 年代传入加拿大，30 年代传入美国，1934 年美国芝加哥世界博览会演出的一场花样游泳引起轰动，从而使其名声大噪。

1942 年美国业余体育联合会确认花样游泳为正式比赛项目。1952 年被列为奥运会表演项目。1956 年得到国际游泳联合会承认。1973 年举行第 1 届世界花样游泳锦标赛。1984 年第 23 届洛杉矶奥运会上，成为奥运会正式比赛项目，设女子双人和团体两枚金牌。从 1983 年开始，中国先后邀请了日本、美国等国专家来华讲学。1984 年 8 月举行了首届花样游泳锦标赛。1987 年第 6 届全运会将其列入正式比赛项目。

图 14-6　花样游泳比赛造型

（二）花样游泳的发展现状

美国和加拿大瓜分了自设立花样游泳比赛以来的前 4 届奥运会所有金牌，但是随着当年的主力在 1996 年亚特兰大奥运会之后退役，俄罗斯与日本开始崭露头角，并在 1998 年世界锦标赛中称雄。中国、法国和意大利在这个项目上进步也很快。在亚洲，中国在这个项目上优势明显，夺取金牌将是中国花样游泳健儿的目标。

2010 年 9 月 16 日，中国花样游泳队在江苏常熟举行的第 12 届世界杯花样游泳比赛自由组合赛中摘得银牌。这是中国花样游泳队获得的首枚世界杯奖牌，实现了历史性的突破。

2011 年 7 月，上海国际泳联第 14 届世锦赛，中国花样游泳队获得了 6 银 1 铜的成绩。2012 年 12 月，在墨西哥举行的第 7 届国际泳联花样游泳大奖赛中，中国队包揽 4 个项目的金牌，首次获大奖赛团体总成绩冠军。2012 年伦敦奥运会，中国队在集体项目和双人项目取得了 1 银 1 铜的成绩，创造了奥运历史最好的成绩。

二、花样游泳主要赛事介绍

奥运会上，花样游泳只设双人项目和集体项目两枚金牌。参赛名额是：来自 8 个代表团的 8 支队伍参加集体项目，每队 8 名运动员上场比赛；来自 24 个代表团的 24 对运动员参加双人项目。双人项目先进行预赛，前 12 名在决赛中完成自由自选节目。集体项目没有预赛。

在世界锦标赛中设有 7 枚金牌，分别是：单人、双人和集体技术自选和自由自选，以及集体自由自选组合。

世界杯花样游泳比赛每 4 年举行 1 届，设有自由自选组合、双人、单人、集体 4 枚金牌。比赛规定每支队伍要完成技术自选和自由自选两套动作，每套动作成绩的50%相加确定最终名次。

图 14-7 花样游泳比赛双人项目

三、竞赛规则及参赛方法简介

（一）竞赛规则简介

正式比赛中，无论单人、双人还是集体项目，都要进行两部分比赛：技术自选和自由自选。在单人、双人和集体技术自选比赛中必须根据规定的动作、顺序和要求完成比赛，单人技术自选要求时间为 2 分钟、双人技术自选为 2 分 20 秒、集体技术自选为 2 分 50 秒，时间误差±15 秒。自由自选对音乐的选择、动作的编排内容方面没有任何限制。单人自由自选比赛要求时间为 2 分 30 秒，双人自由自选比赛要求时间为 3 分，集体自由自选为 4 分钟，自由组合为 4 分 30 秒，时间误差±15 秒。

O 什么是花样游泳的艺术印象

艺术印象是指对动作组合的整体感觉。评判艺术印象的裁判观察运动员动作组合的创造性和多样性。他们要看运动员动作的连贯性以及动作是否表达出音乐所表现的心境变化。

（二）参赛方法

奥运会时，每个国家或协会只能参加一个集体项目和一个双人项目，每个国家最多可报 9 名运动员。集体项目的参赛名额是 8 个队；双人项目参赛名额是 24 个队。奥运会资格赛集体前 3 名和双人前 16 名的队将获得奥运会的参赛资格。东道主将直接获得奥运会的参赛资格。

四、训练及比赛需要的场地设施和器材

(一) 比赛场地

在奥运会中，花样游泳比赛泳池至少 20 米宽、30 米长，在其中 12 米宽、12 米长的区域内，水深必须达 3 米。水的温度应是 26℃，误差±1 度。

(二) 服　饰

花样游泳比赛由于包括规定动作（限 18 岁以下年龄组进行）和自选动作的内容，因而在服饰上有一定的要求。规定动作比赛：要求运动员在参加规定动作比赛时，必须头戴白色泳帽，身穿黑色游泳衣。自选动作比赛：要求运动员身穿艳丽的游泳衣，泳衣上可以用各色亮片设计不同的图案，头发盘成发髻并戴上各种美丽的头饰。

(三) 裁判座椅

规定动作比赛时，裁判员集中坐在游泳池的一侧，按梯形排列。自选动作比赛时，裁判员坐在游泳池的两侧，按技术评分裁判和艺术评分裁判就座。座椅编上号码，高位者为评技术分裁判，低位者为评艺术分裁判。

图 14-8　花样游泳运动员的服饰

图 14-9　花样游泳比赛场地和裁判员

第四节　公开水域游泳

一、公开水域游泳的起源和发展

（一）公开水域游泳的起源

公开水域游泳（Open water swimming）是一项于海、湖泊或河流游泳的户外活动以及一项运动项目。1985 年被国际泳联正式接纳。这是一项在海、湖或者河的自然环境中进行的游泳比赛，它的起源比国际泳联成立（1908 年）还要早。推动这项运动发展的比赛，源头是著名的横渡英吉利海峡。19 世纪最后的 30 年里，为了显示一名游泳运动员在自然环境下的生存能力，也为了一些商业利益，许多人试图靠一己之力，横渡英吉利海峡。1875 年 8 月 24 日，英国人马修·韦伯用 21 小时 45 分钟，成为第一个成功横渡者。

O 思考与探索

公开水域游泳与竞技游泳有哪些区别？公开水域游泳的主要特点有哪些？

（二）公开水域游泳的发展现状

我国大力开展 2 公里、3 公里以及 5 公里项目的群众性公开水域游泳赛事，通过举行这些群众性公开水域游泳活动，目前已经培养了一大批公开水域游泳的爱好者，推动了公开水域游泳的健康、快速发展。

2001 年、2003 年我国曾几次组队参加亚洲公开水域游泳锦标赛并获得较好成绩，2002 年、2004 年我国也参加了世界杯赛的比赛。2006 年我国首次赴英国参加世界杯赛站，在 5 公里比赛中取得了 1 金 2 铜的好成绩。

图 14-10　参加公开水域比赛的运动员

二、公开水域游泳的主要赛事介绍

（一）组织机构

中国游泳协会下设二级协会：公开水域游泳委员会，每两年召开一次会议。公开水域游泳每年都有 2 公里、5 公里等距离的全国锦标赛（成人分龄公开水域游泳公开赛）。

（二）公开水域游泳项目主要赛事

公开水域游泳项目主要赛事有：世界杯公开水域游泳比赛，每年举办一次，10 公里以上项目。世界锦标赛公开水域游泳比赛每两年举办一次，设有 5 公里、10 公里和 25 公里项目。奥运会公开水域游泳比赛设有男子 10 公里和女子 10 公里两个小项。

图 14-11 2011 年上海世界锦标赛公开水域游泳比赛终点

三、竞赛规则及参赛方法简介

（一）竞赛规则简介

公开水域比赛采用自由泳姿势比赛。运动员如靠其他（她）选手或救生艇的帮助加快游速，属犯规行为，途中裁判员应给予警告。

总裁判或者副总裁判认为某个运动员违反规则或其救生艇故意妨碍、干扰其他运动员游进，第一次犯规：出示黄旗及印有运动员号码的卡片，示意其违反了规则。第二次犯规：副总裁判应出示红旗及印有运动员号码的卡片，示意其已经第二次违反了规则。运动员即被取消参赛资格，必须立即离开比赛水域并被带至救生艇，不得继续参加比赛。

救生艇不得妨碍其他（她）运动员游进，运动员不得靠救生艇的帮助加快游速。救生艇与运动员之间的位置尽量不变，以便运动员或在救生艇前，或在救生艇侧边游进。

图 14-12 比赛途中教练员在补给站给运动员补充营养

（二）参赛方法

国际泳联公开水域游泳竞赛所有赛事的选手年龄必须年满 14 周岁。所有的开放水域比赛时，运动员都要站在固定台上或者在足够深的水中，以便“出发信号”发出后，他们马上可以开始比赛。比赛途中运动员可站立，但不得走动或跳动。不能借助固定和漂浮在水中的物体加速游进，不得接触救生船体，救生船体及船上人员也不得接触运动员。

所有比赛都有时间限制（关门时间）：25 公里以下，30 分钟；25 公里，60 分钟；25 公里以上，120 分钟（以第一名运动员到达后开始计时）。如果运动员在时间限制内未完成比赛，应离开比赛水域，除非副总裁判许可运动员在时间限制外继续完成比赛，但不参与计分或奖项的评选。

四、训练及比赛需要的场地设施和器材

世界锦标赛、国际泳联举行的公开水域的比赛地点和路线必须得到国际泳联的批准。赛程须在水流和潮汐较小的海水或流动水域中进行。比赛水域任何一点的深度不得少于 1.4 米。水温不得低于 16℃，以比赛当天赛前 2 小时在赛段中间 40 厘米深处测试温度为准。应委托下述人员测试水温：总裁判、一名组委会成员和技术委员会指派的一名教练员。

第五节　水中健身

一、水中健身的起源和发展

（一）水中健身的起源

国外水中健身活动的发展已经经历了几十年，欧洲及美、日等国的水中健身活动从最初

创始至今，水中康复练习内容的形成经历了一个逐渐的发展过程。现在水中健身内容有水中有氧练习、水中柔韧练习、水中肌肉力量练习，还有水中行走、跑步、跳跃、游动、上肢运动、全身运动等，形成了包括水中健身操、水中体能训练、水中康复和水中娱乐等主要内容的锻炼体系。

O 水中健身——最安全的健身方式

在齐肩深的水中运动时，人们将体验到约90%的失重感觉。也就是说，如果你的体重为100千克，由于浮力的作用，在水中的体重大约只有10千克。这样可以显著减轻那些承重关节的负荷。因此，对多数人来说，水中健身是最安全的健身方式。

（二）水中健身的发展现状

我国自2001年开始，引进欧洲、美国、日本的水中健身理论，开设“全国水中健身教员培训班”，目前我国的一些城市游泳馆、健身娱乐中心、酒店游泳池等开办了各种类型的水中健身活动，受到广大群众的欢迎。

为了更规范、更科学地推进该项目发展，2007年国家体育总局游泳运动管理中心发布《全国水中健身操比赛规则》，并尝试性举行了首届全国水中健身的比赛，获得了成功的经验。2012年国家体育总局游泳运动管理中心对《全国水中健身操竞赛规则》进行修订，并在2012年12月举行的第四届全国水中健身操比赛中使用。随着水中健身操比赛的举办，水中健身项目也逐渐开展起来，受到广大群众的喜爱。2011年第三届全国水中健身操比赛只有7支参赛队伍，80余人参赛，到2012年第四届全国水中健身操比赛已有来自全国各省市高校、俱乐部和澳门游泳总会在内的15支代表队、215名运动员参赛，参赛地区范围持续扩大。

O 思考与探索

不会游泳的人能否参加水中健身运动？会不会有危险？

二、水中健身主要赛事介绍

（一）组织机构

国际没有固定的组织机构，中国游泳协会在中国负责这些运动的推广和管理。

（二）水中健身的主要赛事

2007年开展首届全国水中健身操比赛。全国水中健身操比赛一年一届，吸引来自全国各地高校、俱乐部、水中健身操爱好者等许多队伍的参加。至2012年已经成功举办了4届全国水中健身操比赛。

三、竞赛规则及参赛方法简介

（一）竞赛规则简介

全国水中健身操比赛中设置规定动作、自选动作（徒手）和自选动作（器械）这三个项目。编排成套路，并按照顺序依次进行。自选动作器械操（可使用水中健身棒、水中哑铃、打水板等水中健身专用器械）。每组比赛开始前，裁判以单臂上举的手势对各参赛队比赛开始发出开始指令。

图 14-13　水中操规定动作比赛

比赛中不允许将头潜于水下或做倒立等危险动作，不应设计容易造成运动损伤的动作。规定动作、自选动作时间为 3 分±10 秒。每个动作与音乐韵律保持一致，动作要充分表现音乐的情绪。最终成绩为编排分、完成分和总裁判评分之和。

图 14-14　水中徒手和器械操

（二）参赛方法

学校组分高校组、中学组和小学组，可由 4~12 人组成。分龄组每 10 岁一个年龄组。可由 4~12 人组成。

四、训练及比赛需要的场地设施和器材

比赛可在 50 米或 25 米标准泳池中进行。在池中 20 米长 20 米宽的区域内进行比赛。水的温度，水温 27℃~30℃，比赛水深为 1.0~1.4 米。比赛需配备音响设备，男子需穿泳裤，女子需穿连体式泳衣。规定动作各参赛队需带本队同色泳帽。参赛队可以统一穿水中健身鞋或赤足。领操员需着健身服、运动服和运动鞋。

第六节　铁人三项

一、铁人三项的起源和发展

（一）铁人三项的起源

铁人三项起源于美国。1974 年 2 月 17 日，一群体育官员聚集在夏威夷群岛的一个酒吧里争论：世界上究竟哪一种体育运动项目最具有刺激性、挑战性，最能考验人的意志和体能？他们各抒己见，争论不休。最后，美国海军准将约翰·科林斯提出：谁能在一天之内在

波涛汹涌的大海游泳 3.8 公里，再环岛骑自行车 180 公里，最后跑完 42.195 公里的马拉松全程，中途不得停留，谁就是真正的铁人。于是第二天就有 15 人参加了比赛，该次比赛后人们就把这项一次连续组合完成游泳、自行车和长跑，并在运动员体能、速度和技巧上极富挑战的综合性体育运动项目称之为“铁人三项”。

O 什么样的人可以参加铁人三项比赛？

铁人三项比赛欢迎所有喜爱运动、身体健康、有一定运动基础的人参加。一句话：男女老少皆宜！大部分的铁人三项比赛都设有业余组别，比赛形式多样，距离有长有短，适合不同运动水平的业余爱好者参加。

铁人三项比赛标准距离是 1.5 公里游泳——40 公里自行车——10 公里跑步，完成这个比赛还是有难度的，不过初学者可以从短距离开始，一般比赛都会设半程、甚至更短距离的比赛，比如体验组：250 米游泳——6.67 公里自行车——2 公里跑步。

（二）铁人三项的发展现状

铁人三项运动在夏威夷诞生后，最初仅在夏威夷和加利福尼亚流行，后逐渐在澳大利亚、新西兰、西班牙、法国、英国、日本、中国等国家广泛开展。

铁人三项运动从 20 世纪 80 年代传入中国后，便得到了迅速地发展。20 世纪 80 年代后期，各类铁人三项比赛已相继在国内一些城市举办。1987 年，在原侨联主席庄炎林先生的倡导下，由民间机构组织在海南省三亚市举行了超级铁人三项赛。比赛距离为游泳 3.8 公里、自行车 20 公里、跑步 42.195 公里。此项赛事成为中国最早举办的铁人三项比赛。

2001 年后，一些省、市相继成立了专业铁人三项运动队，我国铁人三项进入了较快的发展阶段。特别是女子铁人三项进步较快，涌现出一批很有潜力的运动员。不仅有两名女运动员通过世界积分排名，获得了 2004 年雅典奥运会的参赛资格，而且在 2005 年的亚洲锦标赛上夺得了冠军，缩小了与世界最高水平的差距。

二、铁人三项主要赛事

（一）组织机构

1990 年 1 月 16 日，中国铁人三项运动协会由国家体育运动委员会和中华全国体育总会批准在北京成立。同年，中国铁人三项运动协会加入了中国奥委会和国际铁人三项联盟。

中国铁人三项运动协会是在中华人民共和国民政部登记注册的非营利性的社会组织，是中华全国体育总会的团体会员，是中国奥林匹克委员会承认的全国性运动协会，是国际铁人三项联盟、亚洲铁人三项联合会认可的代表中国参加其活动的唯一合法组织。

（二）铁人三项主要赛事

国际铁人三项联盟将国际铁人三项赛事级别定为奥运会、世界锦标赛、世界杯、国际积分赛共4级。奥运会铁人三项赛每4年举办一届，每个国家最多有男、女3名选手参赛，世锦赛前3名、洲锦赛第1名和取得国际铁联积分成绩排名前50位的选手，方有资格参加奥运会比赛。

图 14-15　北京奥运会铁人三项比赛游泳赛段

铁人三项世界锦标赛每年一届，国际积分排名前100位的选手必须参赛。

铁人三项国际积分赛每年12站，是各国选手为获取奥运会参赛资格的第一步。赛事级别仅次于世界锦标赛。

三、竞赛规则及参赛方法简介

（一）竞赛规则简介

铁人三项比赛分为游泳赛段、自行车赛段和长跑赛段。在游泳赛段中运动员可以使用任何泳姿进行比赛，但一般均采用游进速度最快的爬泳姿势。自行车赛段中运动员必须按照规定的赛道方向骑行；不得阻挡、影响对手的骑行和超越。优秀组的运动员之间可以相互尾随，但不得尾随机动车。在长跑赛段中，要求运动员必须用双脚完成全程比赛。可以跑或走，但不可以爬行。赛事医务主任有权对他们认为身体状况已出现不良现象或丧失比赛能力的运动员进行中止比赛。

（二）参赛方法

比赛中，运动员应按项目规定依次连续进行游泳赛段、游泳至自行车的换项、自行车赛段、自行车至跑步的换项、跑步赛段，直至到达终点完成比赛。

图 14-16　铁人三项自行车和跑步赛段

四、训练及比赛需要的场地设施和器材

（一）器　材

游泳赛段必须戴游泳帽，但是如果运动员在赛程中无意丢失了泳帽不受处罚。允许使用泳镜和鼻夹，但是用来帮助游泳的器材是不允许的，比如脚蹼、手套、短桨或者浮漂等都禁止使用。

（二）场　地

游泳可在水域宽阔的江河湖海中进行。游泳路线可用浮标在水面设置成矩形或三角形；起、终点最好设在同一地点；游泳出发可采用码头跳水或由岸上跑入水中等出发形式；游泳水域水深至少 1.8 米，要求水情稳定安全，水质须符合卫生标准。

思考题

1. 水球比赛中两队出现平局怎么办？
2. 什么是花样游泳的艺术印象？
3. 公开水域游泳中应注意哪些安全问题？
4. 水中健身相对陆上健身项目的优势在哪？
5. 铁人三项运动什么时候正式成为奥运会比赛项目？

推荐读物

1. 孙喜和，王新光.水球 [M]. 吉林：吉林出版有限责任公司，2010.
2. 吴兆祥.跳水运动 [M]. 安徽：安徽人民出版社，2010.4.
3. 张德瑚.体育爱好者丛书——跳水 [M]. 北京：人民体育出版社，1999.

4. 野村武男，章耀远.水中健身运动 [M]. 北京：人民体育出版社，2002.8.

5. Olive Robert.The Complete Triathlete´s Training Manual [M] .Barron´s Educational Series，2010.3.

6. 国际泳联官方网站：www.fina.org

7. 中国游泳协会官方网站：http：//swimming.sports.org.cn

8. 国际铁人三项联盟官方网站：http：//www.triathlon.org/

9. 中国铁人三项运动协会官方网站：http：//triathlon.sport.org.cn/

O 参考文献

[1] 李宝丰.我国女子水球项目的发展现状 [J]. 北京：体育文化导刊，2012.

[2] 金娜.关于现代花样游泳项目发展趋势的研究 [J]. 南京：南京体育学院学报（自然科学版），2008.

[3] 朱笛，温宇红.水中健身 [M]. 北京：人民体育出版社，2007.7.

[4] 李波.我国群众公开水域游泳的发展现状、存在问题及对策研究 [D]. 北京：北京体育大学，2010.

第十五章 游泳专项本科学生科研特点与方法

○ 概述

体育院校各专业学生通常都要修读"科研方法"课程，因此本章的目的并不是详细介绍体育科研常用的方法，而是结合目前本科游泳方向毕业论文现状和案例，帮助游泳方向的学生在选题时开拓思路，避免误区。同时针对游泳项目科研工作特点，介绍一些常用的科学研究方法，以案例的形式解析科研工作过程，帮助学生顺利进行毕业论文工作。

○ 关键术语

选题原则、选题来源、选题过程、文献研究、调查研究、观察研究、实验研究

第一节 游泳专项论文选题指南

根据体育教育、运动训练等专业培养计划，本科学生在毕业前需完成学位和毕业论文一篇。很多学生在三年级即开始为论文选题困惑。其实，在游泳领域，有很多方向值得大家去研究。因为游泳包括竞技游泳、实用游泳、休闲游泳等多种形式，仅竞技游泳，就包括技术分析、战术应用、技术教学、教学方法、训练方法、竞赛组织、裁判方法、训练监控、医务监督等多个论域。而每个论域中又可以进行数十个甚至数百个题目的研究。例如，仅游泳技术，就可以选择短距离自由泳、中长距离自由泳、蝶泳、仰泳、蛙泳、混合泳技术进行分析，还可以选择出发、转身、接力交接棒等题目。

除竞技游泳外，健身游泳、休闲娱乐游泳、游泳场馆设施、相关信息管理、软件开发等，也可以作为研究方向，选择相应的题目。

一、游泳方向学生选题原则

（一）符合科学性

这是首先要把握的原则。选题过程中一定要广泛阅读文献，反复与指导教师沟通，避免选择违反科学性的研究题目。例如，有的学生想对某种药物对游泳成绩的影响进行研究，但这种药物可能是违禁药物，或者对运动员健康有损害的。如果没有事先做好充分准备，就有可能产生严重后果。也有学生希望设计一种力量或柔韧训练方法，但如果没有确定这些方法是否符合人体力学特点，就可能对运动员造成伤害。

（二）符合实用性

所选择的方向和题目应该是对游泳发展有实际作用的，既不能为了追求新颖而选择无用的题目，也不要选择那些已经被反复证明，根本无需再研究的题目。例如，有的学生选择游泳教学中陆上模仿练习的作用，或者游泳训练前热身的作用进行研究。因为这些原则已经被证明并在各种教科书中明确说明，再研究只能是低水平重复。

（三）符合可行性

根据自身的特点和条件，选择在自己能力范围内能够进行的题目，而不要盲目追求高精尖，或者论域过大的题目，以免无法把握。例如，有的学生选择“世界游泳训练发展特征”这个题目，由于论域过大，本科学生根本无法把握。此外，诸如“优秀蝶泳运动员基因选材”这类的题目，由于需要的仪器设备、相关知识远远高于学生所具备的资源，也是不可行的。再如，选择对国家队运动员进行某种训练方法的实验研究，如果研究者本人不是国家队教练员，则根本无法实现。由于本科学生科研水平、能力、经费、资源都有限，建议选题论域要小一些，选择方法时，应考虑所需要的仪器、设备是否能够租借到，实验对象是否能配合等。

二、游泳方向学生选题来源

（一）从游泳训练、教学实践中选题

游泳专项学生通常都经过了多年系统的游泳训练，在大学期间通过专项理论的学习，可以改变过去仅听从教练指挥，从不思考和怀疑的习惯，针对训练和比赛中的某些问题加以认真思考，设计方法进行研究。例如，有的学生在蛙泳比赛中因转身后打水下海豚腿被判犯规，取消资格。通过观察发现，还有其他运动员也因此犯规。再经过调查发现，被判犯规的运动员在平时的训练中没有得到特别提醒和专门训练。针对这一现象，就可以选择犯规原因调查，或避免犯规的专门性训练方法等多个题目进行研究。

此外，游泳专项学生在就读期间通常都会参加游泳教学实践，毕业前还有教育实习。实践和实习活动的地点、场所、教学对象等通常有较大的差异，因此可以针对教学实践中的问题，选择相应的题目。例如，有的学生通过合作交流项目到国外实习，可以选择“美国阿肯色州立大学中国留学生课余时间参与游泳运动现状分析”作为题目。在业余体校实习，可以选择“北京市业余体校游泳运动员水下蝶泳腿训练现状”作为题目。

（二）从科学文献中选题

选题前查阅文献是必经之路，通过查阅一些情报信息，可以了解目前已经发表或研究过的题目，从而发现一些相对缺乏研究的领域。例如，北京体育大学 2004 届毕业生叶文平曾经对 1991—2001 年十年间刊物发表的关于竞技游泳的论文进行了统计，发现有关基础理论、训练、技术、医务监督的研究所占比例较大，多学科的综合研究、营养与恢复方面的研究很少，有关后备人才、管理体制和教练员研究比较薄弱。同时对教练员调查表明，教练员最需要查阅的文献为技战术、恢复、训练方法等方面的研究。根据类似的统计结果，可以选择实际工作中教练员较需要、又相对匮乏的领域进行研究。

（三）参与指导教师的研究项目

有些指导教师主持或参与一些科研项目，需要研究助手协助调查、测试、查阅文献、统计数据，那么学生可以参与这个项目，承担一定的工作，并完成选题。例如，指导教师主持高水平游泳运动员技术特征的项目，那么学生可以承担其中一个姿势，例如蝶泳，或者短距离自由泳，或者出发等的特征作为研究题目。借助指导教师拥有的资源、经费完成一定工作，其研究成果既可以作为研究项目的一部分成果，也可以作为学位论文。

（四）从研究指南中选题

科研组织和管理部门定期会发布科研项目招标指南，一些体育类科学大会、科学论文报告会在征集论文时，也会公布研究指南。这些指南通常是目前研究的热点，或相对缺乏，需要进一步研究的方向。因此，可以从指南中选择一个方向，再从这个方向中选择一个自己感兴趣，并有能力完成的题目。例如，某论坛征文的选题指南中有一个“我国高校运动

训练专业训练理论与实践研究”，如果学生自己是运动训练专业的学生，还有一些队友在其他高校运动训练专业就读，则可以选择“某某地区高校运动训练专业游泳方向学生专项训练与理论课程同步程度的调查研究”，调查各年级学生对理论课程指导实践及实践验证理论过程的情况。

三、选题过程

选题过程分为阅读查阅文献、确定方向、初选题目、筛选题目、确定研究方法、选择研究内容、撰写开题报告等几个步骤。

（一）筛选题目

在实际选题过程中，可以通过填写论文初选表（案例见表 15–1），逐步筛选矫正方向和题目。

表 15–1 是在指导教师的要求下，某学生填写的论文题目初选表。在与指导教师的讨论中，指导教师指出，题目 1 可行性不高，对专业运动员进行试验研究，又不能影响运动员正常训练和参赛，地方教练员很可能不支持，且很难控制其他条件对成绩的影响。题目 2 同样可行性差，通过录像观察计算的技术参数准确率很低，难以保障结果的科学和客观。题目 3、4、5 可行，可以再细化研究方法，确定研究对象，将主要研究内容框架做出来后，再根据情况最终确定题目。

（二）撰写和修改开题报告

确定题目后，着手撰写开题报告。开题报告通常分为以下几个部分：

1. 题目名称（应精炼准确）
2. 选题依据（理论和事实依据充分）
3. 国内外研究现状（文献综述，分门别类地简要叙述相关文献，并进行评述）
4. 研究目的和意义（论文要做什么，有什么用）
5. 研究对象（与调查对象和实验对象区别开来）
6. 研究方法（务必明确、详细、具体，设计清晰）
7. 研究工作计划（把握住几个重要时间节点）
8. 经费预算（提供准确的测算依据）

写好开题报告后，应交指导教师提出意见，在指导教师帮助下反复修改，定稿后将开题报告打印，提前 3~5 天呈送开题专家组审阅，同时准备 PPT 和 5~8 分钟的报告。

开题报告时，因时间关系，部分内容可以简要说明，但重点内容，包括研究目的意义、研究方法、主要研究内容等，一定要充分详细。

表 15－1　科研论文初选表样例

<table>
<tr><td>姓名</td><td>×××</td></tr>
<tr><td rowspan="5">题目 1</td><td>题目：水中力量训练对游泳运动员专项成绩的影响</td></tr>
<tr><td>拟采用的研究方法
1. 文献法
2. 问卷调查法
4. 实验法
5. 数理统计法</td></tr>
<tr><td>如果有实验或调查，拟采用的实验对象和调查对象（人数、来源、具体要求）
问卷调查法：拟对北京体育大学游泳专项学生发放问卷 50 份，并对回收问卷进行统计分析。</td></tr>
<tr><td>实验法：
1. 实验对象：黑龙江省游泳训练中心一级以上运动员 10 名。
2. 实验研究法：对比性实验。
3. 实验要求：分别对 10 名运动员在实验前进行一次专项成绩测验。经过 2 个月的水中专项力量训练后，再对其进行一次测验，测验成绩进行记录对比，分析其实验前后有无显著差异。</td></tr>
<tr><td>预期结果：水中专项力量训练对游泳运动员专项成绩提高有较好的帮助</td></tr>
<tr><td rowspan="4">题目 2</td><td>题目：广州亚运会孙扬与朴泰桓长距离自由泳技、战术分析</td></tr>
<tr><td>拟采用的研究方法
1. 文献法
2. 录像观察法
3. 对比分析法
4. 数理统计法</td></tr>
<tr><td>如果有实验或调查，拟采用的实验对象和调查对象（人数、来源、具体要求）</td></tr>
<tr><td>预期结果：分析出孙阳与朴泰桓长距离自由泳技、战术特点与差距。</td></tr>
<tr><td rowspan="4">题目 3</td><td>题目：对长距离优秀游泳运动员气质类型的调查与分析</td></tr>
<tr><td>拟采用的研究方法
1. 文献法
2. 实验法
3. 数理统计法</td></tr>
<tr><td>如果有实验或调查，拟采用的实验对象和调查对象（人数、来源、具体要求）
实验法：对健将以上优秀长距离游泳运动员进行气质类型量表测试，分析测试结果。</td></tr>
<tr><td>预期结果：对长距离优秀游泳运动员气质类型进行调查，并分析出哪种气质类型更适于长距离游泳项目。</td></tr>
<tr><td rowspan="4">题目 4</td><td>题目：对黑龙江省游泳项目教练员执教能力的调查与研究</td></tr>
<tr><td>拟采用的研究方法
1. 文献法
2. 问卷调查法
3. 专家访谈法
4. 数理统计法</td></tr>
<tr><td>如果有实验或调查，拟采用的实验对象和调查对象（人数、来源、具体要求）
问卷调查：对黑龙江省 10 名教练员发放问卷。
专家访谈：对黑龙江省游泳训练中心领导进行访谈并分析访谈记录。</td></tr>
<tr><td>预期结果：对黑龙江省游泳项目教练员执教能力进行调查，分析现状。</td></tr>
</table>

题目 5	题目：北京体育大学运动训练专业游泳专项学生教学能力现状的调查与分析
	拟采用的研究方法 1. 文献法 2. 问卷调查法 3. 专家访谈法 4. 数理统计法
	如果有实验或调查，拟采用的实验对象和调查对象（人数、来源、具体要求） 问卷调查：拟向北京体育大学竞技体育学院游泳专项学生发放问卷 50 份，并对回收问卷进行统计分析。 专家访谈法：与 4 名北京体育大学游泳专项教师进行访谈并分析访谈记录。
	预期结果：北京体育大学运动训练专业游泳专项学生教学能力普遍比较好，但仍需加强实践，提高教学能力。

（三）根据专家意见修改开题报告

通常由教研室安排 2~3 位教师对开题报告进行评审，在开题报告进行过程中，学生应认真记录评审教师的意见，特别是关于论域、研究方法和研究内容方面的意见，并根据意见认真修改，然后按计划进行。

第二节　游泳专项论文常用科研方法及注意事项

游泳专项学生常用的科研方法，主要包括文献研究法、调查法、观察法、实验法等。

一、文献研究法

文献研究是最基本的研究方法，也是任何研究都必须使用的研究方法。

文献综述是文献综合评述的简称，指在全面搜集有关文献资料的基础上，经过归纳整理、分析鉴别，对一定时期内某个学科或专题的研究成果和进展进行系统、全面的叙述和评论。

文献研究要注意以下事项：

1. 搜集文献尽量全面（横向和纵向）
2. 注意引用文献的代表性、可靠性和科学性
3. 忠实文献内容
4. 参考文献不能省略
5. 适当使用统计图表
6. 不能混淆文献观点和作者观点

二、调查法

调查法是目前本科学位论文中使用较多的一种方法，主要包括问卷调查法和访谈法。

（一）问卷调查法

1. 调查问卷的设计

调查问卷通常由题目、封面信、指导语、问题与答案组成。调查问卷的设计应符合具体性、单一性、通俗性、准确性、客观性、非否定性和资源性原则。

O 问卷设计中常见错误示例

例 1：您认为中国竞技游泳的发展趋势是什么？（违反具体性原则）

例 2：您认为本省游泳教练员的运动水平和科研水平怎样？（违反单一性原则）

例 3：你经常参加游泳锻炼吗？（违反准确性原则，每人对“经常”的理解不同）

例 4：你喜欢蝶泳这个培养协调素质的运动吗？（违反客观性原则，用褒义词诱导）

例 5：你是否赞成严禁未成年人单独参加游泳锻炼？（违反否定性原则）

例 6：你是否服用过违禁药物？（违反自愿性原则）

2. 调查问题的排列

（1）按问题类别排列

将个人、家庭、经济、生活、态度等基本情况分别集中排列。

（2）按问题复杂程度排列

先易后难，由浅入深。先客观后主观，先一般后特殊。

（3）按问题的时间顺序排列

按照过去、现在、将来的时间顺序排列。

O 问卷设计中注意的问题

对一些难以理解的概念进行必要的说明和解释。

尽量使用客观题（选择或判断），少用主观题（问答）。

选择题备选答案全面、不重复、不交叉、避免似是而非。

判断题中有些题目不能只简单提供“是”或“否”答案。

如果多项选择并排序的问题，最好采用赋值法，便于统计并分析。

3. 调查的实施

（1）样本的抽取

样本抽取应符合分层抽样的原则。例如调查某市游泳俱乐部培训情况，不同地区、等级、类型的俱乐部和培训类型都应该包括。

如果要调查某地区民众对游泳活动的参与情况，不能只在游泳场馆调查，否则数据就是不全面、不准确的。

（2）通过预调查检验问题信度效度。

（3）为避免被调查者厌烦，问题不宜过多，填答设计尽量不超过 10 分钟。

（4）可以采取面访、邮寄、电话、网络调查等多种形式。但邮寄问卷需附邮回信封和资费。

图 15-1　面对面问卷调查，可以避免概念不清，问卷信度和回收率较高。

（二）访谈法

访谈法的特点是双向性，访谈者和受访者可以相互影响，适合调查一些难以用选择或简单判断得出结果的问题。

1. 访前准备

（1）制订调查提纲。

（2）选择并了解合适对象。

（3）选择时间、地点和场合。

2. 接近被访者

（1）自然接近（在会议、比赛等场合）。

（2）求同接近（如果访谈对象是教练员，先与之谈论其手下较成功的运动员）。

（3）友好接近（帮助被访者拿东西、倒水、开门等）。

（4）正面接近（开门见山）。

（5）迂回接近（谈论天气、物价等）。

三、观察法

在游泳科研中，观察法主要用于技术、战术及训练方法或负荷的观察。例如，大型赛事通常设有技术调研组，调研人员先在游泳池两侧相应位置设立标志线，在标志线对应位置安排专人用摄像机摄像，使用计算机对所拍摄的视频进行采编，再采用事先编好的技术分析软件对视频进行解析，得出运动员技术、战术的运动学参数，包括出发速度、途中游速度、转身速度、冲刺速度、划频、划幅等。

（一）设计观察方案

根据观察的目的、任务，选择观察对象、观察内容、方法和观察指标，设计观察分工。

（二）做好观察前的准备工作

如果是对比赛技战术观察，事先应取得主管单位的支持和配合，才能获取入场证件。事先了解观察对象的一般情况如水平、特点等，对观察人员进行培训，统一要求、统一方法、统一尺度、统一标记，并事先演练。准备并检查校准观察工具、器材仪器，如秒表、摄像机、照相机等，设计并准备记录表格。

（三）记录观察数据

及时记录下观察指标，记录应清楚、易读，并借助现代科学技术，善用摄像机、照相机、录音笔等器材保存。

O 观察法案例：游泳比赛技术观察方法简介

人员：4~6人。

器材设备：笔记本电脑4~6台、摄像机4~6台、标志物若干。

赛前准备：分别在泳池10米、15米、25米、45米设立标志线。在标志线对应位置安排一人用摄像机摄像。

赛中观察：根据事先培训的摄像方法和分工，对每项比赛进行摄像。

赛后解析：将视频导入计算机，用事先编好的技术分析软件对各运动员技术参数进行解析，得出每名运动员技术、战术参数，用于数据统计分析，或反馈给教练员、运动员。

四、实验法

实验法具有实践性、动态性、人为性、控制性、重复性和可测性等特点。

（一）实验设计的原则

1. 对照原则，一般应有对照组。可以采用自身前后对照，也可以采用相互对照，或历史对照。

2. 随机化原则，实验对象应随机分组。

3. 最经济原则，尽量用最少的人力、物力、财力和时间取得效果。

4. 弹性原则，留有余地。

（二）实验对象的选择

相对来说，动物实验容易控制条件，而将人作为实验对象比较难控制，应考虑多种因素的影响。

1. 考虑种族、地域等一般条件可能造成的差异。

2. 考虑性别、年龄差异。

3. 实验对象的爱好、兴趣、生活习惯、居住条件、家庭、心理状态都尽量接近。（图15-2）

4. 考虑专项的差异性。例如长距离自由泳和短距离自由泳运动员身心特点都存在较大差异。

图 15-2　实验对象的年龄、性别、水平、专项尽量接近

（三）测试指标的选择

1. 特异性，一个指标最好只反映一个特性，如血乳酸，反映乳酸供能情况。

2. 客观性，应不受主观因素的干扰。

3. 重复性，可以多次重复，相对稳定。

4. 灵敏性，即对施加的因子应敏感。

5. 可行性，以现有的条件可以测量。

6. 认同性，即被专家和同行广泛接受的指标。

（四）实验方法的选择

1. 单组实验

同一批受试者前后对照，比较差异。

2. 等组实验

将被试分为实验组和对照组，分别施加不同的实验因子，比较差异。例如 A 组和 B 组采用相同的训练计划进行一段时间的训练，但 A 组训练后安排一定的牵拉练习，B 组训练后被动休息，观察恢复情况和柔韧度指标。

3. 轮组实验

轮组实验也称平衡实验或循环实验，是对不同的组，以不同的顺序，轮流施加不同的实验处理的实验设计。即将不同的实验处理轮流地施予各组，根据每个处理的总和效果来确定实验处理的效应。这种实验适用于难以随机抽样的实验对象，但实验过程时间较长，结果处理相对复杂。

O 思考题

1. 查阅近三年本校本科游泳方向学生的毕业论文，对选题范围和研究方法的使用情况进行统计分析，并查找出题目雷同的论文。

2. 以“蹲踞式出发技术的发展演变”为题，完成一篇文献综述。

3. 以“高水平蛙泳运动员的技术特点”为题，设计一份访谈提纲，访谈对象为专业游泳队教练员。

4. 以“某社区老年人参与游泳健身现状”为题，设计一份调查问卷，调查对象为某小区 60 岁以上老年人。

5. 以“悬吊训练对 13~15 岁少年蝶泳运动员核心力量效果的实验研究”为题，设计一份实验计划，包括实验对象、测试指标、分组抽样方法、实验方法等。

O 推荐读物

1. 杨世勇.体育科研方法概论 [M]. 北京：人民体育出版社，2006.

2. 李相如.本科生科研立项成果集 [M]. 北京：北京体育大学出版社，2012.

3. 黄汉升，吴燕丹.普通高校本科“体育科研方法”课程改革的路径——基于体育院、系学生毕业论文的现状思考 [J]. 中国体育科技，2011（5）.

4. 骆秉全，衣成杰.对体育院系学生科研能力培养的初步研究 [J]. 北京体育师范学院学报，1995（1）.

5. 中国体育科学学会网站：http：//www.csss.cn/cn/

6. 周登嵩，黄汉升.全国体育学专业研究生系列通识教材：体育科研方法导论 [M]. 北京：北京体育大学出版社，2008.

参考文献

[1] 佟立纯，李四化.调查问卷的设计与应用 [M]. 北京：北京体育大学出版社，2011.

[2] 郑旗.体育科学研究方法 [M]. 北京：人民体育出版社，2006.

[3] 黄汉升.体育科研方法导论 [M]. 北京：北京体育大学出版社，2008.

[4] 黄汉升.体育科学研究方法 [M]. 北京：高等教育出版社，2006.

[5] 温宇红，等.我国重大游泳比赛技术参数采集与分析系统的应用研究 [J]. 武汉体育学院学报，2005，39（12）.

第十六章
游泳常用术语英语表达法

○ 概述

国际游泳联合会的官方语言为英语。国际游泳赛事的组织和运行，离不开英语的使用。随着世界体坛国际化交流日益紧密，进行双语理论学习有较强的实践意义。本章内容涵盖游泳运动的技术原理、技术分析、教学、训练、竞赛裁判等多方面的信息，以传授游泳基本技术和基本技能为主，优选英文书籍、期刊杂志、互联网中的部分材料和一些专业文献、科研成果等，帮助掌握和培养运用英语进行游泳教学和训练的能力。既有利于掌握体育专业知识，也有利于促进掌握专业英语知识。

○ 关键术语

技术 Technique、阻力 Drag、呼吸 Breathing、滑行 Sliding、手臂动作 Armstroke、海豚腿 Dolphin Kick、交替打腿 Flutter Kick、计划 Plan、技术练习 Drill、裁判 Referee

第一节　游泳技术 Swimming Technique

一、游泳是一项技术性的运动 Swimming is a technique sport

The human body wasn't designed for swimming. Compared with swimming, running is an activity that the human body was designed to do. Athletes have found that in running, speed, endurance, and technique all improve quickly by training more or harder.

Swimming is different. People think of swimming in the same way as running–get in and do longer, harder, and faster and you'll become a better swimmer. To some degree this is true. However, swimming is the most complex set of repetitive, rhythmic motions that exists in sport.

More muscle groups must move through more ranges of motion in flawless coordination than in any other repetition–intensive activity. The coordination required to execute efficient swimming strokes is almost beyond comprehension. Also because swimming motions and positions are not natural, we find that just doing it isn't enough to improve technique.

O 参考译文

人类并不是生来就适合游泳。与游泳相比，跑步是比较适合人体结构的一项运动。在跑步训练中，运动员只要多练、狠练，一般就能大幅度地提高技术、耐力和速度。

而游泳却完全不同。人们常常错误地将游泳和跑步相提并论，认为只要多游、用力游、快游就能成为游泳好手。从某种程度上讲，这么想也是对的。但是，游泳是周期性、重复性运动项目中最复杂的一种。

与其他重复性项目相比，游泳需要动用的肌肉群更多，动作幅度更大，配合要求更加准确协调。流畅、高效的游泳技术所需要的协调能力简直是不可思议。而且，由于游泳的动作和身体姿势与正常情况不同，即使你能达到上述要求，也还远远不够。

O Discussion

What is the difference between swimming and other sports?

O New Words

technique n.技术
activity n.活动
athlete n.运动员
speed n.速度

endurance n.耐力
train v.训练
repetitive adj.重复的
rhythmic adj.有节奏的
muscle groups 肌肉群
range n.一系列，范围
flawless adj.完美无瑕的
position n.位置

二、水的阻力 Water resistance

When you move through water, there are three major types of resistance acting on the swimmer' s body.

1. Form drag: It results from the shape of an object moving through the water. Reducing the frontal surface area could reduce form drag. This means while swimming, you should always keeping the body balanced close to horizontal, long and narrow. It also means eliminating unnecessary motions. If you are perfectly streamlined, any motion you make increases form drag, so avoid movement beyond the minimum necessary to propel yourself. A swimmer that understands and applies the concepts of balance and streamlining can dramatically reduce form drag.

Fig. 16−1 Form drag

2. Wave drag: It is the resistance a body encounters as a result of creating a wave−just like a boat does. For the body to move forward through the surface, it must move water out of the way in the form of a wave traveling away from the moving body. The wider a path the swimmer cuts through the surface, the bigger the wave and the more energy the swimmer spends overcoming wave drag. In freestyle and backstroke, we look for position that cut narrower path through the surface by maximizing the time we spend on the side rather than flat on the back or stomach.

3. Surface drag: It caused by the frictional force of a moving body in water. We can

reduce surface drag not through technique but through preparation and equipment. Properly fitting swimsuits and swimming caps help achieve this result. Shaving body hair or wearing a special competition suit that uses new high-tech materials to reduce water absorption will also reduce surface drag.

O 参考译文

当人在水中游进时，主要有三种类型的阻力从外界作用于人体。

形状阻力是在水中前进的物体形状造成的阻力。减小物体与迎面水流接触的前端截面面积，可减小形状阻力。这意味着身体应在任何时候都尽量保持接近水平位置，并在游进时尽量形成长而窄的姿势。同样，尽可能不做无意义的动作。在身体呈完美流线形时，任何动作都会增加形状阻力。因此，除了必须的推进身体前进的动作以外，应避免其他多余动作。能够理解和应用身体平衡及流线形概念的游泳运动员，可以显著减小形状阻力。

波浪阻力是由于身体制造波浪而形成的阻力，就像船前行时制造的波浪。因为身体在水面前进时必然使水以波浪的形式移动，给人让路。游泳运动员在水中占据的路线越宽，波浪就越大，克服波浪阻力需要的能量也就越多。在游自由泳和仰泳时，我们通过增加身体处于侧卧位置的时间，减少仰卧或俯卧的时间，形成较窄的前进路线。

表面摩擦阻力是水与身体摩擦形成的阻力。我们不能通过改变技术减小表面阻力，但能通过事先的准备和利用器材来减小。穿戴合适的泳装和泳帽可以达到这一目的。刮除体毛，或穿着吸水少、用高新技术材料制作的泳装也能减小表面摩擦阻力。

O Discussion

How to form a streamlined shape when swimming?

O New Words

drag n.阻力
form drag 形状阻力
wave drag 波浪阻力
surface drag 表面摩擦阻力
balance n.平衡
horizontal adj.水平的
streamline n.流线形
propel vt.推进，推动
surface n.水面
maximize v.最大化
stomach n.俯卧，胃
frictional force 摩擦力
swimsuit n.泳装

三、基本技术训练 Training with skill drills

In general, a balanced position for freestyle is one in which the head, torso, hips, and legs are all in one line, parallel to the surface of the water. This position allows minimal frontal resistance, the largest of the resistance forces a swimmer encounters. The concept of balance is fundamental to efficient swimming.

1. Keep your head in line

Weighing 12 to 16 pounds, your head and its position have a great influence on the balance of your body in the water. The crown of your head needs to be in line with your spine. Lifting your head off this line puts a large downward force on your hips, causing them to sink. You can easily feel this by lying face down on the ground, hands at your sides, and lifting your head straight up off the ground. You will feel your hips press toward the ground. The position of your head is critically important to maintaining a balanced position. When you are balanced, whether on your stomach, side, or back, only about one-quarter to one-third of your head will be exposed above the surface. The rest will be underwater.

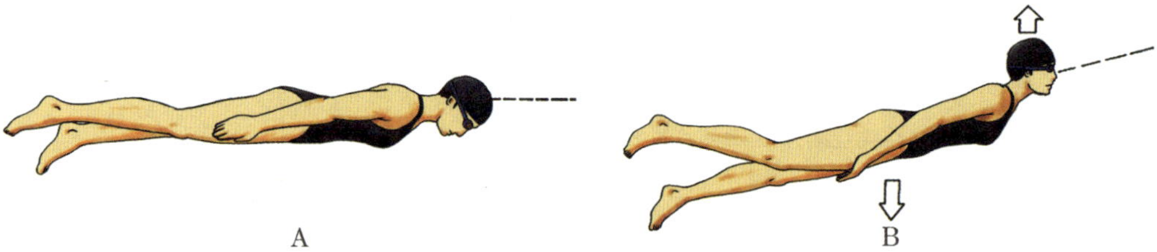

Fig. 16-2 Keep your head in line

2. Press your buoy

Your lungs like a buoy that causes the upper portion of your body to float. By contrast, your center of mass, located near your belly button causes your hips and legs to sink. Imagine a kickboard placed on the water's surface, if you press on one end of the kickboard, the other end rises. Pressing your buoy toward the bottom or leaning on it raises the hips in much the same way that pressing on one end of the kickboard raises the other end. The overall feeling you should get as you press your buoy is one of tilting slightly downhill.

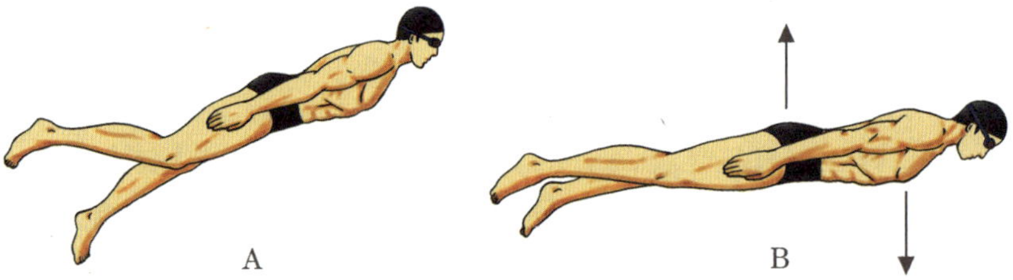

Fig. 16-3 Press your buoy

O 参考译文

总体来讲，自由泳的平衡身体姿势是头、躯干、髋部和下肢在一条直线上，与水平面平行。这种身体姿势可以最大限度地减少游泳运动员遇到的形状阻力。平衡是有效游泳技术的基础。

1. 头与身体在一条直线上

头的质量是 12~16 磅（5~8 千克），头的位置能够在很大程度上影响身体在水中的平衡。头顶应该与脊柱在一条线上。抬头使其偏离这条线，就会在髋部形成向下的力，使下肢下沉。你可以很容易地体会到这种力的作用，脸朝下俯卧在地面上，两手放在体侧，头向上抬离地面，你就能感觉到髋部会向下压迫地面。因此，头的位置对保持平衡的身体姿势起着非常关键的作用。当你在水中获得平衡时，无论俯卧、侧卧还是仰卧，头部只有 1/4~1/3 会露出水面，其他部分都在水面以下。

2. 按压身体内的“浮漂”

肺脏像浮漂一样使上体很容易漂浮。相反，位于肚脐附近的重心很容易使髋部和腿下沉。想象有一个打水板漂在水面上，你将打水板的一端向下按压，另一端就会上升。如果你向下按压身体内的浮漂，也就是说使上体向下倾斜，与按压打水板的道理相同，髋部就会上升。按压身体内的“浮漂”时，总的感觉就是身体略向下俯冲。

O Discussion

Try to describe the balanced positions for freestyle and backstroke.

O New Words

Hip n.髋部
torso n.躯干
parallel adj.平行的
frontal resistance 迎面阻力
spine n.脊柱
sink v.沉
buoy n.浮点，浮标
kickboard n.打水板
belly button 肚脐

四、动作分析：自由泳手臂动作

Stroke analysis: The armstroke of Freestyle

Swimmers use an alternating armstroke and a flutterkick in the front crawl stroke. This stroke is more popularly known as the freestyle. Freestyle is the fastest of competitive strokes. One stroke cycle consists of a right and left armstroke and a varying number of kicks. The underwater armstroke of the front crawl consists of three diagonal sweeps: downsweep, insweep, and upsweep. The entry and stretch and the release and recovery will also be described.

1. Entry and stretch

The entry is made directly in front of the swimmer's shoulder with the elbow flexed slightly and palm pitched out. In this way, the swimmer can slip his hand into the water on edge and his arm can follow, entering in nearly the same portion of water.

2. Downsweep and catch

The downsweep should begin immediately when the propulsive phase of the opposite arm has been completed. The arm in front should sweep down in a curvilinear path until the catch has been made. The swimmer gradually flexes his arm at the elbow during the downsweep to get it facing back at the catch. The catch takes place near the end of the downsweep when the swimmer's elbow has come up above his hand and his forearm and upper arm are facing back against the water.

3. The insweep

The insweep is the first propulsive sweep of the front crawl armstroke.It is also a semi-circular motion, beginning at the catch and continuing until the swimmer's arm has traveled under the body to the midline or slightly beyond. The swimmer's arm, which was flexed slightly at the catch, continues bending throughout the insweep until it is flexed approximately 90°at the completion of this motion. The palm of the hand rotates in slowly during the insweep until it is facing slightly in and up when the movement ends.

4. The upsweep

The upsweep is the second and final propulsive sweep of the freestyle. It begins at completion of the preceding insweep. The pitch is changed from in to out by rotating the hand out quickly and the swimmer sweeps the arm out, up and back toward the surface of the water.The upsweep ends when the swimmer's hand passes the thigh, not when the hand reaches the surface of the water.

5. Release and recovery

The recovery obviously begins before the swimmer's hand leaves the water. It starts when the elbow comes above the surface during the preceding upsweep. At that point, the swimmer begins flexing his arm to start it moving forward while his hand is still underwater.

After leaving the water, the arm should be brought forward for the next entry in the traditional high-elbow style. The swimmer flexes the arm during the first half of the movement and extends it in the second half.

O 参考译文

游爬泳时，运动员两手臂轮流划水，两腿交替打水；爬泳就是我们熟知的自由泳，是竞技泳姿中最快的泳姿。一个动作周期包括左右手臂各一次划水和几种不同的打腿次数组合。爬泳的水下划水过程包括 3 个曲线划水部分：下划、内划和上划。入水、伸臂、出水和移臂也会一一介绍。

1. 入水和伸臂

运动员的手在肩前入水，肘关节略弯曲，掌心向外。手轻轻切入水，手臂随后在相同的点入水。

2. 下划和抓水

下划应该在另一手臂完成划水动作时立刻开始。下划时，手臂应沿曲线向下划水，直到抓水动作完成。下划过程中，肘关节逐渐弯曲，使手臂在抓水时朝向后面。当运动员的肘关节位置已经高于手，前臂和上臂向后对准水时，就形成了抓水位置，此时下划基本结束。

3. 内　划

内划是爬泳中第一个产生推进力的划水阶段。内划阶段以抓水开始，以手臂在身体下方达到身体中线，或略越过中线为结束，动作轨迹为半圆形。抓水时手臂是略弯曲的，随着内划的进行，手臂继续弯曲，直到内划结束时手臂弯曲成大约 90°角。内划过程中手掌逐渐向内旋转，直到结束时手掌略朝向内上方。

4. 上　划

上划是自由泳划水的第二个，也是最后一个推进力阶段。它的起点即内划的结束点。上划时，手迅速向外旋转，使手从原来向内倾斜变为向外倾斜，手臂朝外、朝上和朝后，朝水面方向移动。当手经过大腿，而不是手到达水面时，上划结束。

5. 出水和移臂

移臂在手出水前就已经开始了。在上划阶段肘关节离开水面时，移臂已经开始。此时，运动员开始屈臂，并向前移臂，但手还未离开水面。

手臂出水后，运动员一般按传统的高肘移臂方式将手臂移到前面，准备入水。在移臂的前半段，手臂略弯曲，移臂后半段手臂前伸。

O Discussion

Describe the phases of armstroke in your own words.

O New Words

armstroke n.手臂动作
flutter kick 交替打腿
crawl stroke 爬泳
cycle n.循环，周期
sweep v.划水
downsweep n.下划
insweep n.内划
upsweep n.上划

entry n.入水
catch v./n.抓水
stretch v./n.伸展
the release and recovery 出水和移臂
palm n.手掌
pitch v.投、掷、倾斜
slip v.滑动
curvilinear adj.曲线的
semi-circular 半圆
high-elbow 高肘

五、动作分析：海豚腿 Stroke analysis：The dolphin kick

The dolphin kick is the term used for the leg movements in butterfly because they move as one unit like the tail of a dolphin. It is a series of wavelike motions that start in the lower back and travel down the length of the swimmer's legs and consist of an upbeat and a downbeat.

1. The upbeat

Like the flutter kick, the dolphin kick is a whip-like motion where one beat begins when the other is nearing completion. The upbeat begins as the legs are nearly extended during the downbeat of the preceding kick. The downbeat of the lower legs starts a rebound-like reaction that pushes the swimmer's thighs up. After completing the downbeat, the legs continue sweeping up in an extended position until they are at the same level as the hips. The next downbeat begins at this time.

2. The downbeat

The downbeat of the first kick is a whip-like action that begins with flexion at the hips, followed by extension of the knees, and finally, flexion at the ankles. This kick is initiated by flexing the hips as the swimmer's feet pass above the level of the body. At the point, the swimmer begins pressing his thighs down. The water pressure, which is now pushing up from underneath, causes the legs to bend and pushes the swimmer's feet up into an extended and pigeon-toed position. Shortly after the thighs begin moving down, the swimmer vigorously extends his lower legs to complete the downbeat.

O 参考译文

海豚式打腿专指蝶泳的打腿动作，因为它的腿部动作像海豚尾鳍的动作。海豚式打腿是一系列的波浪动作，从躯干下部开始，一直传递到整个腿部，并包括上打和下打两个部分。

1. 上　打

与交替打腿相似，海豚式打腿也是鞭状打腿，即在上一次打水还没有完全结束时，下一次打水就已经开始。上打动作在上一次下打动作，腿接近伸展时就已经开始。小腿下打的反弹动作使大腿升高。下打完成后，腿继续伸展上移，直到与髋部持平。此时开始第二次下打。

2. 下 打

下打时，鞭状的打水动作先从屈髋开始，然后伸膝，最后伸踝。当脚的位置升到身体上方时开始屈髋。此时大腿下压，腿下的水压向上作用于腿，使腿弯曲，脚向上趾屈并内转。大腿下压后不久，运动员立即伸膝完成下打。

O Discussion

Please describe the dolphin kick in your own words.

O New Words

dolphin kick 海豚腿
wavelike adj.波浪的
upbeat n.上打
downbeat n.下打
lower leg 小腿
lift v.上抬
initiate v.开始，创始
pigeon-toed adj.足内翻的，脚趾向内弯的，内八字脚

第二节 游泳教学 Swimming Teaching

一、呼吸练习 Over and under breathing

Purpose

To ensure correct breathing. Breathing should flow in a relaxed manner.

Procedure

1. Facing the wall or standing in shallow pool, hold on to the gutter with both hands. Position your feet against the wall or on the bottom.

2. Move your head up and down from just above the surface of the water to just below the surface. As soon as your mouth and nose go below the surface, breathe out and blow steady bubbles.Breathe in only when your mouth is above the surface.

3. Breathe slowly, and stay relaxed. Repeat the motion at least 20 times in a row.

Fig16-4 Over and under breathing

Focus Point

Do not continue to breathe out when you lift your head up. If someone can hear you breathing out or if you spray water out of your mouth, then you need to concentrate on breathing out only underwater and breathing in only above water.

O 参考译文

目 的

掌握正确的呼吸方式，呼吸应该用轻松的方式完成。

步 骤

1. 面对池壁或在浅水池进行，双手扶住水槽。双脚贴紧池边，或是站立于池底。

2. 头从水面上向下浸入水中，再从水中向上露出水面。嘴巴和鼻子一浸入水中就开始呼气，均匀地吐出气泡。当嘴出水面时才吸气。

3. 呼吸要慢且放松，每组至少重复练习 20 次。

动作重点

当头露出水面后不要再继续吸气。如果旁人能听见呼气声，或是呼气时嘴向外喷出水花，那就要注意，呼气只能在水中进行，而吸气是在水面上完成的。

O Discussion

What's the difference of breathing in the water and on land?

O New Words

breathe v.呼吸

purpose n.目的

manner n.方式，方法

procedure n.程序，手续；工序

the shallow pool 浅水池

on the bottom of the pool 池底
bubble n.气泡
focus point 重点

二、滑行练习 Sliding

Purpose

To develop control of buoyancy and body position while holding the streamline position.

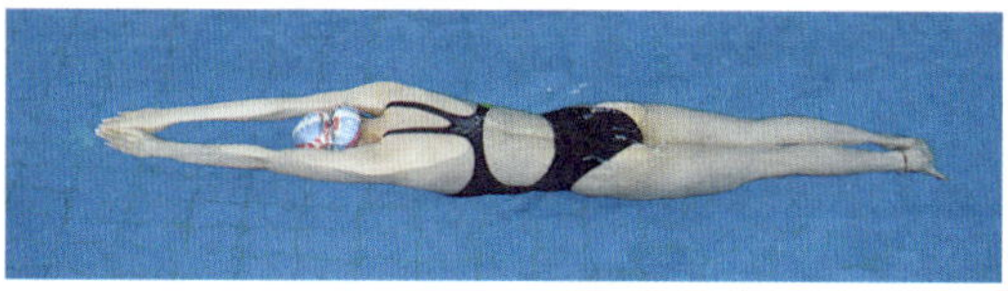

Fig. 16-5 Sliding

Procedure

1. Position your body at the end of the lane, up against the wall and facing away from the wall. Your hands hold on to the gutter and your feet are up, ready to push off.

2. Inhale deeply, and hold your breath.

3. Push off from the wall at the surface in a streamline position. Slide as far as possible.Stop when your body has come to a complete stop.

Focus Point

1. Be sure to push off at the surface, not below it.

2. Make sure your head is tucked in underneath your arms. Keep your four buoyancy points at the surface: hands, shoulders, hips and heels.

3. Point your toes as you move through the water. Try to stay in the middle of the lane.

O 参考译文

目 的

在保持身体流线形的姿势下，发展水中控制浮力和身体位置的能力。

步 骤

1. 站在水线最后端，背靠着池壁，手抓水槽，两脚抬起做好出发蹬离池边动作。

2. 深吸一口气，然后憋气。

3. 蹬离池边，在水面上保持流线形身体姿势。尽可能地延长滑行距离。当身体完全在水中停住时，滑行动作结束。

动作重点

1. 要注意蹬离池边后，身体保持在水面上，而不是沉在水下。

2. 头夹在两手臂之下，保持身体的四个浮力点在水面上：手、肩、臀、后脚跟。

3. 滑行过程中脚尖绷直。尽量保持在水道线中央滑行。

Discussion

How to keep the streamline position when sliding?

New Words

buoyancy n.浮力
inhale v.吸气
hold one's breath 控制呼吸，憋气
slide v.滑行
push off 蹬离、离开
section n.部分
lane n.泳道线

三、打腿：池边打腿练习 Kick：Flutter kick deck drill

Purpose

To help you see and feel how to do the flutter kick.

图 16-6 Flutter kick deck drill

Procedure

1. Sit on the edge of the deck. With your toes pointed and legs extended straight over the water, first touch just your toes to the surface of the water. Then, lower your legs so that your feet are about 12 inches under the water. Keep your legs close together.

2. Slowly raise one foot toward the surface, then lower it back 12 inches under the water while raising the other foot. Continue alternately raising and lowering your feet, making sure the feet are close together as they pass each other. Keep the toes pointed toward the opposite end of the pool.

3. Kick the water up toward the surface, but do not go above the surface. Gradually increase the speed of the kick.

4. As your speed increase, gradually bend your knees a little and relax the ankles.

Focus Points

1. Keep your toes pointed toward the opposite end of the pool. Avoid pointing the toes up to the sky.

2. "Boil" the water, but do not splash. Kick under the water, not in the air.

O 参考译文

目的

帮助运动员观察并体会如何完成交替打腿动作。

步骤

1. 坐在池边，脚尖绷直，腿在水面上伸直。将两腿下移到水面下 12 英寸（约合 30 厘米）处，两腿尽量靠拢。

2. 慢慢将一条腿上移至水面，再下移到原位，同时上抬另一条腿。继续交替将两腿上下移动，在两腿交替时两脚不要分开。绷直脚，脚尖指向对岸。

3. 腿向上打时不要露出水面。逐渐加快打水速度。

4. 加快打腿速度的同时，逐渐使膝关节略弯曲，并使踝关节放松。

动作重点

1. 保持脚趾向前绷直，指向对岸，而不能朝上。

2. 打腿时，水花像煮沸的水，但不能水花四溅。要在水中打腿，而不能打在空气中。

O Discussion

What are the common errors in the flutter kick?

O New Words

edge n/v.边、边缘

deck n.跳台、夹板

alternately adj.轮流的、交替的

inch n.英寸

relax v.放松

splash n/v.溅水

四、控制滑行时间的蛙泳配合练习 Controlled breaststroke

Purpose

To emphasize control along with the proper timing and extension for the breaststroke.

Procedure

1. In this drill, you will simply practice the breaststroke with one pull for each kick and slide, one after another. Follow this pattern: pull, breathe, kick, slide. Hold each slide for a count of three.

2. Keep your nose down on the slide. On the slide, the back of your head should be at the surface.

3. Count the number of strokes per lap. You should strive for the fewest number of strokes with the three-count slide timing.

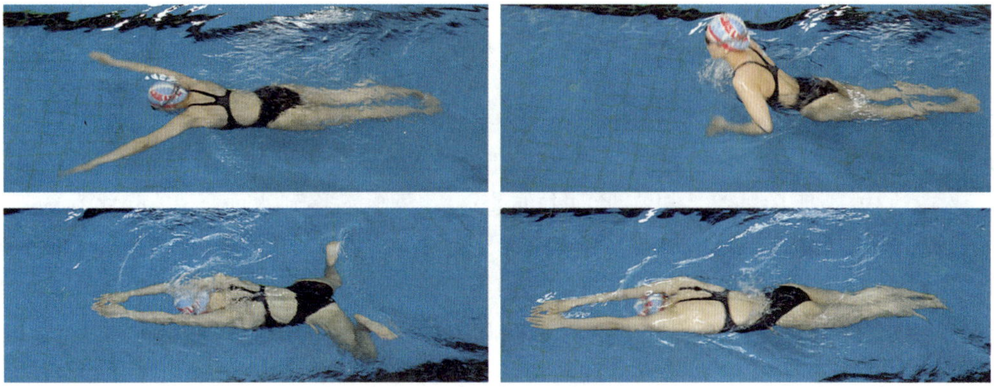

Fig. 16-7　Controlled breaststroke

Focus Points

1. Maintain an event rhythm. Hold the slide for a count of three on each stroke.

2. Keep the pull quick, and get plenty of lift. Control the head and body position.

Tips

To get closer to the timing needed for the racing stroke, gradually reduce the length of time that you hold the glide position. The shorter the race, the quicker the glide; the longer the race, the longer the glide. Here are the glide times to shoot for in races:

For the 200, hold for a count of two or three. For the 100, hold for a count of one or two. For the 50, hold for a count of one.

O 参考译文

目　的

强调掌握正确的蛙泳配合时机和身体伸展。

步　骤

1. 这个练习只要简单按照 1 次划水和 1 次蹬腿、滑行练习，一个动作接着一个动作。动作顺序依次为：划水、呼吸、蹬腿、滑行。每次滑行时，数 3 下。

2. 滑行时，鼻子朝下，后脑勺保持在水面上。

3. 数每一趟的动作次数。在滑行时数 3 下的情况下，尽可能减少每次的动作次数。

动作重点

1. 保持稳定的游行节奏；每个动作结束时，数 3 下完成滑行动作。

2. 快速划水使身体得到充足的升力。控制好头和身体的位置。

提　示

为使练习接近比赛的节奏，逐渐减少滑行时间。比赛距离越短，滑行越少，距离越长，滑行也越长。下面是不同距离的滑行时间：

200 米比赛，滑行时数 2~3 下；100 米比赛，滑行时数 1~2 下；50 米比赛，滑行时数 1 下。

Discussion

Describe the timing of breaststroke armstroke kick and breath.

New Words

timing n.时机
pattern n.模式，轨迹
pull v.划、拉
per lap 每圈
stroke n.动作
rhythm n.节奏
plenty n.丰富，大量；adj.足够的，很多的
race n.比赛
glide v.滑行，滑翔

第三节　游泳训练 Swimming Training

一、每日训练计划 A sample daily training plan

Date：Day – Month – Year PM：16:00 ~ 18:00　　Total：4200m		
W – up：	1 × 600m	300Fs/300Form
K/P：	16 × 50m	2 ×（4 × Pull on 45　4 × Kick on 55） w15/SR
100 Easy		
Pull：	10 × 100m	2 ×（3 × 100 Fs on 1. 20　2 × 100 Fs on 1. 15） 1# Pull + Pads 2# Pads Only
Drill：	1 × 200m	25Scull / 50Drill / 25Polo
Swim：	6 × 150m	FS – FLY – FS FLY – FS – FLY FS – BK – FS BK – FS – BK FS – BR – FS BR – FS – BR 2. 20
Fins：	1 × 400m	Choice
Cool down	100m	

参考译文

日期：天－月－年 下午：16:00～18:00　　总量：4200 米		
热身：	1×600 米	300 米自由泳/300 米任意游
打腿/划水：	16×50 米	2×（4×划水 45 秒包干　4×打腿 55 秒包干） 间隔 15 秒
100 米放松		
划水：	10×100 米	2×（3×100 米自由泳 1 分 20 秒包干 2×100 米自由泳 1 分 15 秒包干） 第 1 组徒手划水＋划手掌练习 第 2 组划手掌练习
技术游：	1×200 米	25 米摇橹划水练习/ 50 米技术游 / 25 米抬头自由泳
配合游：	6×150 米	自由泳－蝶泳－自由泳　蝶泳－自由泳－蝶泳 自由泳－仰泳－自由泳　仰泳－自由泳－仰泳 自游泳－蛙泳－自由泳　蛙泳－自由泳－蛙泳 2 分 20 秒包干
脚蹼练习：	1×400 米	任意泳姿
放松	100 米	

Discussion

Try to make a daily plan. Discuss with others.

New Words

plan n.计划
W-up=Warm up 热身
K/P=Kick/Pull 打腿和划手
easy adj.放松
drill n.技术游，练习
w/15 SR 间隔 15 秒，S=seconds R=rest
pad n.划手掌
scull 摇橹划水练习
polo 抬头自由泳练习
Fs=Freestyle 自由泳
FLY=Butterfly 蝶泳
Bk=Backstroke 仰泳

Br=Breaststroke 蛙泳

cool down 放松

fin n.脚蹼

choice n.任意游

二、周训练计划 Weekly Plan

Day	AM	PM
Monday	8000meters Aerobic swim Fast kicking Pulling Descending set	8000 to 9000meters Threshold freestyle set Specialty mix Descending set Negative split
Tuesday	8000meters IM work or pace work Pulling and kicking set Short – spurt sprints	10000 + meters Short sets, aerobic work All swimming or pulling sets Mixed strokes
Wednesday	OFF	5000meters Pace and technique work Starts and drills
Thursday	8000meters Aerobic swim Fast kicking Pulling Descending set	6000 to 8000meters Test set Pace work and drills Pulling Short lactate set
Friday	8000meters Aerobic and pace work Descending set IM and stroke work	7000meters Max VO_2 max set Pulling and negative split sets Starts and finishes
Saturday	8000 to 10000meters Potpourri workout(coach's choice)	Makeup workout for those who missed a workout

参考译文

日期	上午	下午
星期一	8000 米 有氧练习 快速打腿 划手练习 速度递增练习	8000～9000 米 无氧阈自由泳训练 专业混合 速度递增练习 负分段
星期二	8000 米 混合泳或节奏练习 划手或打腿练习 短冲练习	10000 米以上 短间歇,有氧练习 配合或划手练习 混合泳式
星期三	休息	5000 米 节奏和技术游 出发和技术训练
星期四	8000 米 有氧练习 快速打腿 划手练习 速度递增练习	6000～8000 米 安排测试 节奏和技术训练 划手练习 短距离乳酸训练
星期五	8000 米 有氧练习 速度递增练习 混合泳和技术练习	7000 米 最大摄氧量训练 划手和负分段训练 出发和到边练习
星期六	8000～10000 米 综合训练(教练员选择)	给那些错过一次训练的运动员补课

Discussion

Give some examples of training plan that you have experienced, and discuss the training principle.

New Words

Aerobic swim 有氧练习
Descending set 速度递增练习
Threshold freestyle set 无氧阈自由泳练习
Negative split 负分段
IM work 混合泳练习
pace work 节奏练习
Short-spurt sprints 短冲练习
Short sets 短间歇
Mixed strokes 混合泳练习
technique work 技术练习

Max VO_2max set 最大摄氧量练习

Starts and finishes 出发和到边练习

第四节　竞赛裁判 Competition and officials

一、竞赛管理 Management of competitions

At the Olympic Game and World Championships the FINA Bureau shall appoint the following minimum numbers of officials for the control of the competitions:

referee (1)

control-room supervisor (1)

judges of stroke (4)

starters (2)

chief inspectors of turns (2, 1 at each end of the pool)

inspectors of turns (1 at each end of each lane)

chief recorder (1)

clerks of course (2)

false start rope personnel (1)

announcer (1)

For all other international competitions, the governing body shall appoint the same or fewer numbers of officials, subject to the approval of the respective regional or international authority where appropriate.

Where Automatic Officiating Equipment is not available, such equipment must be replaced by chief timekeeper, three timekeepers per lane and two additional timekeepers.

A chief finish judge and finish judges are required when Automatic Equipment and/or three digital watches per lane are not used.

The swimming pool and the technical equipment for Olympic Games and World Championships shall be inspected and approved in due course prior to the Swimming competitions by the FINA Delegate together with a member of the Technique Swimming Committee.

参考译文

在奥林匹克运动会以及世界锦标赛中，国际泳联执委会将至少指定以下数目的裁判员：

总裁 1 人

控制室监察员 1 人

技术检查员 4 人

发令员 2 人

转身检查长 2 人（终点端和转身端各 1 人）

转身检查员（每条泳道两端各 1 人）

编排记录长 1 人

检录员 2 人

司线员 1 人

宣告员 1 人

对于其他国际比赛，各管理员应征得各地区或国际职能机构的同意，任命同样或较少数量的裁判人员。

在不具备自动计时装置而由人工计时代替时，应配备计时长，每条泳道 3 名计时员，以及 2 名候补计时员。

当未采用自动计时装置且（或）每条泳道未配备 3 块数字式计时秒表时，必须配备终点裁判长 1 名和终点裁判若干人。

在奥运会游泳比赛和世界锦标赛之前，国际泳联代表及一名游泳技术委员会成员应及时检查游泳池场地和技术设施是否符合规则要求。

O Discussion

Please describe the duty of each official in the swimming competitions.

O New Words

championship n.锦标赛

FINA =Fédération Internationale de Natation 国际泳联

FINA Bureau 国际泳联执委会

official n.技术官员；裁判 adj.官方的，法定的

referee n.裁判员

supervisor n.监察员

judge of stroke n.技术检查员

starter n.发令员

chief inspector of turns 转身检查长

inspector of turns 转身检查员

chief recorder 编排记录长

clerk of course 检录员

false start rope personnel 司线员

announcer n.宣告员

Automatic Officiating Equipment 自动计时装备

timekeeper n.计时员

finish judge 终点裁判

delegate n.代表、委员

committee n.委员会，全体委员

二、技术犯规用语 The terms of the technical foul

The stroke	The items of the technical foul
Butterfly	At the ____ M, the swimmer did not bring his/her arms forward over the water simultaneously ____ time(s), the left/right arm came first and then the right/left. At the ____ M, the legs had flutter kick(s). Having pushed off the wall from the turn at the ____ M, his/her body still remained on the back. Upon the finish(turn at the ____ M), the swimmer did not bring his/her arms forward over the water before the touch. From ____ M to ____ M, the swimmer had swum forward with breaststroke kicks.
Backstroke	Upon the start, the toes of both feet(the left/right foot) are above the surface of the water for about ____ centimeters. After the start(turn at the ____ M,), the head did not break the surface of the water until he/she had swum upon his/her back through a distance of ____ meters completely submerged. Having turned over to the breast at the ____ M, the swimmer did not execute a continuous turning action. Otherwise he/she had swum a distance of ____ meters with leg kicks(arm strokes). Having pushed off the wall from the turn at the ____ M, his/her body still remained on the breast. The swimmer had left the position on the back before he/she touched the wall at the finish.
Breaststroke	While the swimmer was executing the first arm stroke after the start(turn at the ____ M), his/her legs obviously had dolphin kick(s). After the start(turn at the ____ M), his/her head had not broken the surface of the water before the hands turned inward at the widest part of the second stroke. At the ____ M, the legs had flutter(downward dolphin)kick(s). At the ____ M, during the complete cycle of one arm stroke and one leg kick, the head did not break the surface of the water. At the ____ M, the hands had been brought back beyond the hip line. At the ____ M, the elbows(left/right elbow)had been brought out of the water ____ time(s). Upon the finish(turn at the ____ M), he/she did not touch the wall with both hands simultaneously, the left/right hand came first and then the right/left. Upon the finish(turn at the ____ M), the touch had been made with a single hand(left/right). During the race at the ____ M, the swimmer had executed ____ downward dolphin kick(s) after each breaststroke kick.
Freestyle	Turning at the ____ M, the swimmer did not touch the wall with any part of his/her body. After the start(turn at the ____ M,), the head did not break the surface of the water until he/she had swum through a distance of ____ meters completely submerged.
Individual Medley	During the ____ section at the ____ M, the swimmer should have swum with ____, but he/she had swum with ____. At the turn from backstroke to breaststroke, the body had left the position on the back before he/she touched the wall. At the turn from butterfly to backstroke(breaststroke to freestyle), he/she did not touch the wall with both hands simultaneously, the left/right hand came first and then the right/left. At the turn from butterfly to backstroke(breaststroke to freestyle), the touch had been made with a single hand (left/right). During the ____ section at the ____ M, the swimmer's movements were not in accordance with the rules which apply to the style concerned(see foul items of).
Rely Race	During the ____ section of medley relay, the swimmer should have swum with ____, but he/she had swum with ____. During the freestyle section of medley relay at the ____ M, the swimmer had swum forward with ____. At the start of the ____ section, the swimmer had lost touch with the starting platform before the preceding team - mate touched the wall. The interval is about ____ centimeters.
Others	The swimmer had delayed the race at the start. The swimmer had willfully disobeyed an order at the start. The swimmer had made a false start. At the ____ M, he/she pulled the lane rope with his/her hand ____ time(s). At the ____ M, the swimmer had committed a fault by swimming into Lane ____ Upon finishing the race, he/she touched the wall of Lane ____ and interrupted the swimmer concerned. Having finished his/her distance in the medley relay, the ____ swimmer of the team entered the water before all swimmers of all teams had finished the race. Upon leaving the pool, the swimmer touched the panel of Lane ____, thus causing an incorrect record of place and time of the lane concerned.

泳姿	技术犯规条例
蝶泳	____米处，两臂____先____后经空中前摆____次。 ____米处，两腿上下交替打水____次。 ____米处转身蹬离池壁后，身体成仰卧姿势。 到达终点（____米处转身）时，两臂未经空中前摆触壁。 ____米至____米处，用蛙泳腿游进。
仰泳	出发时，两（左、右）脚趾露出水面约____厘米。 出发（____米处转身）后，反潜____米头才露出水面。 ____米处转身成俯卧姿势后，没有做连贯的转身动作，打水滑行（划臂游进）____米。 ____米处转身蹬离池壁后，身体成俯卧姿势。 到达终点前改变仰卧姿势触壁。
蛙泳	出发（____米处转身）后在做第一次大划臂的同时，两腿做明显的海豚式打水____次。 出发（____米处转身）后第二次划水至最宽点，两手已向内划水，头未露出水面。 ____米处，两腿做上下交替打水（向下的海豚式打水）____次。 ____米处，在一次划臂和一次打腿的完整动作周期中，头部未露出水面。 ____米处，两手向后划水超过臀线。 ____米处，两（左、右）肘露出水面____次。 到达终点（____米转身）时，两手____先____后触壁。 到达终点（____米转身）时，____手单手触壁。 ____米处的游程中，在每次蹬腿后做向下的海豚式打水____次。
自由泳	____米处转身时，身体任何部分未触壁。 出发（____米处转身）后，潜泳____米头才露出水面。
混合泳	第____泳式顺序____米处，应游____泳，错游成____泳。 仰泳转蛙泳时，改变仰卧姿势触壁。 蝶泳转仰泳（蛙泳转自由泳）时，两手____先____后触壁。 蝶泳转仰泳（蛙泳转自由泳）时，____手单手触壁。 ____米处____泳犯规（见____泳犯规条款）。
接力	混合泳接力的第____棒应游____泳，错游成____泳。 混合泳接力的自由泳棒次，在____米处用____泳游进。 第____棒出发时，在前一名队员尚未触壁时就已离台，抢码约____厘米。
其他	出发时延误比赛。 出发时蓄意不服从命令。 出发时抢码。 ____米处，手拉分道线____次。 ____米处，错游入第____泳道。 到达终点时在____泳道触壁，干扰了该泳道的运动员。 混合泳接力比赛中各队的所有运动员还未游完之前，该队第____棒运动员在游完自己的距离之后进入水中。 离开泳池时触碰____泳道触板，造成该泳道名次和成绩记录错误。

参考译文

Discussion

Please discuss the common fouls in the swimming competition.

New Words

item n.条，条款；项目；一则
foul n.犯规
simultaneously 同时地；齐；一齐
submerge v.淹没；把……浸入
movement n.运动；活动；动作
delay v.延期，推迟；耽搁
disobey v.不服从，不顺从
interrupt v.打断（别人的话等）；阻止；截断
concern vt.涉及，关系到；使关心；参与

思考题

1. 用英语表述自由泳划手动作的步骤和动作要点。
2. 简要用英文介绍游泳熟悉水性的教学方法和要求。
3. 设计一份英文的日训练课计划。
4. 游泳比赛中有哪些主要裁判岗位，请用英文进行表述。

推荐读物

1. 温宇红.游泳教学和训练双语教材 [M]. 北京：北京体育大学出版社，2009.
2. Ruben Guzman.The swimming drill book [M]. Human Kinetics，2007.

推荐网站

1. 中国游泳协会官方网站 www.swimming.sport.org.cn
2. 美国游泳协会官方网站 www.usaswimming.org

参考文献

[1] 温宇红.游泳教学和训练双语教材 [M]. 北京：北京体育大学出版社，2009.
[2] Ruben Guzman.The swimming drill book [M]. Human Kinetics，2007.
[3] 温宇红.游泳规则双语教程 [M]. 北京：北京体育大学出版社，2009.
[4] David G Thomas，MS.Swimming Steps to Success [M]. Human Kinetics，2007.